中国与国际经济法治

全面开放
与国际经济法治

OPENING-UP AND RULE OF
LAW IN THE INTERNATIONAL ECONOMICS

刘敬东　著

社会科学文献出版社
SOCIAL SCIENCES ACADEMIC PRESS (CHINA)

代 序
法律人生中的精彩华章
——最高人民法院交流挂职感悟

2015年4月24日，第十二届全国人大常委会第十四次会议任命我和其他四位法律学者为最高人民法院审判业务庭副庭长。根据专业对口的需要，作为一名长期从事国际法学习和研究的学者，我被任命为负责涉外商事海事、涉港澳台审判业务的民四庭副庭长。这是最高人民法院积极贯彻中央关于司法体制改革重大决策、落实法学界与司法实务界双向交流所采取的重要举措。

两年来，我与民四庭全体同事一道经历了不平凡的日日夜夜，奋斗在我国涉外司法工作的第一线，亲身体会了这份工作的光荣与艰辛。在最高人民法院领导和民四庭领导及同事们的关心、指导和支持下，我做了一些力所能及的工作，边工作、边学习、边研究，对于新的历史时期国际法对我国社会主义法治建设的重要价值和深远影响有了全新认识和思考，同时，也增添了许多令我终身受益的人生感悟。

其一，最高人民法院为党和国家重大战略服务的工作力度超乎想象。

中国现已成为世界大国，在全球治理中的地位和作用日益彰显，中国改革开放进入新的历史时期，步伐之快、力度之大前所未有，"一带一路"、自贸试验区、海洋强国等国家战略正如火如荼。与此同时，国际格局已发生历史性变化，中国面临的国际形势极为严峻复杂，这些都昭示着中国司法在国家战略中应当也必须发挥应有的作用。

在挂职的两年中，我深刻地体会到最高人民法院领导的坚定信心与责任担当，各级领导和同事们深知所肩负的重大责任和使命，始终围绕新时期党和国家的重大战略部署及时制定相关司法政策，充分发挥法院的司法服务和保障作用。《关于人民法院为"一带一路"建设提供司法服务和保障的若干意见》、《关于为自贸试验区建设提供司法保障的意见》、《关于为长江经济带发展提供司法服务与保障的意见》，以及若干涉及海洋权益维护的司法解释陆续出台，这些司法政策和司法解释不仅指导着共和国的司法实践，发展、创新了相关法律制度，而且极大地推动了我国对国际法规则的运用，在许多领域推动了国际法规则的发展，取得重大实施效果，赢得国内外法律实务界、法学界广泛赞誉。从最高人民法院的一系列重要举措中我们看到，中国参与国际法体系的步伐不断加快，中国大国司法的格局正日益形成。

其二，中国司法机关高度重视国际法在司法中的作用并为提升中国的话语权付出了巨大努力。

在我国，传统观念一向认为，运用国际法特别是国际公法、国际经济法的主要部门是国家的外交、商务部门，作为国内司法机构的人民法院主要运用国际私法规则，来解决涉外审判中的具体法律问题。但我从挂职经历得出结论，这一观念早已不合时宜，很多国际法前辈和现任职于国际司法机构的中国籍国际法学者早就意识到，国际法规则的形成，很大程度上依赖于世界主要法系国内法的理论与实践，一些主要国家的司法判例对于相关国际法规则、国际法一般法律原则有着极为重要的影响。长期以来，由于受到国内经济发展水平以及法治发展水平的制约，中国司法在这方面发挥的作用基本可以忽略不计。但时代变了、中国的国际地位变了，这种被动局面必须得到改变。

在这方面，最高人民法院深深地意识到自身所肩负的历史使命，不但充分尊重国际公法、国际经济法、国际私法规则在司法中的运用，同时，高度重视中国司法对国际法规则的影响与创新。作为一名国际法学者，我在过去的两年中对此有着十分深刻的切身体会。

无论是在南海仲裁案应对，还是在TPP文本以及后TPP时期国际经贸规则发展走向、投资者与东道国投资争端解决、"市场经济地位"、国家豁免原则、国际仲裁制度等国际法领域的研究方向，最高人民法院领导都给予高度关注。我所在的民四庭全体同事为此投入了巨大的精力和心血，从司法角度对上述涉及国际法的问题和应对措施进行了充分而深入的研究，形成了许多具有极为重要价值的意见和建议。

不仅如此，最高人民法院还充分发挥司法功能，通过个案审理，发展和创新国际法规则。"大拇指公司出资纠纷案""'加百利'轮海难救助赔偿案"等影响国际法规则的重要案件公开开庭审理、现场直播，邀请国内外国际法学者旁听，通过对地方法院个案指导阐释中国司法对国际法规则的理解，定期发布重要的涉外商事海事案例，支持仲裁业发展，首次提出自贸试验区"三个特定"仲裁概念，以司法方式支持准入前国民待遇和负面清单等国际投资法新规则，向国际社会充分展示中国司法理念和中国经验，为中国赢得国际法规则的话语权付出了无比艰辛的努力。

其三，在最高人民法院工作是一份荣誉，但更多的是一份责任与奉献。

我所在的民四庭是一个从事涉外司法工作的专门业务庭，庭里的同事不但拥有丰富的民商事审判经验，同时具有深厚的国际法理论功底，从庭领导到普通审判人员外语水平都非常高，从他们身上学习到的知识和才能，对我而言终身受用。在日常工作中，我深深体会到，在法院工作，特别是在最高人民法院工作不只是一份荣誉，更多的是一种奉献。他们才华横溢，却甘于清苦；他们充满激情，却甘于寂寞；他们留恋亲情，却甘于舍弃！多少次，为了工作不计报酬加班加点；多少人，为了司法改革的深入推进，抛舍家庭奔赴远方！

许多时候，我为我的同事默默叹息、默默祝福、默默流泪。我深知，他们是在为共和国法治建设付出着、奉献着、拼搏着。他们坚守岗位，无声奉献、鞠躬尽瘁，他们是共和国法治建设中最可爱的人！

挂职时间虽然短暂，但这是我法律人生中最为精彩的华章！我体会到的是最高人民法院的崇高与魅力，而且更多体会到的是一份沉甸甸的使命与担当。

祝福最高人民法院领导、同事、最亲爱的朋友们！

刘敬东

2017 年 3 月 10 日

目 录

第一编 WTO与全球经济治理

WTO改革的必要性及其议题设计研究 …………………………………… 003
"市场经济地位"之国际法辨析
　　——《加入WTO议定书》与中国"市场经济地位" ……………… 029
全球经济治理新模式的法治化路径 ……………………………………… 053
多边体制VS区域性体制：国际贸易法治的困境与出路 ………………… 069
Accession Protocols：Legal Status in the WTO Legal System …………… 086

第二编 "一带一路"与国际法治

全面开放新格局的国际法治内涵与路径 ………………………………… 115
"一带一路"法治化体系构建研究 ………………………………………… 139
"一带一路"倡议的法治化构想 …………………………………………… 158
"一带一路"倡议下我国对外国仲裁裁决承认与执行的实证研究 …… 164
"一带一路"建设的法治化：人民法院的职责与使命 ………………… 181

第三编 中国涉外民商事审判制度创新

大国司法：中国国际民事诉讼制度之重构 ……………………………… 191

国际商事法庭的时代意义与使命 …………………………………… 218
自贸试验区战略司法保障问题研究 …………………………………… 223
司法：中国仲裁事业发展的坚定支持者 ……………………………… 239
对有关仲裁裁决司法审查案件的请示批复的理解与适用 …………… 244

第四编　中国对外法律实践：对策建言

对当前中美经贸关系法律问题的几点思考 …………………………… 257
善用 WTO 法律机制反制贸易保护主义 ……………………………… 265
中国两次 WTO 败诉的重要启示 ……………………………………… 269
采取法律行动保护我国在利比亚等国财产 …………………………… 272
当前贸易保护主义的国际法辨析 ……………………………………… 276
2010：贸易保护还要走多远？ ………………………………………… 298
WTO 案例的经典力作
　　——评赵维田主编《美国——对某些虾及虾制品的进口限制案》…… 301

第一编

WTO与全球经济治理

WTO 改革的必要性及其议题设计研究*

一 前言

当前,世界贸易组织(WTO)及其代表的国际贸易法律体制正面临空前危机。包括 WTO 以及国际上主要贸易体在内的国际社会对 WTO 改革的必要性及急迫性已有充分认知。WTO 总干事阿泽维多强烈呼吁 WTO 成员方尽快采取实际行动改变现状,以拯救岌岌可危的多边贸易体制。[①] WTO 副总干事沃尔夫甚至发出"缺乏改革将导致(多边)贸易体制的大倒退"的警告,他指出:"WTO 的改变正驶向冰川期,(尽管)当前某些冰川正在消退。但太长的时间是 WTO 改革进程所不能承受的奢侈……按正确方向前进,(对 WTO 而言)目前已不是一种选择。"[②]

面对 WTO 多边贸易体制的步履维艰,中国政府始终认为应当对 WTO 现行体制及其规则体系进行必要的改革,以适应国际贸易发展的新形势;同时,在国际上单边主义及保护主义盛行的严峻时刻,中国政府充分表明了支持和维护 WTO 多边体制的坚定立场,并与欧盟等成员方业已建立双

---

* 本文原载于《国际经济评论》2019 年第 1 期。
① 参见 DG Azevedo, Director-General Addressing a WTO Economic Conference on 11 December 2018, Entitled "*Updating Trade Cooperation*", https://www.wto.org/english/news_e/news18_e/rese_11dec18_e.htm, 最后访问日期: 2018 年 12 月 12 日。
② DDG Wolff, "Good Will and Creativity can Yield Positive Results in Talks on Strengthening the WTO", Speaking at Chatham House in London on 1 November, https://www.wto.org/english/news_e/news18_e/ddgra_01nov18_e.htm, 最后访问日期: 2018 年 12 月 12 日。

边平台讨论 WTO 改革方案。①

WTO 其他成员方也不断呼吁各成员方尽快推动 WTO 改革。欧盟于 2018 年 6 月提出了推进 WTO 现代化的方案，在加拿大政府的推动下，WTO 十二国及欧盟代表于 2018 年 10 月 24 日至 25 日在加拿大首都渥太华举行关于 WTO 改革的国际会议，并发表《渥太华部长会议关于 WTO 改革的联合公报》。尽管美国不时威胁退出 WTO，但美国政府贸易代表莱特希泽也曾多次要求 WTO 进行多项必要的改革，并与欧盟、日本等 WTO 成员方贸易部长共同发表声明，声称共同推动 WTO 相关改革事项。② 其他国际组织，如国际货币基金组织、世界银行，以及国际上众多发展中国家对当前 WTO 面临的极其危险局面更是忧心忡忡，不断呼吁全球主要贸易体应表现出强烈的政治意愿，并采取实际行动推动 WTO 改革，以使其摆脱当前的危机。③

在当前国际形势下，WTO 体制改革已箭在弦上。停滞不前只能导致第二次世界大战后建立的多边贸易体制全面崩溃，这将是全球经济发展所不能承受的灾难性后果。

WTO 改革的必要性究竟是什么？WTO 改革的价值取向是什么？应坚持什么原则？改革的议题应如何设计？这些问题是必须回答的。在推动 WTO 改革方面，作为世界上最为重要的贸易体之一及 WTO 的主要成员方的中国责无旁贷。中国应当积极参与并引领 WTO 改革，这不仅关系到中国自身的贸易利益及国际规则话语权问题，而且关乎经济全球化进程能否顺利推进及 21 世纪全球经济治理的成败，肩负重要国际责任的中国必须对

---

① 参见习近平于 2018 年 11 月 30 日在阿根廷布宜诺斯艾利斯第十三届 G20 峰会上的讲话，题为《登高望远，牢牢把握世界经济正确方向》。
② 2018 年 5 月 31 日，美国贸易代表办公室（USTR）发布美日欧贸易部长联合声明，表示美日欧应共同采取行动，包括：共同应对非市场导向政策，促进构建公平互惠的全球贸易体系；加快制定有关产业补贴和国有企业新规则，为工人和企业营造更公平的竞争环境；寻求有效手段解决第三国贸易扭曲政策，反对任何国家要求或迫使外国公司向本国公司转让技术；在 WTO 框架下深化合作以促进 WTO 规则全面实施。
③ 参见 IFM, The World Bank, WTO, "Reinvigorating Trade and Inclusive Growth", p. 7, https://www.imf.org/en/Publications/Policy-Papers/Issues/2018/09/28/093018-reinvigorating-trade-and-inclusive-growth，最后访问日期：2018 年 12 月 11 日。

上述问题给出中国答案,向全世界呈现中国方案。

二 WTO 改革背景及必要性分析

在设计 WTO 改革具体方案之前,应当对改革的背景及必要性进行认真分析和研究,只有这样,才能使得 WTO 改革的具体方案具有针对性和可操作性。

实际上,21 世纪伊始,改革 WTO 的声音就已甚嚣尘上,但与当前的背景不同,彼时呼吁 WTO 改革主要是为了回应全球化浪潮对国内就业的冲击进而产生的对 WTO 贸易自由化的批评、国际社会对 WTO 决策机制及争端解决机制透明度的指责,以及 WTO 对环境保护,包括劳工保护在内的人权保护等国际事务关注不够的不满。[①] 1999 年 WTO 西雅图部长会议的失败、2003 年 WTO 坎昆部长会议的无果而终都预示着 WTO 体制已面临来自多方的重大挑战,21 世纪初开展的多哈回合举步维艰。

2005 年,受时任 WTO 总干事委托,由前总干事萨瑟兰牵头,美国的杰克逊教授、经济学家巴格瓦蒂等八位国际著名学者共同参与,撰写了《WTO 的未来》(又称"八贤人报告"),对 WTO 体制进行了深刻总结并提出多项改革建议。[②] 2007 年,华威委员会(Warwick Commission)发表了《多边贸易机制:出路何在?》("华威委员会报告"),也曾提出 WTO 改革的具体方案。[③] 各国学术机构不断召开专题研讨会,各种国际智库纷纷为 WTO 改革建言献策。但由于缺乏各主要成员方改革 WTO 的强烈政治意愿以及关于改革的观点、立场巨大差异,学术界提出的改革 WTO 方案一直停留在纸上,没有任何实际成效。

WTO 本身及其成员方的严重不作为导致 WTO 体制越发不适应国际经济形势的发展、变化,多哈回合已进行近 20 年之久,除 2015 年达成的

[①] 参见〔美〕约翰·麦金尼斯等《世界贸易宪法》,张保生等译,中国人民大学出版社,2004,第 1~15 页。
[②] 参见〔英〕彼得·萨瑟兰等《WTO 的未来》,刘敬东等译,中国财政经济出版社,2005。
[③] 参见 The Report of the First Warwick Commission, *The Multilateral Trade Regime: Which Way Forward?* University of Warwick, 2007。

《贸易便利化协定》等少数几项新协定之外,在货物贸易、服务贸易、反倾销、反补贴以及贸易新议题等核心领域至今毫无建树,引发国际社会普遍不满。2008 年国际金融危机爆发后,以美国为代表的发达国家经济实力遭受重创,而以中国为代表的发展中国家逆势而上,在国际经贸领域表现十分突出,极大地改变了全球经济格局。一些发达国家对此产生了严重的心理不平衡,其国内贸易保护主义势力不断抬头、单边主义盛行,以 2016 年美国特朗普政府上台后违反 WTO 规则采取的大规模单边贸易制裁措施为标志,WTO 多边贸易体制陷入空前危机。

与 20 年前面临的危机不同,尽管那时西雅图部长会议、坎昆会议会场之外游行、抗议规模庞大,批评 WTO 体制的声音不绝于耳,但大多来源于工会组织、行业组织、环境保护组织及人权团体等民间组织,而当前 WTO 面临的危机主要来源于内部——美国——其最为重要的成员、WTO 前身 GATT(《关税及贸易总协定》)的缔造者之一、世界头号经济强国。2018 年初,美国特朗普政府完全抛弃 WTO 多边体制规则,以美国国内法为依据单方对中国、欧盟、日本、加拿大等输美产品采取贸易制裁措施,中国等 WTO 成员纷纷采取反制措施,贸易战一时间成为国际贸易常态,国际贸易秩序陷入严重混乱。[1] 不仅如此,美国政府已多次阻挠 WTO 上诉机构新任法官遴选程序,致使 WTO 上诉机构几乎陷入瘫痪境地,"没有争端解决机制的有效运作,WTO 体制即意味着死亡"。[2]

如果说 20 年前 WTO 面临的还是外部挑战的话,那么,国际贸易正在经历的单边主义、贸易保护主义困局与 21 世纪伊始国际上产生的对 WTO 的指责与不满的双重叠加,导致 WTO 现在已真正处在生死存亡之危机境地。毫无疑问,美国特朗普政府奉行"美国优先"政策进而采取的一系列大规模违反 WTO 规则的单边贸易制裁措施以及对 WTO 上诉机构新任法官

---

[1] 参见 IFM, The World Bank, WTO, "Reinvigorating Trade and Inclusive Growth", p. 7, https://www.imf.org/en/Publications/Policy-Papers/Issues/2018/09/28/093018-reinvigorating-trade-and-inclusive-growth, 最后访问日期:2018 年 12 月 11 日。

[2] James Bacchus, "Might Unmakes Right—The American Assault on The Role of Law in World Trade", CIGI No. 173, Centre for International Governance Innovation, Published in May 2018, p. 24.

的阻挠是 WTO 面临重大危机的直接因素，但如果对 WTO 所面临的形势与背景的分析仅仅停留于此未免过于简单，而且，将会导致两方面的不利后果：一方面，仅以美国对 WTO 的不满和诉求为核心设计 WTO 改革方案，迎合美国一家的胃口，而对包括中国在内的广大发展中成员的改革需求视而不见；另一方面，忽视国际形势的新发展、科技领域的新进步所需要的 WTO 规则体系变化，导致 WTO 改革缺乏前瞻性。

在综合研究和分析当前国际贸易关系发展的脉络和轨迹后，笔者认为，WTO 面临生死存亡危机更为深层次的原因在于以下几点。

第一，中国等新兴国家经济实力的增长打破了世界经济原有格局，美国等传统西方经济强国竞争优势下降，全球贸易利益分配发生历史性变化，WTO 体制及其规则体系未能作出调整加以适应，导致各方均表示不满。

中国、俄罗斯、印度、巴西等新兴国家均是 WTO 体制的被动接受者，长期以来，包括上述国家在内的发展中国家在 WTO 体制的话语权及规则制定权严重不足。GATT/WTO 体制实行"协商一致"原则，似乎体现了成员方之间的平等，但实践中却不尽然。所谓 WTO "四极体制"（即由美、欧、日、加四个发达成员构成的体制）长期操纵 WTO 决策，其他成员的态度基本无关大局。[①] 在作出重要决策时，"绿屋谈判"（Green House Negotiation，又称"休息室谈判"）模式盛行，就是由少数发达成员方先行磋商决定，再强迫其他成员方接受，这导致广大发展中成员的利益未能得以充分体现，它们对此早有怨言。[②]

西方学者意识到，WTO 等国际经济组织对于发达国家与发展中国家经济实力对比格局发生的变化未能积极作出体制上的改变。美国的基欧汉认为，第二次世界大战以后形成的国际组织决策模式造成了国际民主的缺

[①] 参见张向晨《窗外的世界——我眼中的 WTO 与全球化》，中国人民大学出版社，2008，第 120 页。
[②] 斯蒂格指出："WTO 百余个发展中国家成员中的大多数（尤其是其中最贫最弱的）在有效参与'休息室谈判'进程与 WTO 决策制定的能力问题上，仍然存在着严重的不满。"参见〔加拿大〕黛布拉·斯蒂格主编《世界贸易组织的制度再设计》，汤蓓译，上海人民出版社，2011，第 21 页。

失,是一种"民主的赤字"①。尽管这种"模式"曾对促进国际经济合作、规范国际经济关系发挥了一定作用,但随着全球经济格局的变化,特别是广大发展中国家经济实力不断提升,其不公正、不合理愈加凸显,甚至已导致其自身的"合法性"危机。②

同时,美国等西方传统经济强国则认为,中国等新兴国家冲击了 WTO 现有体制,尤其是中国独特的经济制度框架及贸易政策对 WTO 体制及规则体系造成"扰乱",现有体制及其规则已不足以对这些国家的行为形成有效约束,导致贸易利益严重失衡,发达国家遭受着不公平的竞争环境和贸易环境,其经济利益严重受损,而 WTO 对此束手无策,美国等西方发达国家"心存怨气",逐渐爆发成"戾气",开始向 WTO"动刀"。

毫无疑问,中国是它们抱怨的首要对象。美国特朗普政府认为,中美贸易长期处于不平衡状态,美国承担的巨额贸易逆差对美国不公平,中国特有的经济体制"冲击"并"破坏"了公平竞争的市场环境,而 WTO 现有规则却不能充分约束中国的行为,反而捆绑了美国自己的手脚,故而抛开 WTO 多边体制及其争端解决机制,转向单边采取针对中国的贸易制裁措施。

纵观国际贸易发展历史,国际上新兴经济体的出现和逐渐壮大都会对已有的国际经济体制造成冲击或"扰乱"。19 世纪中叶,美国经济的崛起就对当时英国的农业产生了严重的影响。日本在 20 世纪后期就以不同于传统西方国家的经济结构而崛起,从而对美国及其他发达国家的传统制造业

---

① 基欧汉指出:"从 1944 年布雷顿森林会议开始,有关治理的关键机制就以'俱乐部'的方式来运行。最初,少数富国的内阁部长及同一问题领域的部长级官员聚在一起制定规则。贸易部长们主导了 GATT;财政部长们则推动了 IMF 的工作;国防部长和外交部长会聚北约总部;央行行长则聚首国际清算银行。他们先秘密磋商,然后将相关协议提交国家立法机关并公布于众。直到最近,这种模式仍是不可挑战的。"参见〔美〕罗伯特·O. 基欧汉《局部全球化世界中的自由主义、权力与治理》,门洪华译,北京大学出版社,2004,第 249 页。

② 斯蒂格认为:"三个国际组织(指 WTO、IMF 和世界银行,作者注)都面临着重大的合法性与问责性危机,因为它们内部的投票与决策结构没有反映全球新的权力关系现实……要让国际经济组织在 21 世纪全球充满活力的经济中重要、负责、有效,有必要进行重大的制度改革。政府领导人应当将这作为一项优先事务。"参见〔加拿大〕黛布拉·斯蒂格主编《世界贸易组织的制度再设计》,汤蓓译,上海人民出版社,2011,第 5~6 页。

形成了强烈冲击,特别是在日用电器及汽车产业。"在本世纪过去的近20年中,中国的崛起同样也带来冲击和扰乱,中国的经济拥有完全不同于其主要贸易伙伴的特点。经济体制的不同使得它们之间的摩擦更加恶化。"[①]

历史上,美国、日本崛起对国际贸易格局和体制的冲击均以美国一家胜出而告终:由于国力严重下降,面对19世纪中叶美国的崛起,英国已无力抗争,只能面对美国对其统治世界地位的取而代之。针对日本崛起带来的冲击,美国则凭借其强大的政治、军事及经济实力压制日本签订《广场协议》《自愿限制出口协定》等,强迫其接受美国制定的国际规则,从而捍卫美国的超强地位及以美国为核心的国际贸易体制。中国的崛起则完全不同,美国现已无法运用其实力迫使中国就范,同时指责WTO对中国缺乏约束,故铤而走险地抛开其主导建立的GATT/WTO多边体制,转回单边制裁中国的老路。

可见,WTO必须回应来自发达国家、发展中国家的双重诉求,为此进行必要的体制及规则体系改革,否则就摆脱不了自身的生存危机。

第二,科学技术的进步对全球市场特别是制造业造成巨大影响,全球产业布局及劳动力市场急剧分化,而大多数国家政府未能及时作出有针对性的经济政策调整,生产力严重下降、失业率上升,导致国内民粹主义、保护主义势力抬头,对奉行贸易自由化的WTO多边贸易体制形成巨大冲击和破坏。

进入21世纪以来,以互联网、人工智能为代表的高科技发展突飞猛进,人类正经历着"第四次工业革命",科学技术的进步彻底改变了传统制造业的原有格局,西方发达国家拥有的传统科技优势已不明显,正在被中国等新兴科技强国所追赶甚至超越。制造业大规模转移导致许多国家失业率上升、工资上涨停滞、收入分配不均愈加严重,而这些国家政府又未能及时作出适当的经济政策调整,加之工业自动化对国内就业的影响、移民潮带来的冲击,导致这些国家民粹主义、保护主义蔓延,直接挑战WTO所奉行的贸易自由化宗旨及其带来的经济全球化,所有这些因素都对WTO

---

① DDG Wolff, "Good Will and Creativity can Yield Positive Results in Talks on Strengthening the WTO", Speaking at Chatham House in London on 1, November, 2018.

多边贸易体制产生了巨大冲击。①

实际上，针对 WTO 贸易自由化宗旨及其经济学理论比较优势论，一直有西方经济学家提出质疑。吉姆·斯坦福教授的观点颇具代表性，他认为："李嘉图的理论是错的。不仅在理论上，尤其在实践上，确保自由贸易使双方获益的条件和假设根本不适用……最坏的是，我们都知道，为了增加参与全球经济的利润、减少成本，新自由主义的全球化规则排斥政府管制贸易和投资流动。"②

经济学家一向认为，尽管贸易自由化有益于各国经济长远发展，但其好处往往是宏观的，且需很长一段时间才能凸显。对于某个行业来说，它一时间带来的不仅不是什么机遇和好处，反而可能意味着巨大冲击，该行业的国内市场份额可能因此而丧失。为了赢得选举或避免出现政府倒台，各国政府不得不屈从于利益集团的强大压力而采取保护性的贸易政策，此即所谓"所有的经济都是国际的"，但"所有政治都是地方的"。GATT/WTO 法专家杰克逊教授将各国政府面临的这一困境喻为"囚徒的困境"："当两者并列时，这些简洁的评论就折射出政策上的困境，而政治领袖们必须尽力解决这些问题。"③ 其结果大都是贸易自由化政策让位于维护国内既得利益的保护性政策而最终成为国内政治斗争的牺牲品。

还有学者分析指出："从长远来看，通过开放贸易而创造更高收入的工作机会，使资本得到更高的回报，自由贸易可以使这些工人和企业主的状况有所改善。但这些工人和企业主们对于其前景不会全值期待……所以，即使在未来收益打过折扣仍大于某个眼前利益的情况下，许多人还会拒绝为了未来收益而放弃眼前利益。"④ "由于实实在在的金钱损失和人类心理特定模式的作用，受到自由贸易负面冲击的产业中的工人和企业主，

---

① 参见 DDG Wolff, "Good Will and Creativity can Yield Positive Results Intalks on Strengthening the WTO", Speaking at Chatham House in London on 1, November, 2018.
② 〔加〕吉姆·斯坦福：《每个人的经济学》，刘慧峰等译，东方出版社，2009，第 209～210 页。
③ 〔美〕约翰·H. 杰克逊：《GATT/WTO 法理与实践》，张玉卿等译，新华出版社，2002，第 4 页。
④ 〔美〕约翰·麦金尼斯等：《世界贸易宪法》，张保生等译，中国人民大学出版社，2004，第 20～21 页。

会试图说服政府设立贸易保护屏障。利益集团政治的现实，暗示了他们会取得可观的成功。"①

21 世纪以来，"第四次工业革命"及互联网、人工智能等高科技的发展进步，加大了各国之间经济发展水平的差距，相比于中国等新兴科技强国所形成的产业优势，美国等西方发达国家的传统优势不断缩小，因比较优势的逐渐丧失及失败的国内政策调整而导致的国内各种社会问题层出不穷，为贸易保护主义滋生提供了土壤，这对于 WTO 多边贸易体制而言，无疑是一种灾难。

第三，WTO 的成立并未改变其前身 GATT 固有的"契约"性质，未能成功转变为全球贸易治理组织，缺乏现代治理应当具有的权威性和高效率，导致全球贸易政策及规则制定严重滞后，体制机制日益僵化，直至濒临死亡。

第二次世界大战后，由美国主导建立的 GATT 体制尽管建立了贸易规则体系，但长期以来这一体系只是被视为各缔约方（Contracting Parties）之间达成的一种"契约"（Contract），而非真正的国际法规则，其不仅含有"祖父条款"这种与国际法一般原则相悖的条款，而且欧洲国家与传统殖民地之间实行的、与 GATT 最惠国待遇原则背道而驰的"特惠"贸易制度也一直畅通无阻，国际贸易重要领域的纺织品贸易、农产品贸易长期游离于 GATT 规则之外，贸易争端解决基本依靠外交手段而非法律方式，经济学家而非法律专家向来主宰 GATT 体制运行，所有这些因素都表明 GATT 体制法律特征明显不足。② 杰克逊教授也曾指出："GATT 并不被认为是一个'组织'，它仅是一个具有具体的有限目的的契约。"③

1995 年，GATT 的"继任者"WTO 正式成立，WTO 彻底改变了 GATT 近半个世纪临时适用以及非正式国际组织的尴尬境地，从法律体制上全面继承了 GATT，取消了"祖父条款"，通过"反向一致"投票机制、建立

---

① 〔美〕约翰·麦金尼斯等：《世界贸易宪法》，张保生等译，中国人民大学出版社，2004，第 20~21 页。
② 参见赵维田《世贸组织（WTO）的法律制度》，吉林人民出版社，2000，第 15~19 页。
③ 〔美〕约翰·H. 杰克逊：《GATT/WTO 法理与实践》，张玉卿等译，新华出版社，2002，第 23 页。

上诉机构等措施强化了贸易争端解决方式,法律特征明显加强。但是在重大决策方面,WTO 依然沿用"协商一致"的传统投票方式,特别对于新成员加入,还是通过 WTO 成员与该新成员谈判达成"入门费"协议后由 WTO 全体成员"协商一致"来决定是否接纳,"入门费"协议实质上仍然是新成员与 WTO 全体成员达成的"契约"。[①] 与联合国实行的安理会决策制、国际货币基金组织及世界银行实行的股份投票制相比,WTO"全体成员方导向"决策机制严重缺乏现代国际组织管理的权威性和效率性。

由于本质上属于"契约"而非权威、高效的现代管理体制,面对 21 世纪以来出现的重大贸易问题,如环境保护、气候变化、劳工标准、知识产权、互联网经济等,WTO 未能作出令人满意的回应,导致其规则体系与国际贸易现实长期脱节,无法满足各国对其在全球经济治理中应发挥重要作用的合理期待。

以上三方面的因素导致了 WTO 当前面临的生存危机,WTO 改革的必要性也在于此。尽管存在以上问题,甚至是严重缺陷,应当强调的是,WTO 体制在当前乃至未来很长一段历史时期内仍不失为支撑国际贸易运行的全球性体制。其代表的多边贸易体制及其法律规则体系将依然发挥重要作用,特别是其奉行的推动贸易自由化宗旨、最惠国待遇和国民待遇原则、以规则导向解决贸易争端等基本原则和理念仍然闪烁着人类智慧和国际法治进步的光芒,不仅没有过时,也不会过时,而且在 WTO 改革中必须予以坚持并强化。WTO 改革就是解决 WTO 多边体制前进道路上遇到的问题,说到底,这些问题都是发展中的问题,应以发展的思路和眼光来解决,并非将 WTO 多边贸易体制推倒重来。对此,应当保持足够的清醒。

三 WTO 改革的价值取向与基本原则

如果说国际上对于 WTO 改革的必要性已经基本达成共识的话,那么,在 WTO 改革的价值取向方面,各主要贸易体之间则存在巨大争论,综合

[①] 杰克逊曾指出:"WTO 实质上将以一种更为公众、媒体、政府官员和律师了解的方式延续了 GATT 的组织性理念和许多惯例。"参见〔美〕约翰·H. 杰克逊《GATT/WTO 法理与实践》,张玉卿等译,新华出版社,2002,第 453 页。

来看，主要表现为以下三种观点或立场。

第一种是美国提出的"互惠"或"对等"贸易原则。美国政府认为 WTO 现行体制对美国而言是不公平的，导致美国在国际贸易领域长期处于巨额逆差状态，而对于国有企业补贴、知识产权保护、社会倾销（即劳工保护标准问题）等问题，WTO 规则不能作出有效规制，争端解决机构越权裁判，对美国有失公允，包括争端解决机制在内的 WTO 体制必须按照所谓"互惠"或"对等"原则进行彻底改革，以满足美国的要求。为此，美国不惜多次动用成员方权利阻挠 WTO 上诉机构法官遴选程序，致使该机构运作几近瘫痪。[1]

第二种是以中国为代表的广大发展中成员提出的坚持 WTO 基本宗旨和原则、支持 WTO 多边贸易体制、反对保护主义和单边主义的改革取向。中国始终认为，面对 21 世纪国际形势的新变化以及出现的大量新问题，WTO 应当作出与时俱进的回应，因此，改革是完全必要的，但 WTO 体制所奉行的基本宗旨和原则不能改变，WTO 规则体系及争端解决机制需要在改革中强化，使其对贸易保护主义、单边主义形成更为有效的制约，而不是另起炉灶、推倒重来，更不能成为某些国家为一己之利而设计的陷阱。[2]

第三种是以欧洲各国、加拿大、日本等主要经济体为代表的折中派国家所奉行的"中间路线"。这些国家一方面反对美国的贸易保护主义、单边主义做法，主张维护 WTO 多边贸易体制；另一方面在国有企业补贴、知识产权保护等方面与美国的立场相似，主张 WTO 应以此为改革的重点。尽管它们不同意美国阻挠 WTO 上诉机构法官遴选的做法，但又提出应事先满足美国要求的 WTO 争端解决机制的具体方案。[3]

---

[1] 参见 James Bacchus, "Might Unmakes Right—The American Assault on the Role of Law in World Trade", CIGI No. 173, Centre for International Governance Innovation, Published in May 2018, pp. 5 – 7。

[2] 参见 2018 年 11 月 23 日中国商务部副部长兼国际贸易谈判副代表王受文在世界贸易组织改革有关问题新闻发布会的讲话，http://finance.sina.com.cn/china/2018 – 11 – 23/doc-ihmutuec3011150.shtml，最后访问日期：2018 年 11 月 30 日。

[3] 参见 Council of the European Union, "WTO-EU's Proposals on WTO Modernisation", 05, July, 2018, Wk 8329/2018 INIT, *Joint Communique of the Ottawa Ministerial on WTO Reform*, Published By Media Relations Office, Global Affairs Canada, 1st, November, 2018。

毫无疑问，作为世界上第一强国，美国对 WTO 改革的态度及其价值取向颇受世人关注，但恰是美国政府对 WTO 的核心宗旨和基本原则提出了挑战。美国政府认为，过去几十年的国际贸易对美国十分不公平，致使美国长期处于巨额贸易逆差状态，严重损害了美国的经济利益，美国"吃了大亏"，美国必须予以反击，从而将与贸易伙伴的贸易关系调整到"互惠"或"对等"的发展轨道。这一说法貌似合理，但绝对不值一驳。姑且不论美方的观点是否有事实作为基础（例如，美方对中美贸易量的统计结果与中方严重偏离，且未将美国占绝对优势的服务贸易向中国的出口统计在内），稍有国际贸易理论及历史常识的人都会指出其中的谬误。

第二次世界大战前夕，美国率先实施了带有浓厚重商主义色彩的高关税政策，各国纷纷效仿，高筑关税壁垒，国际贸易领域"以邻为壑"现象泛滥，导致资本主义经济危机加深，成为第二次世界大战爆发的重要经济因素。第二次世界大战后，以美、英为首的各国吸取这一惨痛历史教训，确立以贸易自由化为宗旨的国际贸易新体制，源自比较优势论的最惠国待遇原则、国民待遇原则等基本法律原则成为国际贸易体制的基石。[1] 尽管中间经历了不少波折，但从 GATT 体制到 WTO 体制，建立在比较优势论基础上的、以最惠国待遇和国民待遇为基本法律原则的国际贸易法律体系促进了全球贸易的大发展、大繁荣，确保了国际贸易的稳定性、可预见性。

国际贸易发展的历史经验以及教训无数次证明，比较优势论是科学的理论，尽管这一理论需要发展，需要考虑各种复杂因素，而且应对比较优势作广义理解，经济学上还有"因素比例说""产品循环说"等理论不断完善比较优势论学说，特别是政府产业政策对比较优势的影响，等等，但作为一项科学的经济学原理，比较优势论并不过时，依然展露着人类科学智慧的光芒。所谓"公平""互惠""对等"贸易等学说，实际上就是历史上"重商主义""保护主义"理论的变种，因为在贸易领域，"公平"是动态的、相对的，绝非进出口量的完全相等，也绝非各国之间关税税率的完全一致；"互惠"或"对等"是广义的、持久的，绝非在一时一事一

---

[1] 参见 Douglas A. Irwin, Petro C. Mavroidis, Alan O. Sykes, *The Genesis of the GATT*, Cambridge University Press, 2008, p. 5。

个领域中显现。

贸易中的"互惠"或"对等"并无任何经济学上的根据，美国著名WTO法权威杰克逊教授对此原则持坚决否定态度，他指出："事实上，（互惠或对等）作为一项经济政策并没有多大意义。比较优势理论证明：即便单方面降低关税，一国常能获得福利好处。当然，多国都减关税，就可创造出更大福利。因此，使用各种'谈判砝码'包括自己降低关税在内，以说服其他国家也作同样降低，也有某些好处，不管这类招数的经济意义如何，有一件事情是清楚的：对等原则曾有过强大的政治效果。它是公众与政府主张劝说降低关税的重要动机，即便这个原则是荒谬或部分荒谬的。"① 我国著名学者赵维田教授在考证贸易谈判中的"对等"原则时就曾指出："即便在发达国家之间的关税减让谈判是否应该遵循'对等'原则，在学术界一般也持否定态度。但是，坚持要求作'对等'减让却是美国的一贯立场……对等原则不过是美国政府用以挤兑他国、迫其就范的一种外交手段、计谋或杠杆而已。当然，这也不排除当用其极时，成为对诸如最惠国等法律规则有负面冲击作用的元凶。"②

根据比较优势理论，考察贸易关系是否"公平""互惠"的唯一标准，是看在一段历史时期内国际贸易体制和规则是否促进了贸易的长期稳定发展，是否提升了各国贸易自由化的程度，贸易各方的经济是否从中受益。自2001年中国加入WTO以来，中美双方贸易量的巨大增长、中国与WTO其他成员间的贸易繁荣充分证明了WTO体制及其规则就是公平的、互惠的。

除了挑战WTO的基本原则外，美国一些学者提出了"WTO规则供给不足"的观点，认为WTO现有体制及其规则已不能涵盖中美之间的贸易问题等。我国也有学者提出，中国已完全履行了入世承诺，但美国提出的一些主张并不在WTO规则规制的范围内，对于这些不在WTO规则规制范围内的中国政策或措施，美国无权指责。这一观点，表面上是在为我国的

---

① John H. Jackson, *The Trading System—Law and Policy of International Economic Relation*, 2nd ed., MIT Press, 1997, p. 147.
② 赵维田：《世贸组织（WTO）的法律制度》，吉林人民出版社，2000，第109~110页。

利益辩护，但实际上可能正好落入西方学者提出"WTO 规则供给不足"，从而否定 WTO 现有体制和规则的陷阱。

WTO 现有规则尽管存在不足，需要进一步发展和完善，但就中美贸易问题而言，根本不存在所谓"规则供给不足"的问题，也并非不能涵盖中美贸易中产生的问题。美国政府以其国内法所谓"232"条款、"301"条款、"国家安全"条款等针对中国采取单边贸易措施，这些措施的内容和本质，都是 WTO 规则涵盖的贸易问题。退一步讲，即便一些措施未能被现有 WTO 规则规制，但 WTO 的前身 GATT 的设计者极具智慧和远见，在 GATT 文本中设计了"非违法之诉"条款，赋予成员方在一成员方采取导致其他成员方合理的预期贸易利益未能实现的措施，且该措施未被现有规则规制的情形下起诉该成员方的法定救济权利，目的就是防止 WTO 成员方规避现有规则、防止 WTO 规则供给不足导致相关成员方利益受损，从根本上保障 WTO 成员方之间的贸易公平，"非违法之诉"制度被称为 WTO 的"兜底条款"，有这样的"兜底条款"，何谈 WTO 规则供给不足？①

随着科学技术的发展以及国际贸易领域交易范围和对象的不断扩大，出现一些未被现有 WTO 规则涵盖的新生事物是可能的，但这需要 WTO 成员通过平等磋商、谈判达成新的规则加以解决，这是国际法诚信原则对国家的义务要求，绝不允许一国采取单边行动迫使他国接受其单方提出的贸易条件和法律规则，更不允许一国抛弃国际多边体制、拒绝履行本国的国际条约义务，凭借自身经济实力强迫他国满足其单方判断的所谓"互惠"或"对等"。

---

① "非违法之诉"条款系指 GATT 第 23 条第 1 款（b）项规定：即使（成员方实施的）该措施不与本协定相冲突，只要对另一缔约方依本协定享有的利益造成"抵销与损伤"，亦构成了投诉的根据或条件。对于该条款的基本原理及其目的，专家组在 1990 年"油菜籽案"裁决中予以阐明，它明确指出："条约起草者们的设想和缔约方全体的适用，全都是为了保护由关税减让达成的平衡。它的理论基础是，从关税减让中合法预期得到的较好竞争机会会被剥夺，而剥夺掉它的不仅有违反总协定的措施，也有符合总协定的措施。为了鼓励缔约各方作关税减让，当对等减让被任何另一个缔约方的措施所损伤，不论该措施与总协定冲突与否，都应该给他们以获得补偿的权利。"参见赵维田《世贸组织（WTO）的法律制度》，吉林人民出版社，2000，第 438～440 页。GATT"油菜籽案"专家组裁决，见 BISD 37S/86 - 132。

通过以上分析可以看出，美国对 WTO 改革的价值取向实际上是对 WTO 多边体制以及赖以建立的最惠国待遇、国民待遇等基本原则的挑战，是对 WTO 法律规则体系的挑战。以这种价值取向引导 WTO 改革的后果无疑是对该体制的全面否定。

面对错综复杂的国际形势以及美国施加的巨大压力，以中国为代表的广大发展中国家提出坚决维护 WTO 多边贸易体制、反对贸易保护主义和单边主义的主张，认为 WTO 改革必须以此为核心通过平等协商制订 WTO 改革方案，并以循序渐进的方式推进改革，使之适应国际形势及国际贸易的新发展。为此，笔者认为，WTO 改革应当坚持以下三项原则。

第一，坚持和维护 WTO 的根本宗旨和基本原则。

维护 WTO 的推动贸易自由化的根本宗旨及为实现这一宗旨而确立的最惠国待遇、国民待遇等基本原则是 WTO 改革的应有之义，如果偏离 WTO 的宗旨和基本原则，将所谓"公平"作为改革的目标和该体制的基本原则，这无异于动摇 WTO 多边贸易体制的根基。

《马拉喀什建立世界贸易组织协定》序言强调，"扩大货物与服务的生产和贸易"，"扩大对世界资源的充分利用"，"通过达成互惠互利安排，实质性削减关税和其他贸易壁垒，消除国际贸易关系中的歧视待遇"。[①] 这些用语无不表明，WTO 体制坚定促进贸易自由化。"WTO 所展现的用以解释日益增强的贸易自由化进程的基本原理已经认为贸易有助于繁荣。显然，只要贸易自由化被确定为一项有益的政策，那么，致力于贸易自由化并作为主要目标之一的 WTO 就会成为以提高全人类福利为目的而设计的国际

[①] 《马拉喀什建立世界贸易组织协定》序言规定："本协议各成员，承认其贸易和经济关系的发展，应旨在提高生活水平，保证充分就业和大幅度稳步提高实际收入和有效需求，扩大货物与服务的生产和贸易，为持续发展之目的扩大对世界资源的充分利用，保护和维护环境，并以符合不同经济发展水平下各自需要的方式，加强采取各种相应的措施；进一步承认有必要作出积极的努力，以确保发展中国家，尤其是最不发达国家，在国际贸易增长中获得与其经济发展相适应的份额；期望通过达成互惠互利安排，实质性削减关税和其他贸易壁垒，消除国际贸易关系中的歧视待遇，从而为实现这些目标作出贡献；因此决定建立一个完整的、更可行的和持久的多边贸易体制，以包含《关税与贸易总协定》、以往贸易自由化努力的结果以及乌拉圭回合多边贸易谈判的全部结果，决心维护多边贸易体制的基本原则，并促进该体制目标的实现……"

性制度框架内的一部分。"① 失去贸易自由化宗旨，WTO 将无法实现提高全人类福利的最终目标。

为实现贸易自由化宗旨，GATT 第 1 条即规定"一般最惠国待遇"，这一条款被视为 GATT/WTO 多边贸易体制的"柱石"。② 美国杰克逊教授曾高度评价最惠国待遇对国际贸易的意义："（1）从经济方面说，它确保了各国均得从效益最好的供应商来源，获得其全部进口所需，使比较优势得以体现；（2）从贸易政策方面说，对最惠国的承诺，保护了双边减让的价值，并使之成为多边体制而'传播四方'；（3）从国际政治方面说，依最惠国条款作的承诺，调动起了有重要利害关系的各大国的力量，也激励着受到平等待遇的众小国……用更实际些的话来说，给后进入国际市场者提供了保障。"③ 最惠国待遇对于国际贸易的意义，赵维田教授指出："共同遵守市场机制，公平竞争，机会均等，把对国际市场的人为干预或扭曲减至大家都可接受的最低限度。这正是最惠国真谛所在。"④ 从这个意义上讲，最惠国待遇就是国际贸易领域中的市场经济原则。

WTO 体制并未将"公平"、"互惠"或"对等"原则确立为该体制的原则，原因在于最惠国待遇所依据的比较优势理论本身就暗含着各国应承认它们之间的优势差异，在此基础上，通过贯彻最惠国待遇原则来实现各国拥有的不同的比较优势，达到"扩大对世界资源的充分利用"之目的。

事实证明，WTO 确立的贸易自由化宗旨及最惠国待遇原则促进了国际市场的竞争，努力消除各国政府人为设置的各种壁垒，使市场这只"看不见的手"调整国际贸易关系，市场经济原则畅通无阻，这已极大地促进了国际贸易的发展，增进了世界各国经济繁荣，提高了全人类的福祉，这对于全世界而言就是最大的公平。在国际贸易领域抽象地谈所谓"公平"或在 WTO 改革中塞进"公平"、"互惠"或"对等"，将损害严重全球市场

---

① 〔英〕彼得·萨瑟兰等：《WTO 的未来》，刘敬东等译，中国财政经济出版社，2005，第 3 页。
② 参见赵维田《最惠国与多边贸易体制》，中国社会科学出版社，1996，第 53 页。
③ John H. Jackson and William J. Davey, *Legal Problems of International Economic Relations*, 2nd ed., West Publishing Co., 1986, pp. 428-429.
④ 赵维田：《世贸组织（WTO）的法律制度》，吉林人民出版社，2000，第 54~55 页。

的自由竞争环境。一些国家以追求"公平"贸易关系为幌子对国际贸易设置种种障碍,"公平"无疑将沦为贸易保护主义的工具。

除最惠国待遇原则外,WTO多边体制还将"国民待遇、更自由的、通过谈判使贸易壁垒不断减少、可预见性、更具竞争性、更有利于欠发达国家"作为主要原则。[①] 这些原则无不围绕着促进国际贸易竞争、减少市场扭曲、推动贸易自由化宗旨实现加以确立,WTO改革只能维护并强化这些原则,而不是相反。

需强调的是,不将"公平"原则作为WTO改革的宗旨和原则并非否定"公平"原则在WTO体制中的价值。WTO体制本身就是一个致力于公开、公平和无扭曲的规则体制,"公平"的价值完全可通过也只能通过强化规则和监管各国贸易政策的路径来实现。WTO曾多次指出:"有关非歧视的规则,即最惠国待遇原则和国民待遇原则是为了保证贸易的公平条件。关于倾销和补贴规则的目的也是如此。这些问题是复杂的,规则试图确定什么是公平的和什么是不公平的,以及政府应如何作出反应,特别是通过征收额外的进口关税,来补偿因不公平贸易所造成的损失。"[②] WTO所追求的"公平"就是要消除人为的市场扭曲,为国际贸易创造公平的竞争环境,绝非追求进出口总量的对等、贸易逆差的消失。

第二,维护发展中国家合法权益原则。

维护发展中国家合法权益是WTO的基本宗旨,《马拉喀什建立世界贸易组织协定》的序言予以充分强调,指出:"进一步承认有必要作出积极的努力,以确保发展中国家,尤其是最不发达国家,在国际贸易增长中获得与其经济发展相适应的份额。"WTO改革应坚持维护发展中国家权益这一原则,不仅不能在改革过程中损害发展中国家的权益,而且还应当通过修订相关协定规则予以强化,改变WTO现有涵盖协定中涉及发展中国家权益的条款大多属于"软法"的局面。

[①] 世界贸易组织秘书处编《贸易走向未来——世界贸易组织(WTO)概要》,张江波等译,法律出版社,1999,第3页。

[②] 世界贸易组织秘书处编《贸易走向未来——世界贸易组织(WTO)概要》,张江波等译,法律出版社,1999,第7页。

在 WTO 的 160 多个成员中，发展中国家占绝大多数，WTO 通过三种方式处理发展中国家的特殊需求：其一，WTO 协议包含对发展中国家的特殊优惠规定；① 其二，WTO 贸易与发展委员会监督 WTO 在这一领域的工作；其三，WTO 秘书处为发展中国家提供技术援助。② 据专家统计，现有 WTO 涵盖协定共有 155 项针对发展中国家的特殊及差别待遇条款（S&D 条款），但这些条款"软法"性质明显，大多缺乏执行力。"多数条款仍然较为空洞和宽泛，有的标书甚至含混不清，本质上缺乏约束力，这导致了这些条款难以适用。如何进一步细化和落实这些条款，成为发展中国家成员所面对的迫切的问题。"③ 而且，实践证明，对于这些条款的实施 WTO 缺乏真正的有效监督。

WTO 维护发展中国家利益这一原则，看似仅对发展中国家有利，其实贯彻和实施这一原则取得的是"共赢"的效果，对包括发达国家在内的各国均是有利的。WTO 第一任总干事鲁杰罗就曾指出："一个相互依存的世界意味着我们要同舟共济，在看到船的另一头沉下去时，没有人能够坦然处之。"④ WTO 的研究报告也多次指出："低收入国家获得收益，对大家都有好处……对来自低收入国家现在和今后的出口产品和服务更大幅度地开放市场，是符合发达国家和较发达的发展中国家自身利益的。"⑤

在"多哈回合"谈判及此次关于 WTO 改革的辩论中，一些发达国家不仅反对将 WTO 涵盖协定中的 S&D 条款细化，反而提出对 WTO 中的发展

---

① GATT 增设"贸易与发展"专章规定了发达国家与发展中国家贸易谈判中的"非互惠原则"，允许各国给予发展中国家特殊减让而不需要给予全体成员同样的减让，即"特殊与差别待遇"。《服务贸易总协定》（GATS）第五部分"经济一体化"也允许给予发展中国家部分优惠待遇。此外，WTO 具体协议中对发展中国家实施承诺方面给予了更多的时间，并努力通过扩大市场准入增加发展中国家贸易机会，要求 WTO 成员在采取反倾销、保障措施等措施时保障发展中国家利益等。参见世界贸易组织秘书处编《贸易走向未来——世界贸易组织（WTO）概要》，张江波等译，法律出版社，1999，第 96~97 页。
② 参见世界贸易组织秘书处编《贸易走向未来——世界贸易组织（WTO）概要》，张江波等译，法律出版社，1999，第 96 页。
③ 孙振宇主编《WTO 多哈回合谈判中期回顾》，人民出版社，2005，第 279 页。
④ 世界贸易组织秘书处编《贸易走向未来——世界贸易组织（WTO）概要》，张江波等译，法律出版社，1999，第 102 页。
⑤ 世界贸易组织秘书处编《贸易走向未来——世界贸易组织（WTO）概要》，张江波等译，法律出版社，1999，第 106 页。

中成员予以分类，应当使中国、印度、巴西等放弃全部或部分S&D待遇，同时，主张WTO应设计发展中成员"毕业"条款，定期审查享受S&D待遇的发展中国家资格，促使符合"毕业"条件的发展中国家放弃S&D待遇。

在此次WTO改革中，维护发展中国家合法权益是一项突出而重要的改革内容，也是各方争执的焦点。为打破僵局、推动改革，笔者建议，中国可提议采取"双轨制"的办法解决当前的矛盾和对立：一方面，WTO贸易与发展委员会应尽快恢复执行"多哈部长宣言"提出的《与执行相关的事项和关注的决定》，全面梳理WTO协定中的S&D条款，并以加强条款拘束力为指导原则对这些条款的修订提出草案；另一方面，委托WTO贸易与发展委员会制定WTO体制内发展中国家的资格标准，在广泛征求WTO成员方意见的基础上，制定发展中成员"毕业"条款，将以上两项工作成果共同提交WTO总理事会表决通过，从而建立WTO贸易与发展新的法律机制。

笔者认为，对于发达国家提出的分类及"毕业"条款建议，中国应持开放态度，原因在于，一方面，严格发展中国家资格标准对于落实和执行WTO协定中的S&D条款有利，对于其他未享受S&D待遇的成员方而言是公平的；另一方面，中国本身并没有在WTO体制中享受很多发展中国家待遇，反而承担了甚至比发达成员更重的WTO-Plus条款义务，这是中外学者的共识。因此，WTO将发展中国家分类也好、设计"毕业"条款也罢，对中国而言无实质性影响。与此同时，中国在这方面接受发达国家相关建议，也可作为WTO改革中的妥协或让步，以换取发达国家在其他领域的妥协和让步。

当然，这并不代表中国放弃在改革中维护发展中国家合法权益的根本原则，因为，这一原则是我国外交的核心原则之一，也是中国推动全球治理迈向更加公平、合理所肩负的大国责任。

第三，坚持发扬民主和提高权威与效率相结合的原则。

WTO现行决策机制的特点是"协商一致"原则，在重大决策中需要WTO全体成员方的一致同意。这一原则的好处在于，能够在重大国际贸易问题上充分发扬民主，但其弊端也极为明显——只要有一个成员方持反对意见，WTO 就不能作出重大决策，这是导致 WTO "多哈回合"延拓近二十年、至今几无作为的重要原因，WTO 改革必须改变这一被动局面。

一方面，"协商一致"总的原则不能动摇，这是 WTO 民主化的体现，也是 WTO 合法性的基础。在涉及修订《马拉喀什建立世界贸易组织协定》条款以及 GATT 最惠国待遇、国民待遇原则等根本原则方面，仍要坚持"协商一致"原则，对于大多属于发展中国家的 WTO 成员而言，这是维护它们合法贸易利益的根本保证。WTO 改革不但不能违背这一原则，还应当通过具体行动扩大发展中国家在全球重大贸易问题上的发言权，将 WTO 的民主原则真正落实。

"协商一致"原则也是 WTO 体制合法性的基础。正如前文所述，WTO 长期以来面临着"合法性"危机，其重要原因就在于广大发展中国家在 WTO 中的参与度不够、发言权不足。WTO 改革的核心应当是扩大广大发展中国家的参与权、决策权。"除非发展中国家能够积极参与新的国际经济体系治理程序的设计，否则这些组织的重要性与合法性就岌岌可危。现在是国际体系急剧变化的时期，但正是在充满压力与不确定的时代，关于改革的思想将成为有助于引导制度构建发展的明灯。"①

另一方面，WTO 必须提高管理的权威与效率，以适应其由"契约性"组织向现代化的全球贸易治理组织的转变。WTO 决策效率十分低下，已严重威胁其自身的生存与发展，这是国际社会的普遍共识。WTO 现行管理模式实际上是 GATT 时期形成的"契约性"而非"管理性"本质的延续，缺乏现代管理组织的权威与高效。因此，完成其由"契约性"组织向全球治理组织的转变，是 WTO 改革的一项重要任务。

与 IMF 等不同，WTO 是一个典型的"成员方主导型"国际组织，全体成员方主导 WTO，总干事和秘书处只是被动执行的角色，只是充当一个"协调人"和"发言人"角色，权力非常有限，这使得 WTO 成为国际组织

---

① "三个国际组织（指 WTO、IMF 和世界银行，笔者注）都面临着重大的合法性与问责性危机，因为它们内部的投票与决策结构没有反映全球新的权力关系现实……要让国际经济组织在 21 世纪全球充满活力的经济中重要、负责、有效，有必要进行重大的制度改革。政府领导人应当将这作为一项优先事务。"〔加拿大〕黛布拉·斯蒂格主编《世界贸易组织的制度再设计》，汤蓓译，上海人民出版社，2011，第 5～6 页。

中的"另类"。① 坎昆会议失败后，时任欧盟代表团团长的拉米曾抨击WTO是"中世纪式"（Medieval）的组织。② 长期以来，关于WTO究竟应当向谁负责的问题都不甚明了。③ 事实上，许多WTO成员方将秘书处仅仅视为一个为成员方提供支持的机构，通常不欢迎秘书处提出的建议。④ 同时，总干事和秘书处也不愿主动为成员方提出建议或方案。⑤

很大程度上，"协商一致"意味着任何一名成员方都可否决WTO的重要决策，这就导致任何一项决策都需反复磋商。⑥ 这种缺陷令WTO在国际贸易重大决策和规则修订方面几乎毫无建树，导致大量游离于多边贸易体制之外的双边或地区性自由贸易协定如雨后春笋般涌现。当前，贸易保护主义盛行，作为管理国际贸易关系的WTO对此居然束手无策，这与WTO缺乏权威、高效的现代化管理功能直接相关。

---

① "WTO缺少其他国际组织与生俱来的许多管理架构与规则制定程序。例如，它没有一个执行机构或管理委员会；没有拥有实权、能确定立法优先事项、倡议新的规则的总干事或是秘书长；没有一个行使职责的立法机构；没有与利益攸关方以及市民社会进行互动的正式机制；也没有批准新规则的正式体系……在许多方面，它是国际组织中'最不成熟的'。"〔加拿大〕黛布拉·斯蒂格主编《世界贸易组织的制度再设计》，汤蓓译，上海人民出版社，2011，第8~9页。
② 总干事和秘书处不愿意主动提议并设计方案，因为在以前的多边贸易谈判中，太过主动的结果往往是费力不讨好。参见张向晨《窗外的世界——我眼中的WTO与全球化》，中国人民大学出版社，2008，第150页。
③ WTO秘书处人员认为，是WTO成员方而不是秘书处应为特定的WTO协议内容负责。参见〔加拿大〕黛布拉·斯蒂格主编《世界贸易组织的制度再设计》，汤蓓译，上海人民出版社，2011，第18页。
④ "八贤人报告"指出："虽然秘书处一直备受关注，但是近几年来，各成员方代表与WTO工作人员之间的确没有像过去那样相互信任了……在一个'成员方主导'的组织中，秘书处必然在WTO机构体系当中仅起着支持作用，而不是倡导发起作用，更不是防御保护作用。"〔英〕彼得·萨瑟兰等：《WTO的未来》，刘敬东等译，中国财政经济出版社，2005，第111页。
⑤ 坎昆会议期间曾任总理事会主席的卡洛斯事先炮制了一份部长决议草案，结果他的名字永远和坎昆的失败联系在一起。还有就是前农业谈判委员会主席哈宾森提出了著名的《哈宾森案文》，遭到了8名成员的公开否决，使这位资深谈判专家元气大伤。参见张向晨《窗外的世界——我眼中的WTO与全球化》，中国人民大学出版社，2008，第152页。
⑥ 杰克逊早就注意到这一缺陷："需要全体一致意见的一个不利之处在于它可能成为僵局、相持不下和半途而废的祸因。" John H. Jackson, "WTO 'Constitution' and Proposed Reforms: Seven 'Mantras' Revisited", 4 (1) *Journal of International Economic Law* 67 (2001), pp. 74 – 75.

坚持"协商一致"民主与提高管理权威和效率并不矛盾,在涉及WTO多边贸易体制根本性问题上坚持"协商一致"原则,充分发扬民主,保障广大发展中国家权益。在此基础上,科学、合理设计具体规则修订的程序及投票权分配比例,给予总理事会和秘书处充分授权,使之真正成为权威、高效的全球经济治理组织,这在本质上符合包括广大发展中国家在内的WTO全体成员方的共同利益。

四 WTO改革的议题设计

WTO改革的议题设计直接涉及WTO各成员方利益,关乎改革的具体走向。围绕着WTO改革,WTO成员方如欧盟、加拿大、日本等近一段时期分别或联合出台了若干改革方案建议,国际法学者及国际著名智库也纷纷提出WTO改革的方案建议,其中,代表性建议是2018年发布的、以伯纳德·郝克曼教授为首的"全球贸易治理之未来"的高级别专家委员会撰写的"重振WTO中的多边治理"报告(简称"郝克曼报告")[1]等。

欧盟于2018年6月发布题为"WTO现代化"的报告,在重申欧盟对多边贸易体制坚定支持的同时,提出了旨在实现WTO现代化的改革方案。[2] 欧盟方案着重于以下三方面议题。第一,规则制定和发展问题。欧盟建议,WTO应制定使该体制重获平衡和实现公平竞争的规则(改善透明度和补贴通报,更好地处理国有企业问题,更有效处理最具贸易扭曲作用的补贴),制定新规则以解决服务和投资壁垒,包括强制性技术转让问题(解决市场准入壁垒、外国投资者的歧视性待遇以及边境市场扭曲,包括与强制性技术转让和其他贸易扭曲政策的相互关联;解决数字贸易壁垒;解决国际社会的可持续发展目标问题)。第二,欧盟提出的在发展目标背景下关于处理灵活性新方法的建议,主要内容包括享受WTO体制中S&D待遇的发展中国家"毕业"条款设计、未来协定中的S&D条款以及现有

---

[1] "Revitalizing Multilateral Governance at the World Trade Organization", Report of the High-Level Board of Experts on the Future of Global Trade Governance, 参见 www.bertelsmann-stiftung.de,最后访问日期:2018年11月22日。

[2] Council of the European Union, "WTO-EU's Proposals on WTO Modernisation", 05 July, 2018, Wk 8329/2018 INIT.

协定中的额外灵活性三项。第三，欧盟提出的加强 WTO 规则制定活动程序方面的建议，包括多边谈判、诸边谈判、秘书处的作用、加强政治支持等内容。此外，欧盟还对 WTO 日常工作和透明度问题、争端解决机制提出了具体改革建议。

2018 年 10 月 24 日至 25 日，在加拿大主持下，WTO 十二国（不包括中、美）和欧盟代表在加拿大渥太华召开关于 WTO 改革的部长会议，从会议发表的联合公报看，此次会议提出了 WTO 改革中急需审议的三方面议题：维护和加强争端解决制度；重振 WTO 谈判职能，更新 WTO 规则以反映 21 世纪国际经贸现实，解决补贴和其他手段造成的市场扭曲，包括 S&D 待遇在内的发展问题；加强对成员方贸易政策的监督和透明度。公报最后提出，要在政治上致力于 WTO 紧迫地推进透明度、争端解决和发展 21 世纪贸易规则。①

2018 年下半年，郝克曼报告出台，该报告集中了来自不同国家学术机构的经济、法律学者对 WTO 当前局势的评估，在此基础上提供了 WTO 改革的建议。这些学者认为 WTO 改革应注重以下议题：争端解决、经济发展及 WTO 工作实践。具体建议包括影响竞争的非关税措施的政策对话、强化 WTO 的实质性功能、开放诸边谈判、加强秘书处职能、审议组织的工作表现、拓展及交流战略等。② 除此之外，早在若干年前，国际经济学界及国际法学界提出了 WTO 改革的建议方案，其中，萨瑟兰报告提出的方案（即著名的 2002 年《WTO 未来》）③ 及著名 WTO 法学者托马斯·柯迪尔教授撰写的《WTO 体制性改革之规划》（简称柯迪尔方案）④ 影响较大。这两份方案将 WTO 改革的焦点议题集中于以下方面：针对非歧视原则退化的应对、国家主权与 WTO 的关系、与其他国际组织的协调、与市

---

① 参见 "Joint Communique of the Ottawa Ministerial on WTO Reform", Published By Media Relations Office, Global Affairs Canada, 1st November, 2018。
② 参见 "Revitalizing Multilateral Governance at the World Trade Organization", Report of the High-Level Board of Experts on the Future of Global Trade Governance, 参见 www.bertelsmann-stiftung.de，最后访问日期：2018 年 11 月 22 日。
③ 参见〔英〕彼得·萨瑟兰等：《WTO 的未来》，刘敬东等译，中国财政经济出版社，2005，第 122~128 页。
④ Thomas Cottier, "Preparing for Structural Reform in the WTO", 26 September, 2006.

民社会的对话、争端解决机制的完善、总干事及秘书处作用等。

以上 WTO 成员方、国际智库，及西方经济学者、国际法学者提出的 WTO 改革方案，关于 WTO 改革的议题主要集中在以下三方面：第一，适应 21 世纪国际贸易新形势的规则修订，特别是补贴、透明度、国有企业及市场扭曲；第二，争端解决机制的完善及新规则确立；第三，WTO 管理职能的强化。

当前，国际上普遍关心中国即将提出的 WTO 改革方案。议题设计是中国方案的核心和重要步骤，中国提出的改革议题能否与其他 WTO 成员的建议相互协调并回应国际上的普遍期待是 WTO 能否顺利开展改革谈判的前提。

在这方面，中国应当本着支持多边体制、捍卫自身核心贸易利益、追求各方共赢的方针设计自身的议题，寻求与大多数 WTO 成员方在改革议题方面的最大公约数，为 WTO 最终达成改革方案奠定良好基础。本着"先易后难"、循序渐进的原则，笔者认为，中国应提出以下三个阶段的 WTO 改革议题方案。

第一阶段改革议题：WTO 投票权制度、争端解决机制、透明度。

这三项议题目前在 WTO 成员方中具有较大的共识基础，易于为大多数成员所接受，应当在改革的第一阶段首先开始谈判，迈出 WTO 改革的第一步。在这方面，争端解决机制改革是重中之重，必须对各方反应强烈的上诉机构法官遴选程序、审理期限、专家组权限、发回重审、公众参与及透明度等问题予以解决。这一阶段改革任务完成首先保证了 WTO 能摆脱生存危机。

第二阶段改革议题：反倾销和反补贴规则、农产品补贴、知识产权保护规则。

这些议题涉及 WTO 现有贸易规则的修订，直接关乎各方核心利益，各方立场迥异。这一阶段的重点在于减少市场扭曲和政府补贴，强化相关规则，中国应在捍卫自身核心利益的前提下作出适当妥协，以争取美国、欧盟等主要 WTO 成员方的积极回应。但应当强调，在反倾销、反补贴领域必须避免针对中国的歧视性做法，彻底解决所谓"替代国"问题，而且在修订 WTO 补贴规则的同时，必须对农业补贴予以新的规制。中国应支持 WTO 纳入新的规则以强化知识产权保护，适应知识产权保护高标准的发展趋势，这完全符合中国科技发展而形成的国家利益。这一阶段的改革主要集中于 WTO 现有规则的修订，旨在 WTO 规则能尽快适应 21 世纪国际经济法发展趋势。

第三阶段改革议题：国有企业与竞争法规则、国际投资法规则、互联网交易规则、国际贸易与可持续发展规则、国际贸易与人权规则。

对于这些议题，WTO 现有规则未覆盖而国际经贸领域急需制定的规则，多年来一直受到 WTO 成员方及国际学术界的关注。中国应当支持市场导向、竞争中立原则在规制国有企业行为中的作用，同时，推动 WTO 制定竞争法规则，这与中国推动自身国有企业改革的方向一致。中国还应在坚持国家网络安全的前提下推动 WTO 制定互联网交易规则，回应数据经济时代对国际贸易法规则提出的新要求，这对于中国领先于世界的互联网经济发展有利。在可持续发展及人权保护方面，长期以来 WTO 备受指责，因此，此次改革应推动 WTO 在这些议题方面有所作为，变被动为主动，建立与贸易有关的可持续发展、保护人权的贸易规则体系。这一阶段改革完成后，WTO 将真正成为全球经济治理的典范。

当前，国际关系正面临百年不遇之大变局，而 WTO 的危机正是这场变局中的一个重要"指征"。从这个意义上讲，WTO 改革不仅关乎 WTO 体制自身的生存与发展，更关乎全球治理在 21 世纪的成功及人类文明的进步。WTO 改革涉及各方根本利益且各方立场迥异，无疑是一项艰难的系统工程，议题设计是 WTO 改革的前提，是 WTO 改革最终成功的基础，预示着 WTO 多边贸易体制的未来发展方向。尽管面临巨大困难，但中国应积极作为，推动 WTO 成员方在这方面尽早达成最大程度的共识，为 WTO 改革的最终成功作出应有的大国贡献。

五　结论

WTO 及其代表的国际贸易法律体制正面临空前危机，包括 WTO 本身以及国际上主要贸易体在内的国际社会对 WTO 改革的必要性及急迫性已有充分认知，危机的深层次原因在于：(1) 中国等新兴国家经济实力的增长打破了世界经济原有格局，美国等传统西方经济强国竞争优势下降，全球贸易利益分配发生了历史性变化，WTO 体制及其规则体系未能作出调整加以适应，导致各方均表示不满；(2) 科学技术的进步对全球市场特别是制造业造成巨大影响，全球产业布局及劳动力市场急剧分化，而大多数国家政府未能及时作出有针对性的经济政策调整，生产力严重下降、失业率上升，导致国内民粹主义、保护主义势力抬头，对 WTO 多边贸易体制形成巨大冲击和破坏力；(3) WTO 的成立并未改变其前身 GATT 固有的"契约"性质，未能成功转变为全球贸易治理组织，缺乏现代治理所应当具有的权威性和高效率，导致全球贸易政策及规则制定严重滞后，其体制机制日益僵化，直至濒临死亡。

WTO 改革的价值取向决定着多边贸易体制及其法律制度的发展方向，各主要贸易体之间存在巨大争议，中国提出改革应遵循以下三项原则：一是坚持和维护 WTO 的根本宗旨和基本原则，维护 WTO 的推动贸易自由化的根本宗旨及为实现这一宗旨而确立的最惠国待遇、国民待遇等基本原则是 WTO 改革的应有之义；二是维护发展中国家合法权益原则，WTO 改革应坚持维护发展中国家权益这一原则，不仅不能在改革过程中损害发展中国家的权益，而且还应当通过修订相关协定规则予以强化，改变 WTO 现有涵盖协定中涉及发展中国家权益的条款大多属于"软法"的局面；三是坚持发扬民主与提高权威与效率相结合的原则，"协商一致"总的原则不能动摇，这是 WTO 民主化的体现，也是 WTO 合法性的基础，同时，WTO 必须提高管理的权威与效率，以适应其由"契约性"组织向现代化的全球贸易治理组织的转变。

改革议题设计是 WTO 改革的前提，是 WTO 改革最终成功的基础，预示着 WTO 多边贸易体制的发展方向，中国应当本着捍卫自身核心贸易利益、追求各方共赢的方针设计自身的议题，寻求与大多数 WTO 成员方在改革议题方面的最大公约数，为 WTO 最终达成改革方案奠定良好基础。通过三个阶段的改革，使得 WTO 摆脱当前生存危机，适应 21 世纪国际经济法规则发展方向，进而成为全球经济治理的典范。

"市场经济地位"之国际法辨析

——《加入 WTO 议定书》与中国"市场经济地位"*

"市场经济地位"原本是一个经济学名词,并非国际法概念,国际法对其也没有相关定义或解释。① 第二次世界大战后,GATT 多边贸易体制建立(1995 年被 WTO 体制取代),尽管该体制是一套以市场经济为基础和导向的国际贸易法律制度,但"市场经济地位"未作为法律概念出现在 GATT 涵盖协定的正式条款中。

在 GATT 创设者看来,GATT 协定条款均是以市场经济为基础而创设的,所有缔约方均应实行市场经济体制,这源于 GATT 体制的指导思想——只有缔约方经济是在市场原则和规律下运行,才能在世界范围内建立公平的自由竞争机制,进而推进贸易自由化目标的实现。②"非市场经济"是一种"离经叛道",本质上与 GATT 体制完全不相容。③

涵盖协定虽未出现"市场经济地位"条款,但并不意味着 GATT 体制

---

* 本文原载于《国际经济法学刊》第 22 卷第 1 期,北京大学出版社,2015。

① 参见 Francis Snyder, "The Origins of the 'Non-market Economy': Ideas, Pluralism and Power In EC Anti-dumping Law About China", *European Law Journal*, Vol. 7, No. 4, December 2001, pp. 369 – 370。

② 赵维田在论及 GATT 的构思时曾指出:"表现在 GATT 的总体构思与设计上,就是旨在世界范围内建立一种市场自由竞争的机制,通过竞争使各国资源和优势得到最佳配置和组合……人们常常把实现贸易自由化的这种市场竞争形象地比喻为'公平竞技场',而多边贸易体制法律规则要规定的,恰像是'公平游戏规则'。"赵维田:《世贸组织(WTO)的法律制度》,吉林人民出版社,2000,第 9 页。

③ 参见 Francis Snyder, "The Origins of the 'Non-market Economy': Ideas, Pluralism and Power In EC Anti-dumping Law About China", *European Law Journal*, Vol. 7, No. 4, December 2001, p. 379。另参见 Michael Kabik, "The Dilemma of 'Dumping' From Nonmarket Economy Countries", *Emory International Law Review*, Fall 1992, p. 393。

不存在与"市场经济地位"相关的法律问题，这些问题主要出现于 GATT 缔约方与东欧一些"非市场经济"缔约方之间的贸易关系中。

2001 年，中国加入 WTO 时，"市场经济地位"作为正式条款写进《中国加入 WTO 议定书》、《中国加入工作组报告书》以及《中美双边 WTO 协定》等法律文件。根据这些条款，WTO 成员方将中国视为"非市场经济"，对中国实施"特殊保障措施"和特殊的反倾销、反补贴规则。作为 WTO 新成员，中国承担的"超 WTO 义务"数量空前，其中，"市场经济地位"条款最为明显，也使得 GATT/WTO 体制中原已存在的"市场经济地位"问题更为突出。①

从国际法角度讲，"市场经济地位"条款仅针对中国等极少数 WTO 成员方，将这些成员方置于多边贸易体制中的不利地位，带有明显的歧视性，已导致中国企业在国际贸易案件中遭受巨大经济损失。"市场经济地位"成为长期困扰中国政府和企业的一大难题，乃至争取他国承认中国"市场经济地位"一度成为中国对外交往的重点议题和谈判目标。虽经多年努力，截至目前，已有包括 WTO 成员在内的近 80 个国家以双边形式承认了中国的"市场经济地位"，但与中国有着重要贸易关系、作为 WTO 重要成员的美国、欧盟等世界主要经济体却铁板一块，至今不承认中国"市场经济地位"。②

《中国加入 WTO 议定书》第 15 条（d）项规定，"市场经济地位"相关的条款应于中国入世 15 年后的 2016 年终止。随着 2016 年的临近，中国能否在 2016 年后自动获得"市场经济地位"？WTO 其他成员方在 2016 年以后是否有义务承认中国的"市场经济地位"？这些问题都是中国及相关利益方非常关心的问题，也是必须要从法律上澄清的问题。

为了回答这些问题，有必要梳理和论证"市场经济地位"条款的前世今

---

① 在中国之后，越南在加入 WTO 时签订的法律文件中也出现了"市场经济地位"条款，几乎照搬了《中国加入 WTO 议定书》的相关内容。参见《越南加入工作组报告》第 254～255 段条款内容。
② 截至 2011 年 10 月，世界上有 78 个国家承认了中国市场经济地位，但美国、欧盟、日本等主要发达经济体仍未承认中国市场经济地位。中国各级领导人为争取市场经济地位的努力情况以及已承认中国市场经济地位的情况，参见江家喜、王莹《中国入世十周年非市场经济地位问题回顾与展望》，《中国贸易救济》2012 年第 2 期，第 7～14 页。

生，并分析与"市场经济地位"有关的国际法规则，在此基础上，运用国际法理论正确解读中国"市场经济地位"相关条款，从而得出令人信服的结论。

一 国内法之考证：从实践到成文法

"市场经济地位"这个原本属于经济学的概念是如何成为国际法规则的呢？我们首先要考察一下"市场经济地位"成为美国国内法条款的历史轨迹，分析其中的背景和成因。

从历史上看，导致"市场经济地位"成为法律条款的源头是美国行政当局的反倾销、反补贴实践，可以说，"市场经济地位"条款是美国反倾销、反补贴法律实践的"衍生品"。

按照反倾销的经济学原理，倾销产品的价格低于其真实的正常价值，这对进口国市场来说，就是一种价格歧视和市场扭曲，因此，进口国当局应通过加征反倾销税方式使之回归正常，以确保市场公平。在反倾销调查中，确定是否构成倾销最重要的环节就是，要根据受调查进口产品的成本、利润等因素来确定该进口产品的"正常价值"作为可比价格，进而与该产品在进口国的销售价格进行对比，以此判断是否构成"倾销"以及"倾销幅度"。[1] 但确定"正常价值"作为可比价格的前提是，该进口产品生产国的经济必须是在市场原则之下运行的，生产过程完全遵循了市场规律，这样才能保证价格的可比性。而在一个"非市场经济"国家，由于政府控制了产品生产及价格的所有要素，产品的国内价格无法准确反映该产品的"正常价值"，不具可比性，这就造成进口国当局无法找到合适的可比价格以确定该产品是否构成倾销，也无法计算倾销幅度。因此，在"非市场经济"条件下，反倾销的法律概念会变得毫无意义。[2]

基于以上经济学原理，美国于20世纪20年代制定的反倾销法案并未考虑"非市场经济"问题，也没有针对"非市场经济"的反倾销特别规

---

[1] 参见 Michael Kabik, "The Dilemma of 'Dumping' From Nonmarket Economy Countries", *Emory International Law Review*, Fall 1992, pp. 346 – 347。

[2] 参见 Michael Kabik, "The Dilemma of 'Dumping' From Nonmarket Economy Countries", *Emory International Law Review*, Fall 1992, p. 355。

则。这一情况持续了近半个世纪,直到20世纪60年代,当时负责反倾销调查的美国财政部在"捷克斯洛伐克自行车"反倾销案调查中,在没有成文法依据的情况下,首次以"未反映市场功能"为由拒绝将捷克斯洛伐克国内市场价格作为确定"正常价值"的基准,代之以实行市场经济的"替代国"的相同产品的价格来确定涉案产品的"正常价值"。这意味着,"市场经济地位"从这时起开始成为美国反倾销中的一个法律问题。

"捷克斯洛伐克自行车案"开美国反倾销之先河,美国财政部此后又不断在实践中调整"替代国"方法,以适用于"非市场经济"国家的进口产品,但美国国会并未紧随财政部,将这一实践中的做法短期内纳入反倾销立法中,实际上,从"市场经济地位"问题出现到进入美国国内法,经历了漫长的过程。"捷克斯洛伐克自行车案"发生十多年后,美国1974年修订的《贸易法案》出台,该法案首次以成文法形式将适用于"非市场经济"国家产品的"替代国"方法规定在美国反倾销法中,"市场经济地位"由此进入美国国内法。

尽管针对"非市场经济"产品"替代国"方法有了成文法依据,但在后来的反倾销调查中,美国财政部感觉到,使用"替代国"方法有时会遇到很大困难,因为在一些案件中合适的"替代国"价格并不存在。为解决这一棘手问题,美国1979年修订的《贸易法案》在"替代国"方法之外,又增加了确定产品反倾销可比价格的"生产要素"方法,即针对"非市场经济"进口产品,在无法找到合适的"替代国"价格时,可以依据市场经济国家的生产要素价格来确定该"非市场经济"进口产品的每一个生产要素价格,以此综合推定该进口产品的"正常价值",用作反倾销调查中的可比价格。

美国反倾销法中的"替代国"方法以及后来的所谓"产品要素"方法完全是针对"非市场经济"国家对美进口产品。但何为"非市场经济",法律上以何种标准来判断,无论是调查当局还是美国反倾销法起初都未能给出答案,直到"替代国"方法首次出现二十多年后的1988年,美国才在修订的《贸易和竞争综合法案》(1988年《贸易法案》)中规定了对"非市场经济"的定义及认定标准。

1988年《贸易法案》中的反倾销规则延续了上一个法案的精神和原

则，只是在具体规则方面，调整了"替代国"方法和"产品要素方法"的优先适用顺序，改变了以往优先适用"替代国"价格的做法，将"产品要素方法"作为针对"非市场经济"国家进口产品反倾销调查优先使用的方法，并一直沿用至今。①

与反倾销不同，尽管反补贴领域同样存在如何对待"非市场经济"国家产品的补贴问题，但美国长期坚持对这些国家的进口产品不适用反补贴法，直到2012年，这一立场才发生实质性改变。②

关于为何这样做，美国商务部曾经在1983年乔治城钢铁案裁决中作出全面解释，它认为，"反补贴条款含义内的奖励或补助无法在非市场经济地位国家中得以认定"。其一，非市场经济国家不存在市场，寻找"市场程序"的扭曲和破坏是没有意义的；其二，"非市场经济"国家的政府取代市场成为资源配置者，企业购买生产要素或销售产品的行为虽然也以一定的价格表现，但根本不反映而且也无法反映产品的实际成本。在此情形下，量化其中某种补贴并征收反补贴税是不可能的。相反，对市场经济而言，补贴相对于大量的经济活动仅是例外情况，而且，受补贴企业相对于给予补贴的政府来说也具有独立的经济利益，因此，市场经济中的补贴是可计量的，征收反补贴税也是有意义的。美国商务部进一步指出，如果"补贴"的概念适用于"非市场经济"国家，那么，这些国家政府采取的每一项措施都将构成补贴。③

此外，美国商务部在该案中指出，尽管美国反补贴法不适用于"非市场经济"国家，但美国法律中有其他法律可用来解决这些国家产品可能给美国市场带来的不公平贸易问题，即美国的反倾销法和1974年《贸易法案》第406节"贸易干扰"条款，因此，即便对这些国家不适用反补贴

---

① 参见 Robert H. Lantz, "The Search for Consistency: Treatment of Nonmarket Economies in Transition Under United States Antidumping and Countervailing Duty Laws", *American University Journal of International Law and Policy*, Spring 1995, pp. 1002 – 1005。
② 2012年3月5日，美国国会通过对中国（非市场经济地位国家）适用反补贴税法案（4105法案）。法案核心内容为：（1）授权美国商务部可追溯自2006年11月20日起，对来自非市场经济地位国家的被调查进口产品征收反补贴税；（2）要求商务部在计算反倾销幅度时要考虑反补贴税对出口价格计算的影响。
③ 参见张玉卿《试论中国为市场经济地位的涵义》，《世界贸易组织动态与研究》2005年第4期，第5~6页。

法，也能保护美国产品的利益。美国商务部强调说，美国反倾销法专门规定了对待"非市场经济国家"的"替代国"价格方法，而反补贴法中却没有类似规定。况且，1974年《贸易法案》第406节条款完全是以共产主义国家的产品为特定对象而专门制定的法律条款。因此，在美国商务部看来，国会更倾向于采取反倾销和防止贸易干扰手段制裁"非市场经济"国家的不公平贸易行为，而不是使用反补贴法。

美国商务部的上述观点虽然受到挑战，但最终获得联邦上诉法院的支持，这就使得对"非市场经济"国家不适用美国反补贴法的立场得以长期坚持。[①]

但随着国际市场竞争格局的不断改变，美国长期奉行的这一政策从20世纪90年代初开始发生微妙变化。

1992年，针对美国企业提出的中国电风扇反补贴调查申请，美国商务部虽仍坚持反补贴法不适用于"非市场经济"国家的传统立场，但同时指出，反补贴法应当适用于"非市场经济"国家中某些"市场导向"行业。对此，美国商务部解释说，1988年修订的《贸易法案》允许调查当局在反倾销调查确定"非市场经济"国家进口产品"正常价值"时使用市场经济中的"生产要素"方法，这就意味着在"非市场经济"国家中，某个被确定为具有足够"市场导向"的产业的产品价格或成本可以作为"正常价值"计算的基础。那么，在这种情况下，政府补贴也是可以被合理认定和量化的，反补贴法就应适用于该行业生产的产品。[②]

在本案中，美国商务部还对构成"市场导向"的行业提出了三项判断标准。[③]尽管最终美国商务部以中国电风扇产业没有满足第三项标准为由，

[①] 参见张玉卿《试论中国为市场经济地位的涵义》，《世界贸易组织动态与研究》2005年第4期，第7页。

[②] 参见张玉卿《试论中国为市场经济地位的涵义》，《世界贸易组织动态与研究》2005年第4期，第7页。

[③] 这三项判断标准是：第一，政府对受调查产品的定价和生产数量的确定不加任何干预，无论该产品是用于出口还是在其国内销售；第二，该产业的多半数企业是私有制或集体所有制性质的，如果国有企业占较大的比重，则这个产业就不能认为是市场经济性质的；第三，生产受调查产品所需的全部或大部分生产投入，包括原材料和非原材料（如劳动力和经营管理费用等）是按市场价格支付的。参见张玉卿《试论中国为市场经济地位的涵义》，《世界贸易组织动态与研究》2005年第4期，第7~8页。

未对中国的电风扇作出征收反补贴税的肯定性终裁,但美国欲将反补贴法适用于"非市场经济"国家的趋势已初露端倪。

事实上,美国商务部传统立场的改变绝非偶然,自 1987 年第一百届国会开始,美国国会就已多次就反补贴法是否应适用于"非市场经济"国家展开激烈辩论,但一直未有定论,直到 2005 年 7 月 27 日美国国会众议院通过《贸易权利执行法案》。该法案要求国会对 1930 年《关税法》中的反补贴法进行修改,使其适用范围扩大至中国等"非市场经济"国家,并将反倾销法的"替代国"制度适用于反补贴法。该法案的主要目的十分明确,就是要对中国商品征收反补贴税。虽然该法案明确调查当局有权对"非市场经济"国家适用反补贴法,但由于仅涉及贸易权利执行等具体问题,法律效力的等级不够,并未从根本上消除美国反补贴法不适用于"非市场经济"国家这一法律障碍。

该法案通过后,2006 年 11 月,美国商务部对中国铜版纸开展反倾销和反补贴调查,并于 2007 年 10 月作出反倾销和反补贴肯定性终裁。这是美国针对"非市场经济"国家作出的历史上第一个反补贴肯定性裁决。中国曾就此案在 WTO 争端解决机构向美国提出正式磋商请求,后因美国停止对中国铜版纸征收反倾销税而未进入专家组程序。尽管如此,美国商务部对该案作出的肯定性裁决预示着,美国将对"非市场经济"国家适用反补贴法的趋势已不可逆转。但这一进程并不顺利,美国联邦上诉法院仍然坚持原来的立场,并未支持美国商务部的新做法。

2009 年,美国商务部对中国汽车轮胎补贴案再次作出肯定性裁决,中国相关企业与美国合作方就此向美国国际贸易法院提起司法审查之诉。国际贸易法院在裁决中认定,反补贴法并没有阻止美国商务部对中国产品征收反补贴税,但本案存在反补贴与反倾销"双重征税"问题,故要求美国商务部重审此案。① 本案上诉至美国联邦上诉法院后,该法院于 2011 年 12 月 19 日作出裁决,虽然支持国际贸易法院的裁决结果,但否决了后者的裁决理由,再次重申它在"乔治城钢铁案"中的立场——反补贴法不适用于

---

① 参见胡加祥《美国反补贴法的"前世"与"今生"——以 4105 法案为界》,《河南财经政法大学学报》2012 年第 6 期。

"非市场经济"国家。[1] 这一裁决令美国商务部颇为尴尬,但它并未就此罢休,反而加大力度推动国会从立法上根本解决这一问题。2012年3月5日,在经过激烈辩论后,美国国会最终正式通过对"非市场经济"国家适用反补贴税的法案(4105法案)。该法案的通过,意味着美国反补贴法适用于"非市场经济"国家的法律障碍彻底消除。

回顾这段历史,不难看出,"市场经济地位"从反倾销、反补贴实践到正式进入美国反倾销、反补贴法,经历了一个漫长的历史过程。刚开始针对的是东欧社会主义国家,但后来发生的事实表明,真正促使美国传统立场发生根本转变的却是中国产品不断提升的竞争力。美国"市场经济地位"相关立法轨迹与中国改革开放的进程在时间上相当,与中、美贸易从无到有、从少到多的发展过程十分"匹配"。中、美贸易关系近三十年来的实践证明,中国产品竞争力的不断提升对美国产生了巨大竞争压力,美国国内的贸易保护主义抬头,相关立法随之变得更加保守,针对中国产品开展了大量反倾销、反补贴调查。事实证明,中国产品不断提升的竞争力对美国反倾销、反补贴立法变化发挥了巨大"推动作用"。在中国产品日益对美国产品形成"威胁"的大背景下,"市场经济地位"条款成为保护美国产业利益的、法律上的"救命稻草"。

美国并非世界上第一个对"非市场经济"国家实施反倾销、反补贴特殊规则的国家,也不是唯一一个这样做的国家。[2] 但凭借其全球第一大经济体的霸权地位,美国在反倾销、反补贴立法上的任何变化,都会对他国立法产生重要影响。历史表明,在美国之后,欧洲国家也开始在反倾销、反补贴法律中确立"非市场经济地位"条款,在立法上设置针对"非市场经济地位"国家的特殊规则。同美国一样,尽管一开始并非针对中国,但欧共体以及继任者欧盟的反倾销、反补贴立法发生的多次变化,针对的主

---

[1] 美国联邦上诉法院裁决原文参见"中国贸易救济网",http://www.cacs.gov.cn/cacs/new-common/details.aspx?articleId=96614,最后访问日期:2014年6月9日。

[2] 加拿大系第一个针对"非市场经济地位"国家适用特殊反倾销、反补贴规则的国家。目前,除美国、加拿大外,欧盟、澳大利亚等西方国家和组织均对"非市场经济地位"国家适用反倾销、反补贴特殊规则。

要对象就是中国，这早已成为国际贸易界的共识。①

二 从国内法到国际法：GATT/WTO规则的演进

在国际贸易领域，"市场经济地位"问题并非一个新话题。第二次世界大战后为筹备建立"国际贸易组织"而起草的宪章中就包含了题为"国家完全垄断进口贸易的国际之贸易开展"这一针对"非市场经济"国家的规定，但"国际贸易组织"最终未能成立，其承继者GATT（《关税及贸易总协定》）则因苏联的退出只保留了"国营贸易企业"（GATT第17条）这一条疑似规制"非市场经济"的条款。②

GATT体制诞生后，为增强多边贸易体制的包容性，吸纳了一些实行"非市场经济"体制或尚处于向市场经济转型期的经济体作为缔约方，主要是东欧几个社会主义国家，但GATT允许缔约方针对这些国家采取一些特殊措施。例如，在是否对"非市场经济"缔约方开放方面，GATT第35条赋予缔约方以自由选择权，缔约方可依据该条"互不适用"条款拒绝与"非市场经济地位"缔约方之间适用GATT条款。

此外，根据与"非市场经济"国家如波兰、匈牙利和罗马尼亚等国签署的《加入WTO议定书》，在实施GATT第19条规定的"保障措施"方面，GATT缔约方可不遵循最惠国待遇原则，以歧视性方式、专门针对这些国家的产品实施"特殊（或选择性）保障措施"。③ 在实施GATT第6条规定的反倾销措施时，允许缔约方对这些国家的产品适用"替代国"价格

---

① 欧盟前身欧共体反倾销立法中出现并发展"非市场经济地位"概念是在20世纪40年代到80年代，一开始针对的是中东欧国家和苏联，但最终针对的则是中国，参见 Francis Snyder, "The Origins of the 'Nonmarket Economy': Ideas, Pluralism and Power in EC Antidumping Law about China", *European Law Journal*, Vol. 7, No. 4, December 2001, pp. 371 – 372。

② 之所以称之为"市场经济地位"疑似性条款，系因为该条款并非只针对"非市场经济地位"国家，市场经济国家也存在"国营贸易企业"，但该条款的初衷确实是为了规制"非市场经济地位"行为。参见 Alexander Polouektov, "Non-Market Economy Issues in the WTO Anti-dumping Law and Accession Negotiations: Revival of Two-tier Membership?", *Journal of World Trade*, Vol. 36, No. 1, 2002, pp. 5 – 6。

③ Michael Kabik, "The Dilemma of 'Dumping' From Nonmarket Economy Countries", *Emory International Law Review*, Fall 1992, pp. 395 – 403。

以确定可比价格。除此之外，这些国家还必须按照《加入 WTO 议定书》的要求，对每年从其他缔约方进口的增长数量或比例作出正式承诺。

从波兰、匈牙利和罗马尼亚等国签订的《加入 WTO 议定书》可以看出，尽管这些国家加入 GATT 时所作的承诺不尽相同，但与"非市场经济地位"紧密相关的"特殊保障措施"以及反倾销中的"替代国"措施规则是完全相同的，都是这些国家加入后必须承担的协定义务。[①]

GATT 体制自诞生之日起就存在所谓的"市场经济地位"问题，又因东欧社会主义国家的加入，这一问题变得突出。总的来说，GATT 体制中所谓的"市场经济地位"规则主要反映在"非市场经济"缔约方与 GATT 签订的《加入 WTO 议定书》中。在较长时期内，GATT 涵盖协定本身并未出现与"市场经济地位"直接相关的规则，但随着美、欧等与"市场经济地位"相关的立法的出现，这一情况发生了改变。在美、欧等缔约方的推动下，"市场经济地位"在 GATT/WTO 体制中逐渐被"规则化"。[②]

美国与欧洲国家不仅是 GATT/WTO 体制中的重要成员，而且是这一体制的发起人和贸易规则的主要制定者，其国内法发生的变化势必要反映到相应的国际法规则之中。但令人错愕的是，历史上导致 GATT 第一次针对"非市场经济地位"国家作出特别规定的，是实行"非市场经济"体制的捷克斯洛伐克（以下简称"捷克"）在 GATT 中的一份提案。

在 GATT 1954 年至 1955 年审议期内，捷克提出，GATT 应当考虑修订 GATT 第 6 条第 1 款（b）项，以解决反倾销调查中确定实施国家垄断贸易的缔约方产品的"可比价格"问题。对捷克的这一提案，缔约方经讨论后

---

① 参见 Alexander Polouektov, "Non-Market Economy Issues in the WTO Anti-dumping Law and Accession Negotiations: Revival of Two-tier Membership?", Journal of World Trade, Vol. 36, No. 1, 2002, pp. 12 – 13。

② GATT 反倾销规则中的特殊规定针对"国家控制经济"（state-controlled economies）或"贸易垄断且所有价格均由国家确定之国家"（"a country which has a complete or substantially complete monopoly of its trade and where all domestic prices are fixed by the state"，参见 the note of Article 6 of GATT 1994），主要针对苏联、东欧地区国家的 GATT 缔约方，并没有直接使用"非市场经济地位"这一用语。参见 Alexander Polouektov, "Non-Market Economy Issues in the WTO Anti-dumping Law and Accession Negotiations: Revival of Two-tier Membership?", Journal of World Trade, Vol. 36, No. 1, 2002, pp. 5 – 13。

决定不修订条款本身,只同意为这一条款增加一个"注释"[又称"GATT第 6 条第 1 款(b)项补充规定",简称"注释二"]。而事实证明,尽管未直接规定"替代国"方法,但恰恰正是这个"注释二"为缔约方在反倾销中运用"替代国"方法打开规则上的方便之门,给包括捷克在内的"非市场经济"缔约方带来了巨大麻烦和不公平。[1]

捷克提案时的初衷,是想让 GATT 澄清 GATT 第 6 条第 1 款(b)项的含义,以解决实践中确定"可比价格"时遇到的困难,但事与愿违,出现了对自己完全不利的结果,这是捷克始料不及的。第 6 条第 1 款"注释二"本身存在许多模糊之处,这又给了缔约方在运用"替代国"方法时很大的自由裁量权。[2]

美国于 1960 年开始在"捷克斯洛伐克自行车案"中首次使用"替代国"方法,欧共体于 1968 年才开始在这方面立法。从时间顺序上看,好像在 GATT 第 6 条第 1 款"注释二"诞生之后,"替代国"在多边贸易体制的出现不应当算是美、欧的"功劳"。但明眼人一看便知,若非美、欧这些重要缔约方强势推动,GATT 第 6 条第 1 款"注释二"根本不可能出现,捷克的相关提案只不过是一个"引子",美、欧等抓住了机会,顺势而为,终将"替代国"这一歧视性方法堂而皇之地纳入 GATT 反倾销规则之中。GATT 第 6 条第 1 款"注释二"出台后,美、欧等西方国家和组织不仅大量实践"替代国"方法,而且在推动这一方法进入新缔约方签署的《加入 WTO 议定书》方面不遗余力。

总之,GATT 第 6 条第 1 款"注释二"为 GATT 缔约方对"非市场经济"缔约方施加歧视性规则提供了国际法依据。在美、欧的施压之下,波兰于 1967 年加入 GATT 时签订的《加入 WTO 议定书》中首次明确,缔约

---

[1] "注释二"的内容为:"各方认识到,在进口产品来自贸易被完全或实质上完全垄断的国家,且所有国内价格均由国家确定的情况下,在确定第 1 款的价格可比性时可能存在特殊困难。在此种情况下,进口缔约方可能认为有必要考虑与此类国家的国内价格进行严格比较不一定适当的可能性。"

[2] 参见 Alexander Polouektov, "Non-Market Economy Issues in the WTO Anti-dumping Law and Accession Negotiations: Revival of Two-tier Membership?", *Journal of World Trade*, Vol. 36, No. 1, 2002, pp. 6 - 7。

方可对波兰产品使用"替代国"方法确定反倾销中的可比价格,后来加入的罗马尼亚、匈牙利等东欧"非市场经济"国家延续了这一做法。

为了适应反倾销不断发展的新形势,1979 年,GATT 于东京回合期间制定了专门的《反倾销协定》。该协定仅对如何确定发展中国家产品的可比价格作出特别规定,并未针对"非市场经济地位"制定专门规则,但根据该协定,缔约方仍然可用 GATT 第 6 条第 1 款"注释二"来确定这些国家进口产品的可比价格,实际上就是采用"替代国"方法。①

1995 年,GATT 乌拉圭回合修订《反倾销协定》,新协定第 2 条第 2 款规定了两种确定进口产品可比价格的特殊方法——同类产品出口至第三国价格或"产品要素方法",并未规定"替代国"方法,但该协定第 2 条第 7 款又规定,该协定第 2 条的规定并不损害 GATT 第 6 条第 1 款"注释二"的法律效力。这意味着,"替代国"方法并未因新的《反倾销协定》出台而失去规则依据。

在反补贴领域,GATT 时期并未出现专门针对"非市场经济"的特别规则,波兰等原"非市场经济"国家的《加入 WTO 议定书》中也未设置专门规则,但乌拉圭回合达成的《补贴与反补贴协定》第 14 条为针对"非市场经济"可能实施的特别方式预留了规则"空间":尽管该条未规定成员方可使用"替代基准",但 WTO 上诉机构在中国诉美国"双反案"中依据此条作出了支持美国使用"替代基准"作为确定补贴可比基准的裁决。②

此外,中国加入 WTO 时签署的《加入 WTO 议定书》第 15 条 b 款专门就《补贴与反补贴协定》第 14 条"计算补贴金额"作出了特别规定,这也从另一个侧面说明,第 14 条为 WTO 成员方针对"非市场经济"采取特殊措施提供了规则依据。值得注意的是,尽管《中国加入 WTO 议定书》并未直接规定使用"替代国"基准,却出现了与被用作反倾销"替代国"

---

① 参见 Alexander Polouektov,"Non-Market Economy Issues in the WTO Anti-dumping Law and Accession Negotiations: Revival of Two-tier Membership?",*Journal of World Trade*,Vol. 36,No. 1,2002,p. 8。
② WTO 上诉机构于 2011 年 3 月 11 日对中国起诉美国针对中国四项产品发起的反倾销、反补贴案发表上诉报告,简称中美"双反案",即 WT/DS379 案。

依据的 GATT 第 6 条第 1 款 "注释二" 极为相似的条款——"WTO 进口成员可使用考虑到中国国内现有情况和条件并非总能用作适当基准这一可能性的确定和衡量补贴利益的方法。"GATT 第 6 条第 1 款 "注释二" 是反倾销 "替代国" 的规则依据，采用相似的用语来规定《中国加入 WTO 议定书》中的反补贴规则，立法意图十分清晰，就是要为 WTO 成员方采用 "替代基准" 办法来确定中国产品的补贴是否存在以及补贴幅度提供法律依据。

在美、欧等西方国家和组织的推动下，"市场经济地位" 条款隐含于 GATT/WTO 规则之中，明示在一些国家《加入 WTO 议定书》的正式条款，终于从国内法走向国际法领域。在 GATT/WTO "市场经济地位" 规则演进过程中，政治因素和意识形态因素发挥了重要作用，东、西方之间的 "冷战"，美、欧等西方国家和组织对社会主义国家抱有的偏见，国际市场竞争形势的变化等都是促使 "市场经济地位" 进入国际法规则的重要因素。

相比而言，在 "市场经济地位" 问题上，《中国加入 WTO 议定书》给予了其他成员方更大的规则空间，这是 WTO 中发达成员方极力推动的结果。美、欧等西方国家和组织出于自身的政治、经济目的，非但未抛弃诞生于 "冷战" 时期的、带有浓重意识形态色彩的、歧视性的 "市场经济地位" 规则，反而直接规定于《加入 WTO 议定书》中，并且强化它的效力，这不能不说是多边贸易体制非歧视原则的一种历史倒退。[①]

三　中国 "市场经济地位" 条款解读

关于中国 "市场经济地位" 条款的规定，见于《中国加入 WTO 议定书》、《中国加入工作组报告书》以及《中美双边 WTO 协定》等法律文件。这些法律文件相互关联、互相印证，共同构成了中国承担的 "市场经济地位" 规则义务。

《中国加入 WTO 议定书》第 15 条是关于中国 "市场经济地位" 的核心条款。该条款以 "确定补贴和倾销时的价格可比性" 为题，设立了针对

---

① 参见 AB Report，WT/DS379，p.32。

中国的反倾销、反补贴特殊规则，主要内容是：

WTO成员方在对中国企业进行反倾销调查时，要求中国企业首先自证其具备市场经济条件，如能证明，则应使用中国的成本和价格来确定可比价格——第15条（a）项（i）目；如不能证明，则调查当局可使用不依据中国国内价格或成本进行严格比较的方法——第15条（a）项（ii）目。此外，在针对中国企业的反补贴调查中，WTO成员方如果适用《补贴与反补贴协定》相关条款遇到"特殊困难"，则WTO成员方可适用特殊的"确定和衡量补贴的方法"——第15条（b）项。

另一份重要法律文件《中国加入工作组报告书》也包含了有关中国"市场经济地位"的内容，该报告第150段和第151段认定，中国正处于向完全市场经济转型的过程中，因此，WTO成员要对中国适用反倾销、反补贴特殊程序规则，这两段系《中国加入WTO议定书》第15条的背景说明。尽管这两段未被列入该报告第342段所指的中国政府承诺、成为《中国加入WTO议定书》的正式组成部分，但根据条约解释的国际法规则，可将其视为条约解释的背景资料（context），法律意义亦很明显。①

此外，在中国"入世"前，中国与美国之间签署了《中美双边WTO协定》，在该协定中，美国将中国视为"非市场经济地位"经济体。在反倾销方面，美国有权维持现有的针对"非市场经济"的方法，并在"确定和衡量可能存在的补贴利益"时有权考虑中国的特殊情况。② 按照国际条约法，该双边协定没有约束第三方的效力，但中、美同为WTO重要成员

---

① 《中国加入工作组报告书》第150段指出，中国正处于向完全市场经济转型过程中，WTO成员方在反倾销和反补贴税调查中确定成本和价格可比性时可能存在特殊困难，在这种情况下，WTO进口成员可考虑以中国国内产品和价格进行严格比较"不一定适当的可能性"。第151段则对WTO进口成员运用"市场经济"的标准开展针对中国企业的反倾销、反补贴调查作出进一步的具体规定。

② 该协定在"反倾销和反补贴具体方法"的条款中规定："美国和中国一致认为，在未来的反倾销案件中，我们可以在没有任何法律挑战风险的情况下维持我们现有的反倾销方法（将中国视为'非市场经济地位'）。这一规定在中国加入WTO 15年内有效。此外，当我们针对中国适用反补贴税法时，在确定和衡量可能存在的补贴利益方面，我们可以考虑中国经济的特殊性。"

方,《中美双边 WTO 协定》在 WTO 体制内的影响力不容小觑。另外,从条约解释的国际法规则角度讲,也可被视为条约解释的背景资料。

根据 GATT 时期的经验判断,《中国加入 WTO 议定书》第 16 条"特殊性保障措施"也是与"市场经济地位"相关的条款。按照当初的解释,之所以要对"非市场经济"缔约方实施"特殊性保障措施",是因为这些国家作出的政府统一计划及可能导致来自这些国家的进口产品突然激增。①《中国加入 WTO 议定书》规定,第 16 条只能实施 12 年,该条款已于 2013 年终止,讨论"特殊性保障措施"的法律效果已无意义。

由于中国与 WTO 成员方均意识到,"市场经济地位"条款对中国十分不利,且带有明显的歧视性,故《中国加入 WTO 议定书》第 15 条(d)项规定了"终止性"条款,共有三个终止条件。

第一,"一旦中国根据该 WTO 进口成员的国内法证实其是一个市场经济体,则(a)项的规定即应终止,但截至加入之日,该 WTO 进口成员的国内法中须包含有关市场经济的标准"。

第二,"无论如何,(a)项(ii)目的规定应在加入之日后 15 年终止"。

第三,"如中国根据该 WTO 进口成员的国内法证实一特定产业或部门具备市场经济条件,则(a)项中的非市场经济条款不得再对该产业或部门适用"。

2016 年是中国加入 WTO 第 15 年,根据上述第二项终止条件,届时《中国加入 WTO 议定书》第 15 条(a)项(ii)目即应失去效力。但 2016 年后,第 15 条其他条款的效力如何?特别是与(a)项(ii)目直接相关的(a)项(i)目是否也失去效力?中国因此而能获得"市场经济地位"吗?

围绕以上几个问题,目前,国际上主要有以下三种观点。

第一种观点认为,2016 年后随着《中国加入 WTO 议定书》第 15 条(a)项(ii)目效力终止,中国即自行获得"市场经济地位",在反倾销

---

① 参见 Alexander Polouektov, "Non-Market Economy Issues in the WTO Anti-dumping Law and Accession Negotiations: Revival of Two-tier Membership?", *Journal of World Trade*, Vol. 36, No. 1, 2002, p. 12。

等领域将享有与其他 WTO 成员平等待遇。① 这种观点的主要理由是, (a) 项 (i) 目和 (a) 项 (ii) 目是一枚硬币的两面, 后者的失效意味着前者亦无存在的必要, 否则, 逻辑上解释不通。

第二种观点则认为, 尽管《中国加入 WTO 议定书》第 15 条 (a) 项 (ii) 目效力于 2016 年终止, 但这并不意味着中国可自动获得 "市场经济地位"。2016 年后, 中国在反倾销等领域仍不能享有与其他 WTO 成员同等待遇, WTO 成员方依然可对中国企业适用特殊规则。持这一观点的人是以欧康纳为代表的欧美学者, 主要理由是, 第 15 条仅规定的是反倾销特殊规则, 与是否具有 "市场经济地位" 无关, 况且, 第 15 条 (a) 项 (ii) 目的效力终止不代表第 15 条其他部分效力的终止。②

第三种观点认为,《中国加入 WTO 议定书》第 15 条 (a) 项 (ii) 目的效力终止, 仅意味着 2016 年后其他 WTO 成员不能再以该议定书第 15 条 (a) 项 (ii) 目为依据对中国企业开展反倾销调查, 但 WTO 成员方仍可以依据该议定书第 15 条 (a) 项 (i) 目规定对中国企业实行与 2016 年之前一样的特殊反倾销规则, 只不过证明中国企业不具有 "市场经济" 条件的举证责任转移至 WTO 成员方调查当局, 而这仅是一种程序法意义上的改变。在第 15 条 (a) 项 (ii) 目失效后, "硬币" 的另一面只剩下了程序上的意义。③

---

① 国内持此种观点的代表性文章见任清《〈中国加入议定书〉研究的两个十年——兼论加入议定书的强制执行性等问题》,《上海对外经贸大学学报》2014 年第 2 期。国外代表性的文章参见 Christian Tietje, Karsten Nowrot, "Myth or Reality? China's Market Economy Status Under WTO Anti-Dumping Law after 2016", Policy Papers on Transnational Economic Law, No. 34, December 2011, School of Law, Martin-Luther University, pp. 9 – 10。此外, 欧盟贸易委员 De Guch 在 2013 年 11 月 7 日欧洲议会的演讲中宣布, 中国将在 2016 年后获得"市场经济地位", 参见 China's Future Market Economy Status: Recent Developments, International Trade Regulation, November 2013, Holman Fenwick Willan LLP, http:// www. Hfw. com, 最后访问日期: 2014 年 12 月 8 日。

② 持这种观点的主要是以欧盟律师欧康纳为代表的一些西方学者, 参见 Bernard O'Connor, "Market Economy Status for China is Not Automatic", 27 November 2011, www. voxeu. org/article/china-market-economy, 最后访问日期: 2014 年 5 月 22 日; Bernard O'Connor, "The Myth of China and Market Economy Status in 2016", http://worldtradelaw. typepad. com/files/oconnorresponse. pdf, 最后访问日期: 2014 年 5 月 22 日。

③ 参见 Jorge Miranda, "Interpreting Paragraph 15 of China's Protocol of Accession", Global Trade and Custom Journal, Vol. 9, 2014, Issue 3, p. 103。

笔者认为，以上三种观点虽均有各自的理由，但都又失之偏颇。《中国加入 WTO 议定书》系国际法协定，由于《维也纳条约法公约》第 31、32 条关于"条约解释"的习惯国际法规则为 WTO 所接受，因此，对《中国加入 WTO 议定书》第 15 条的解释，应严格依据《维也纳条约法公约》规定的"解释通则"来进行。

第一，应当明确的是，《中国加入 WTO 议定书》中的"市场经济地位"条款仅适用于反倾销、反补贴领域。

根据《中国加入 WTO 议定书》第 15 条规定，中国的"市场经济地位"条款仅能适用于反倾销、反补贴这两个特定领域，换句话说，所谓的"市场经济地位"条款，在 WTO 语境下只是一些针对中国制定的特殊反倾销、反补贴规则，并不涉及其他领域。故此，将中国"市场经济地位"条款的影响和效力扩大化的做法是错误的。但这也说明，即便 2016 年后能够顺利解决中国"市场经济地位"问题，其法律效果也只及于反倾销和反补贴领域，即仅是在这两项规则的适用上，中国可争取到与其他 WTO 成员平等的地位，与他国是否从政治上承认中国的"市场经济地位"无关。

第二，根据《中国加入 WTO 议定书》第 15 条条约用语的"正常含义"，应得出两个基本结论。

"文字解释"系《维也纳条约法公约》解释通则的核心，在"美国海虾案"中，上诉机构强调"条约解释者必须从要解释的某条款的文字开始研究，因为条款是用文字写成的"。[1] 在"日本酒类税收案"中，上诉机构再次明确指出"条约的文字奠定了解释方法的基础，解释必须基于条约的约文"。[2]《中国加入 WTO 议定书》第 15 条的文字，清楚地说明以下两点。

首先，2016 年后，第 15 条（a）项（ii）目效力终止。这意味着，WTO 其他成员方无权援引该条对中国反倾销使用"替代国"方法。

其次，2016 年后，包括（a）项（i）目在内的第 15 条其他条款仍然有效。尽管从字面上看（a）项（i）目和（a）项（ii）目的内容是相对

---

[1] AB Report, United States-Import Prohibition of Certain Shrimp and Shrimp Products, WT/DS58/AB/R, para. 114.

[2] AB Report, Japan-Taxes on Alcoholic Beverages, WT/DS11/AB/R, p. 11.

应的两个方面，但根据条约解释的有效性原则，（a）项（ii）目的失效并不意味着（a）项（i）目必然失效。

从内容上看，（a）项（i）目和（a）项（ii）目是一个整体，条约"有效解释"原则要求，条约中的任何条款均不应被解释为无效，如果像一些学者主张的那样，（a）项（i）目随着（a）项（ii）目的失效而失效的话，第 15 条（d）项的规定就变得毫无意义，这显然违反这一原则，无论怎样都是说不通的。①

第三，作为与（a）项（ii）目构成一个整体的（a）项（i）目在 2016 年后仍有效，其存在的法律意义仅在于中方的举证责任。

笔者认为，由于（a）项（i）目依然存在，因此，即便在 2016 年后，中国企业在接受反倾销调查时，WTO 其他成员方仍可要求该中国企业提供相关产业已具备"市场经济"条件的证明，如果证明成立，那么，该成员方必须使用中国的价格或成本。可见，2016 年后，（a）项（i）目存在的法律意义主要是中国企业的举证责任，证明自身已具备市场经济条件。②

但问题是，如果该成员方调查当局认为中国企业未能证明或提供的证明并不成立，以及中国企业拒绝提供此类证明时，调查当局应如何处理？（a）项（i）目本身并没有给出答案。

在 2016 年之前，按照（a）项（ii）目规定，调查当局有权不使用中国的价格或成本，而使用"替代国"的价格或成本。2016 年后，（a）项（ii）目效力终止，以该条为依据对中国企业使用"替代国"方法就丧失了规则基础，无论如何，WTO 成员方无权援引第 15 条（a）项（ii）目之规定针对中国产品使用反倾销"替代国"方法确定可比价格。

第四，2016 年后，针对中国的反补贴，仍可能存在"市场经济地位"问题，但可以抗辩。

由于《中国加入 WTO 议定书》第 15 条（d）项的"终止性"条款仅

---

① WTO 争端解决实践明确接受了"有效解释"原则，例如，US-Gasoline，WTO/DS2/AB/R，p. 23；US-Offset Act，WT/DS217，para. 271。

② 第 15 条（a）项（i）目规定："如受调查的生产者能够明确证明，生产该同类产品的产业在制造、生产和销售该产品方面具备市场经济条件，则该 WTO 进口成员在确定价格可比性时，应使用受调查产业的中国价格或成本。"

针对第 15 条（a）项，即反倾销规则，因此，作为特殊反补贴规则的第 15 条（b）项并不受"终止性"条款影响，2016 年后依然有效，此条仍可作为针对中国实施特殊补贴规则（替代基准）的依据。从这个意义上讲，反补贴领域依然可能存在针对中国的"市场经济地位"问题，但从法律上讲是可以抗辩的，后面会专门论述。

第五，2016 年后，在反倾销领域，依然存在针对中国产品使用"非市场经济地位"特殊规则的可能性，但从法律上可以挑战。

尽管中国企业可能不愿面对，但从 WTO 规则和司法实践分析，2016 年后，依然存在 WTO 其他成员援引 WTO 规则针对中国产品使用"非市场经济地位"特殊规则的可能性，但可以从法律方面予以挑战。

《中国加入 WTO 议定书》第 15 条"市场经济地位"条款的核心之一，就是第 15 条（a）项（ii）目规定的特殊反倾销规则，系反倾销特殊规则的法律依据，2016 年后，（a）项（ii）目失效，不能再作为法律依据，但从 WTO 规则及司法实践情况分析，这并非意味 WTO 其他成员方必须使用中国的成本和价格作为可比价格，现行的、对所有成员方均适用的《反倾销协定》某些条款仍可作为"替代国"等特殊方法的规则依据，其中，《反倾销协定》第 2 条第 2 款的规定就为此提供了可能性。[①]

《反倾销协定》第 2 条第 2 款规定两种办法作为确定可比价格正常方法以外的替代性方法，一个是向第三国出口的价格，另一个是所谓的"结构价格"或"产品要素"价格。尽管从文字上看，并未规定所谓的"替代国"方法，但 WTO 司法实践证明，WTO 成员方完全可以从该条中找到"替代国"的规则依据。

该条款强调，使用"结构价格"（或"产品要素"方法）的前提是，受调查企业的成本记录符合"出口国的公认会计原则并合理反映与被调查的产品有关的生产和销售成本"。但如果这样的前提不存在，是否可以使用"替代国"价格呢？该条本身虽并未给出答案，但从刚刚发生的"美国

---

① 《反倾销协定》第 2 条第 2 款第 1 项第 1 目规定："就第 2 款而言，成本通常应以被调查的出口商或生产者保存的记录为基础进行计算，只要此类记录符合出口国的公认会计原则并合理反映与被调查的产品有关的生产和销售成本。"

双反案"上诉机构裁决的思路中，完全可以看出这种可能性。

本案中，美国在针对中国企业是否享有政府贷款补贴进行调查时，拒绝使用中国境内的银行利率，转而使用所谓的"替代国"利率作为对比基准，这一点得到上诉机构支持，依据就是援引与《反倾销协定》上述规定相类似的、文字中并未规定"替代国"基准的《补贴与反补贴协定》第14条（b）项。①

上诉机构指出："美国商务部或专家组不必逐一判断诸如政府作为贷款人拥有的绝对优势、政府对利率的管理、利率一致的证据以及政府对国有商业银行贷款决定的影响等每一个因素是否可导致利率低于应当具有的标准。在我们看来，正像专家组理解的那样，美国商务部认定这些因素综合起来扭曲了商业贷款利率，造成将受调查的贷款利率与同一市场中发现的利率相对比对于实现第14条（b）项的目的而言是没有意义的。"② 鉴于此，上诉机构认为美方使用"替代国基准"的做法并未违反第14条规定。

与《反倾销协定》第2条第2款类似，《补贴与反补贴协定》第14条（b）项也只是规定"可实际从市场上获得的可比商业贷款的金额"这一前提，但上诉机构在本案中认为，若该前提得不到满足，那么，WTO成员方就有权根据此条使用"替代国"利率作为可比基准。顺着上诉机构这样的思路，如果《反倾销协定》第2条第2款规定的条件无法实现，那么，该条款完全可被视为反倾销"替代国"方法的法律依据。

当然，尽管2016年后仍存在针对中国产品使用"替代国"方法的可能性，但并非不能受到法律上的挑战。上诉机构在《补贴与反补贴协定》第14条未作明确规定的情形下，援引第14条作为"替代基准"的规则依据，无疑是增加了成员方的权利，大有违反《关于争端解决规则与程序的谅解》的越权之嫌。③ 如果WTO成员方援引《反倾销协定》第2条第2款

---

① 《补贴与反补贴协定》第14条（b）项规定："政府提供贷款不得视为授予利益，除非接受贷款的公司支付政府贷款的金额不同于公司支付可实际从市场上获得的可比商业贷款的金额。在这种情况下，利益为两金额之差。"
② Appellate Body Report, WT/DS379/AB/R, para. 508.
③ 《关于争端解决规则与程序的谅解》（DSU）第3条规定："争端解决机制（DSB）的建议和裁决不能增加或减少适用协定所规定的权利和义务。"

作为反倾销中"替代国"方法的依据,那么,中国完全可以以同样理由质疑和挑战。

此外,由于历史上美、欧曾把 GATT 第 6 条第 1 款"注释二"作为针对东欧国家使用"替代国"方法的规则依据,那么,2016 年后,该"注释二"是否仍可作为针对中国实施"替代国"的法律依据呢?笔者认为,这种可能性不大,原因在于,GATT 第 6 条第 1 款"注释二"规定的前提条件十分苛刻,即"在进口产品来自贸易被完全或实质上完全垄断的国家,且所有国内价格均由国家确定的情况下",对于中国目前实行的经济体制以及已高度市场化的现状而言,这一前提条件显然是不成立的,美、欧在 2016 年后依据此条对中国采取"替代国"方法时无法根据此条规定的前提举证,因此,运用此条的可能性极低。

第六,在"市场经济地位"问题上,根据《中美双边 WTO 协定》,美国对中国负有特殊条约义务,在反倾销方面,2016 年后不得视中国为"非市场经济地位"国家。

《中美双边 WTO 协定》规定,美中双方均同意:"在未来的反倾销案件中,在不存在受挑战的法律风险的情形下,我们将能维持我们现有的反倾销方法(视中国为非市场经济)。这一规定将在中国加入 WTO 之后 15 年内有效。"

根据此规定,2016 年后,美国在反倾销领域不得再将中国视为"非市场经济",亦不得维持现有反倾销方法(替代国方法)。不像《中国加入 WTO 议定书》第 15 条规定的那么含糊,《中美双边 WTO 协定》上述规定非常直接、明确,即美方针对中国"非市场经济地位"的特殊反倾销方法只能维持中国加入世界贸易组织后 15 年。这说明,在这方面,美国应对中国负有特殊条约义务。2016 年后,美国无权像 WTO 其他成员方一样,还可寻求 WTO 其他规则作为依据对中国实施特殊反倾销规则。

第七,《中国加入 WTO 议定书》第 15 条中的其他两个"终止性"条件对 2016 年后中国"市场经济地位"的意义。

一个"终止性"条件规定,如果在中国加入 WTO 之前,WTO 成员方已有了关于市场经济标准的国内法,一旦中国根据其国内法证实是一个市场经济体,那么,第 15 条(a)项规定均应终止,这意味着,该成员不得对中国实施反倾销中的"市场经济地位"条款。这一"终止性"条件并不受 2016 年这一时间点影响,但实际上,这一条件在实践中很难得到满足,而且中国能否根据他国国内法证明自己是市场经济体,主动权完全掌握在他国手中。近年来大量的反倾销、反补贴实践说明,美、欧为"市场经济地位"制定的所谓标准极为复杂,条件十分苛刻。2016 年后,如果想通过这个"终止性"条件来获取其他成员方,特别是美、欧对中国"市场经济地位"的承认根本行不通。

另一个"终止性"条件与前述条件大体相当,只不过针对中国的某一特定产业和部门。① 同样,该条件也并非 2016 年后中国获得"市场经济地位"的有利途径。

应强调的是,以上两个"终止性"条件均有一个前提,"一旦中国根据该 WTO 进口成员的国内法证实其是一个市场经济体,则第 15 条(a)项的规定即应终止,但截至加入之日,该 WTO 进口成员的国内法中须包含有关市场经济的标准"。那么,在中国加入 WTO 前,除美国外,中国的另一大贸易伙伴欧盟是否存在有关市场经济标准的立法?

事实上,在中国加入 WTO 之前,欧盟并没有一个有关国家"市场经济地位"标准的法律条款,它采取的是一种"正面清单"方式,即将它认定的"非市场经济"国家列入欧盟的反倾销法规之中。1998 年制定的欧盟反倾销法规,第一次出现了关于企业自身申请"市场经济地位"的法律认定标准。这一标准出台的背景是,欧盟认为中国、俄罗斯正处于经济转型时期,这两个国家的企业有可能被单独授予"市场经济地位",因此,有必要给出企业"市场经济地位"的法律标准,这一做法沿用至今。② 可见,欧盟对于某个国家是否属于"市场经济地位"并没有具体的区内法标准,只是出于自身对该国经济体制的一种主观判断,因此,欧盟是否具有有关

---

① 该"终止性"条件规定,中国如能根据 WTO 成员方国内法证实一特定产业或部门具备"市场经济"条件,则第 15 条(a)项中的非市场经济条款不得再对该产业或部门适用。
② 参见 Helena Detlof and Hilda Frich,"The EU Treatment of Non-Market Economy Countries in Antidumping Proceedings",Swedish National Board of Trade,2006,pp. 13 – 14。

"市场经济地位"的区内法本身就是一个问题。相信2016年后,欧盟也会依然采取列举清单的方式来认定"非市场经济地位"国家,对此,中国可以欧盟在中国加入WTO前没有关于"市场经济地位"标准的区内法为由,要求欧盟全部放弃《中国加入WTO议定书》第15条(a)项的权利要求。根据以上"终止性"条款的前提条件,这一要求无疑是正当的。

四 结论

综上所述,在考察了"市场经济地位"条款的国内法渊源、从国内法到国际法的演变过程、GATT/WTO相关规则法律内涵,以及从条约法角度解读《中国加入WTO议定书》等国际法文件后,可以看出,所谓"市场经济地位"问题只是国际贸易领域中的反倾销、反补贴特殊规则问题,与政治、外交以及国家经济体制等问题无关,若刻意将其扩大化,将授人以柄,使之成为他国制约中国、攫取不正当利益的工具。但这并不意味着,中国"市场经济地位"问题不重要,相反,能否尽快解决中国的"市场经济地位"问题,对于维护中国企业的对外贸易利益有着重要法律意义,根本目的在于,为中国企业争取在反倾销、反补贴领域与WTO其他成员方平等的地位,避免适用基于"非市场经济地位"的歧视性规则。

随着2016年的临近,解决中国"市场经济地位"问题必须提上日程。尽管仍存在一定的不确定性,但解决这一问题的法律依据充分,即便有一些WTO规则仍可为美、欧等成员方利用为变相实施针对中国的特殊反倾销、反补贴规则,但对于这些做法并非不可挑战。

实际上,国际上许多学者早已意识到,"市场经济地位"条款本身是"冷战"时期的产物,其中夹杂的政治因素十分明显,法律上存在严重的歧视性,与WTO奉行的宗旨和原则相悖而行,完全是一种单边主义的产物,系事实上的"祖父条款",因此,提出这种不合时宜的条款早应废弃,美、欧等国家和地区应当作出顺应时代潮流的改变。[①]

[①] 参见 Silke Melanie Trommer, "Special Market Economy: Undermining the Principles of the WTO?", *Chinese Journal of International Law*, Oxford University Press, Vol. 6, No. 3, 2007, p. 599。

尽管如此，美、欧等基于自身的政治和经济利益，在有关中国"市场经济地位"问题上，绝不会轻易放弃原来的立场，可以预见的是，中国与美、欧等成员方之间势必在这个问题上有一番激烈的法律博弈。加入WTO 15年后，中国已具有了较为丰富的法律斗争经验，中国的国际地位早已今非昔比，我们有理由相信，在"市场经济地位"问题上，中国将通过政治、外交和法律手段维护自己合法的贸易利益，并最终取得成功。

全球经济治理新模式的法治化路径[*]

21世纪开始以来的十余年里,国际经济形势发生了深刻变化。一方面,经济全球化进一步发展,各国间经济相互依存度日渐加深,经济交往更为密切;另一方面,国际金融危机爆发,世界主要经济体经济增速下滑,一些发达经济体爆发主权债务危机,国际金融市场动荡不已,形形色色的投资和贸易保护主义频现,世界贸易组织(WTO)多哈回合多边贸易谈判举步维艰。各种迹象表明,第二次世界大战后形成的、以大国强权为主导的全球经济治理模式虽催生了现代国际经济法律制度,推动了世界经济的恢复与发展,但已不再适应发生剧烈变革的国际经济关系和力量格局。此外,经济全球化程度空前提高,对世界造成的影响及带来的挑战也是前所未有的,产生的诸多问题急需全球性解决方案,传统全球经济治理模式已不能担此重任。

在当前形势下,各国应根据国际经济关系发生的变化,本着相互尊重、平等参与、民主决策、互利共赢的精神,改革传统全球经济治理模式。各国应考虑制定"国际经济合作宪章",确立新的国际经济法律原则;建立具有最高权威的国际经济合作组织统领全球经济治理,整合现有国际经济组织的功能,填补国际经济领域的法律空白;以WTO争端解决机制为蓝本构建国际经济争端解决机制,确保经济治理的法治化进程,推动国际经济关系的稳定性和可预见性向更高层次发展。

一 "国际经济合作宪章"及其法律原则

传统全球经济治理模式是第二次世界大战后形成的,以《关税及贸易

---

[*] 本文原载于《法学研究》2012年第4期。

总协定》、《国际货币基金组织协定》和《国际复兴开发银行协定》等一系列国际经济法律制度为核心内容。这一模式虽然促进了战后全球经济的发展，但从其诞生的背景到运作的方式、决策体制以及规则体系来看，它完全由美国、欧洲等西方发达国家和地区强势主导，本质上维护的是发达国家的利益，占世界绝大多数的发展中国家只能服从少数发达国家的"治理"，这已导致全球财富分配的严重不公。

美国著名学者基欧汉曾形容这种模式是一种"多国合作的俱乐部模式"，国际民主明显缺失："从1944年布雷顿森林会议开始，有关治理的关键机制就以'俱乐部'的方式来运行。最初，少数富国的内阁部长及同一问题领域的部长级官员聚在一起制定规则。贸易部长们主导了GATT；财政部长们推动了IMF的工作；国防部长和外交部长会聚北约总部；央行行长则聚首国际清算银行。他们先秘密磋商，然后将相关协议提交国家立法机关并公布于众。"① 随着广大发展中国家经济实力不断提升，这种"多国合作的俱乐部模式"的不公正、不合理愈加凸显，已面临严重的危机。② 克服这一危机的核心应是扩大广大发展中国家的参与权和决策权，"除非发展中国家能够积极参与新的国际经济体系治理程序的设计，否则这些组织的重要性与合法性就岌岌可危"。③

发展中国家曾于20世纪六七十年代推动"建立国际经济新秩序"运动，对传统全球经济治理模式产生了巨大冲击，主要内容包括各国对其自然资源和一切经济活动拥有充分主权，改革不利于发展中国家的国际金融制度和贸易条件等。长期以来，西方国家对"建立国际经济新秩序"宣言

---

① 〔美〕罗伯特·O. 基欧汉：《局部全球化世界中的自由主义、权力与治理》，门洪华译，北京大学出版社，2004，第249页。
② 加拿大学者黛布拉·斯蒂格认为："三个国际组织都面临着重大的合法性与问责性危机，因为它们内部的投票与决策结构没有反映全球新的权力关系现实……要让国际经济组织在21世纪全球充满活力的经济中重要、负责、有效，有必要进行重大的制度改革。"〔加拿大〕黛布拉·斯蒂格主编《世界贸易组织的制度再设计》，汤蓓译，上海人民出版社，2011，第5页。
③ 〔加拿大〕黛布拉·斯蒂格主编《世界贸易组织的制度再设计》，汤蓓译，上海人民出版社，2011，第5页。

和文件的法律效力表示怀疑，致使宣言和文件的实施效果不佳。① 现如今，发展中国家与发达国家之间的力量对比已发生历史性变化，为落实"建立国际经济新秩序"运动、体现广大发展中国家利益的法律原则提供了机遇。

但仅仅解决旧的模式存在的民主缺失问题绝不意味着解决了当前全球经济治理面临的全部问题。经济全球化程度今非昔比，且发展势头依然强劲，已导致国际经济领域出现与半个世纪前截然不同的新特点：网络密度的增强、制度转化率的提高、跨国参与的加强等。2008年国际金融危机爆发并延续至今，造成世界范围影响和巨大破坏的事实再次表明，经济全球化及一体化发展给人类带来的挑战是全球性的，这对全球经济治理提出了更高的标准和要求。

尽管国际霸权依然存在，世界也并不太平，但近二十年来国际关系的发展和变化为改革全球经济治理模式创造了有利条件：一方面，国际经济领域摆脱了冷战时期的东、西方相互排斥与对抗局面，具备了全面合作、共同发展的政治基础；另一方面，国际经济领域更为广阔、内容更加丰富、性质更为复杂、影响更为深远，尽管法治化任务十分艰巨，但各国对国际经济关系的规则化导向更加坚定了信心。

事实表明，在新的国际背景下，全球经济治理需要新的纲领性文件予以指导和规范。当前，应考虑制定"国际经济合作宪章"，在"建立国际经济新秩序"运动创立的法律原则基础上，构建全球经济治理的新法律原则。主要有以下三项。

---

① 美国著名学者洛文菲尔德教授宣称，这些宣言和文件背离了传统国际法，是没有法律效力的。参见 Andress F. Lowenfeld, *International Economic Law*, Oxford University Press, 2002, pp. 412-414。另一位学者哈伯德认为："国际经济新秩序的各个根本方面不能够反映在国际习惯法当中。这种秩序在一个法律框架内的实现将要求国际组织性'立法'对习惯法的部分取代。……国际经济新秩序的各项基本原则只有通过各政治实体对现有条约的改变——而非通过一个独立法律专家委员会对国际法的逐渐发展——才能够得以落实。"他实际上否定了这些宣言和文件的法律效力。D. Hubbard, "The International Law Commission and the New International Economic Order", *German Yearbook of International Law*, 1979, p. 80ff。转引自〔德〕彼德斯曼《国际经济法的宪法功能与宪法问题》，何志鹏等译，高等教育出版社，2004，第135页。

(一) 平等及相互尊重原则

在国际经济交往中,各国不分大小和经济发展阶段均应一律平等,这是国际法主权平等原则在经济领域的具体要求。这项原则要求改革现有国际经济组织由少数发达国家操纵决策并制定规则、广大发展中国家被动接受的不平等决策机制,解决全球经济治理中发展中国家长期缺乏参与权、决策权问题,建立相互尊重的国际经济关系。具体表现在三大组织的改革中。

WTO实行的"协商一致"原则表面上赋予每一名成员平等的决策权,但实际上发达成员经常运用自身政治、经济实力影响WTO决策和规则制定,在重大贸易谈判过程中,这一特点表现得尤为明显。例如,发达成员在关乎发展中成员实质利益的"特别与差别待遇"等多哈回合发展议题上至今不肯作出实质性让步,而在关乎其自身利益市场开放问题上强迫发展中成员接受,从而导致多哈回合谈判至今停滞不前。[①]

为贯彻平等及相互尊重原则,发达成员应当采取真诚、合作态度,切实考虑发展中成员的重要关切,充分尊重发展中成员的立场和观点。发展中成员也应进一步加强自身能力建设,培养更多的专门人才参与WTO事务。WTO亦应采取实际行动加强培训和资助,创造条件令发展中成员的意愿得以充分表达,把平等及相互尊重的原则落到实处。[②] 在平等原则指导下,WTO应改革现有决策体制,在坚持"协商一致"原则的基础上增设权重投票机制,充分考虑国家的贸易比重、国民生产总值、外贸依赖程度、人口规模、地区分布等因素,将决策权以公平、透明、平衡、包容方

[①] 参见孙振宇主编《WTO多哈回合谈判中期回顾》,人民出版社,2005,第296页。

[②] 发展中成员在参与重要决策时面临着诸多自身的困难。爱德华教授曾指出:"首先,这些国家通常没有足够的有经验的人员参加所有议题。例如,在WTO只有少数的'规范接受者'如巴西和印度在已开始的谈判和讨论中表现积极。'规范接受者'缺乏影响力的第二个原因是代表不足。一些国家在日内瓦甚至没有常驻使团。一些国家通常从邻近的使团偶尔派员参加WTO或其他在日内瓦的国际组织的议题谈判……即便一些国家在日内瓦派有常驻使团,但有时也面临人员不足问题。" Edward Kwakwa, *Regulating the International Economy: What Role for State*, Oxford University Press, 2011, pp. 233–234。

式分配给全体成员方。①

国际货币基金组织（IMF）实行的加权表决制本身就是一种不平等的表决机制，它造成的后果就是发展中国家在国际货币金融领域长期处于弱势地位。② 对于这种"强权"性的决策机制，广大发展中国家早有怨言，却无力改变。国际金融危机爆发后，IMF意识到了投票权改革对该组织合法性和有效运行的重要性，已着手开始进行改革，但由于发达国家的态度消极，改革的步伐明显缓慢。③ 另一重要国际经济组织世界银行的决策更是长期为发达国家所操控，美国及欧洲国家在其中拥有举足轻重的投票权，广大发展中国家被迫接受它们提出的各种极为苛刻的贷款条件和制度。④

为贯彻平等及相互尊重的原则，IMF应当加快改变现有投票权分配比例，实质性扩大新兴国家和发展中国家在其中的决策权。世界银行也应根据这一原则，增加发展中国家与新兴国家的发言权。⑤ 与此同时，IMF和

---

① 杰克逊教授曾提出以"临界数量"方法代替"协商一致"方式，柯蒂尔等人则建议以一种新的权重投票体系来补充"协商一致"原则，华威委员会支持"临界数量"的权重投票方法。参见〔加拿大〕黛布拉·斯蒂格主编《世界贸易组织的制度再设计》，汤蓓译，上海人民出版社，2011，第58、131页。

② 爱德华教授指出："IMF原始成员国明确认为，将成员方的投票权直接与它们通过份额机制向该机构提供的资金数量挂钩，IMF才能更积极、有效地发挥作用。结果是，一个国家对IMF的贡献越多，这个国家在IMF决策中的声音就越强。"与发达国家相比，发展中国家对IMF的资金贡献少，当然只能听命于发达国家作出的决策。Edward Kwakwa, *Regulating the International Economy: What Role for State*, Oxford University Press, 2011, p. 234.

③ IMF理事会国际货币与金融委员会2009年10月公报指出："份额改革对提高基金组织的合法性和有效性至关重要。我们强调，基金组织应继续作为以份额为基础的机构。我们认识到，份额比重的分布应反映基金组织成员国在世界经济中的相对地位。鉴于充满活力的新兴市场和发展中国家的强劲增长，这种相对地位已发生显著变化。为此，我们支持将份额转给充满活力的新兴市场和发展中国家，以现有份额公式为开始的基础，把至少5%的份额从被过度代表的国家转向代表不足的国家。"http://www.imf.org/external/chinese/np/sec/pr/2009/pr09347c.pdf，最后访问日期：2012年2月9日。

④ 加拿大学者吉蒙斯曾指出："世界银行的运作说明了它的主要制度缺陷之一是不能在决策制定程序中赋予借款国更有力的发言权。"〔加拿大〕黛布拉·斯蒂格主编《世界贸易组织的制度再设计》，汤蓓译，上海人民出版社，2011，第108页。

⑤ "G20集团"已提出世界银行的改革任务：更新授权与治理、增加发展中国家与新兴国家的发言权、增强世界银行的问责性。参见 G20, *Final Communique: The Global Plan for Recovery and Reform*, para. 20, G20 Summit (London) 2 April 2009.

世界银行应当加大各国间的磋商力度,充分听取广大发展中国家对重大决策和规则制定的意见和建议,取得各方对其决策和规则的普遍理解。待条件成熟时,彻底废除带有歧视性的加权表决制。

(二) 实现共同利益的原则

人们普遍认为,国家对国际法的尊重是出于对国家利益的考量。主权国家积极参与全球经济治理、遵守国际经济法规则也是本国的经济利益使然。但各国国情不同,其追求的利益也千差万别。如果每一个国家都单纯强调自身利益而不顾他国利益,国际经济关系将陷入混乱。因此,作为需要得到主权国家普遍接受和遵循的制度,全球经济治理及其法律制度必须建立在实现各国共同利益的基础上。

基欧汉曾指出旧模式系霸权主导产生,不利于国际法的发展:"新现实主义强调,国际机制是霸权国一手主导的。这固然反映了国际社会的部分现实,然而霸主在没有国家一致同意的基础上,是不能制定和执行规则的。规则的制定必然在同意的基础之上,这是合法性得以产生的基础。"[①]但在改变旧模式这一缺陷的同时,应意识到,"同意"不仅仅是国家对自身利益的认可,也是国家间利益相互妥协的结果。各国不论大小、经济发展水平如何,其利益均应受到尊重,但也应同时考虑和照顾他国利益。在此基础上,通过充分协商、妥协,达成实现各国共同利益的治理模式和规则体系。

经济全球化发展至今已使得各国成为利益共同体,贸易、投资、金融、人员的跨国流动均决定了国际经济关系的密切和利益的不可分割。那种只顾自身利益或小集团利益而置他国利益于不顾的思维和行为方式只能导致国际经济关系恶化和利益的全面丧失,因此,实现共同利益原则也是经济全球化对全球经济治理的必然要求。

为贯彻实现共同利益原则,各国应在追求自身利益的同时注重利益的不同点,尊重他国合理的利益诉求。在制定全球性经济政策和法律规则过

[①] 〔美〕罗伯特·O. 基欧汉:《局部全球化世界中的自由主义、权力与治理》,门洪华译,北京大学出版社,2004,第350页。

程中，面对不同的利益诉求，各国应加强磋商与谈判。谈判意识应从对抗趋向妥协，谈判目的应从注重立场到注重利益，谈判方法应从以谋略为主转向运用科学与技巧为主，谈判的格局应以双赢或多赢取代一胜一败或少胜多败，只有这样才能真正实现共同利益。①

（三）促进合作与广泛共识原则

在推动全球经济发展和繁荣的同时，经济全球化也带来了挑战的全球性——金融危机、能源危机、气候变化、重大自然灾害所造成的影响是全球性的，每一个国家不可能独善其身、独自面对，以往那种对抗性的或保护主义的政策只能导致危机不断蔓延。各国必须开展合作、共同应对。因此，在全球经济治理中，在强调经济主权的同时，各国应奉行促进合作与广泛共识的原则，制订共同应对全球性挑战的方案。②

法治是实现促进合作与广泛共识原则的基础，只有法治才能使得合作更加规范、有序，使得共识更加公平、有效。如果缺乏共同的法律规则体系，新的合作与共识不但难以实现，原已形成的合作与共识也终将因缺乏保障而无法实现，因此，为实现这一原则应首先创制能有效促进合作与共识的新组织机构和法律框架。英国学者斯蒂芬曾指出："在所有对国际政治和国际法的广泛分析中，相关实力、国家和其他参与者的利益以及价值取向都是相关变量。所有这三项因素相互作用并影响着规范的革新。在特

---

① 在总结多哈回合中有关农业谈判于2004年达成《框架协议》的成功经验时，中国驻WTO大使孙振宇指出："框架协议的达成是发达成员与发展中成员之间、发达成员之间相互妥协的结果，显示了现代谈判的发展趋势。谈判意识从对抗趋向妥协，谈判目的从注重立场到注重利益，谈判方法从以谋略为主转向运用科学与技巧为主，谈判的格局以双赢或多赢取代一胜一败或少胜多败，力争追求'皆大欢喜'的谈判结果。"孙振宇主编《WTO多哈回合谈判中期回顾》，人民出版社，2005，第40页。
② 杰克逊教授曾断言："国际经济法可以说是最富'人气'的（或至少是之一）国际法分支部门。这部分地是因为这一部门所涵盖的规范甚广……很明显，国际经济法与经济全球化的事实和影响有着密切的关系。事实上，国际经济法或者至少国际经济法的一些机构便利了并且管理着不断发生的金额数以万亿计的跨境活动。所有这些活动增加了国际经济法的复杂性，也为丰富国际经济法和国际法提供了广泛的和可观察的多样化实践。"〔美〕约翰·H. 杰克逊：《国家主权与WTO：变化中的国际法基础》，赵龙跃等译，社会科学文献出版社，2009，第54页。

定情形之下,这些变量中的一个或另一个在决策中所起的作用更大,但没有一个可被忽视。有拘束力的法律规范只能通过合法的程序以及具有价值的实体内容的结合而产生。"① 可见,在创制新的组织机构和法律框架过程中,各国的利益和价值取向均会对其产生影响,但在全球化背景下,各国只能采取包容、合作的态度协调不同的利益和价值取向,寻求对共同遵循的规则体系的最大共识。

由于经济发展阶段和发展程度不同,实现促进合作与广泛共识原则需要发达国家承担更多的责任,在与发展中国家开展合作时作出更大让步。而发展中国家亦应充分意识到合作与共识的重要性,着眼于大局和长远利益,为实现合作与共识作出必要的妥协。为了获得广泛的共识,不仅需要各国的外交、经贸部门积极参与,其他政府部门如中央银行、金融监管部门、经济决策部门、立法机构,乃至民间团体、行业协会以及非政府组织之间亦应开展广泛的交流与合作。只有这样,才能更好地促进合作并有效达成广泛的共识。②

在这三项原则中,平等及相互尊重原则是全球经济治理的合法性基础,它要求国际社会每一成员平等参与国际交往和决策并彼此尊重各自立场;实现共同利益原则是全球经济治理的核心,它要求实现包括发达国家和发展中国家在内的各国共同利益,而不是某些国家或国家集团的自身利益;促进合作与广泛共识原则是全球经济治理的指导性方针,只有促进各国间的合作与广泛共识才能解决全球化带来的各种问题和挑战。新制定的"国际经济合作宪章"应将以上三项原则作为指导全球经济治理的法律原则,整合包含经济主权、自然资源主权等合理内容的其他法律原则,共同构建具有最高法律权威和拘束力的国际经济法原则。

---

① Stephen J. Toope, *Emerging of Governance and International Law*, Oxford University Press, 2011, p. 103.
② 许多学者指出,经济全球化发展到今天,规制国际经济关系不仅需要外交、经贸部门之间的合作,也需要政府所有部门的通力合作,由跨国合作转向跨政府部门合作。参见 Anne-Marie Slaughter, *Governing the Global Economy through Government Networks*, Oxford University Press, 2011, pp. 178 – 180。

二 "国际经济合作组织"的基本架构

在确立了基本法律原则后,全球经济治理另一项重要任务就是建立统领全局、在经济领域具有最高权威的国际经济组织。这是贯彻和执行"国际经济合作宪章"、推动全球经济治理法治化进程的重要组织保障。

第二次世界大战后,以关税及贸易总协定(世界贸易组织的前身)、国际货币基金组织和世界银行三大国际经济组织为基本架构的经济治理模式是根据当时的经济发展程度和国际经济关系特点而建立的,具有分工明确、专业性强等突出优势。但随着经济全球化的不断发展,国际贸易、投资、金融等领域的活动相互交融程度空前提高,三大国际经济组织凸显出功能的不充分及相互之间的不协调。[①] 当前的贸易、投资与金融等领域的国际法规则之间的交叉关系较之以前更为紧密、更加复杂,但由于缺乏相应的协调机制和规则,现有规则在适用时常出现混乱。[②] 同时,由于受到各自章程、协定以及调整范围的限制,对于全球经济活动中出现的一些新领域,例如,国际反垄断合作、电子商务、跨国公司行为规范、证券及金融衍生工具监管等,以上三大国际经济组织均缺乏有效的管理和规制。[③]

事实表明,现有国际经济组织及其规则体系已难以承担全球经济治理的重任,必须建立新的、具有更高权威的国际经济组织,保障和监督全球经济治理决策及法律规则的贯彻执行。该组织应当发挥统领全球经济治理的作用,协调世界贸易组织、国际货币基金组织和世界银行乃至其他国际经济组织之间的关系,制定规范新型国际经济关系的规则体系,填补国际

[①] 缪罗曾指出:"WTO、IMF 以及世界银行的总体结构和内部机制不完全一致。在某些方面,它们的差异十分显著。这些制度结构、决策制定程序、文化上的差异不可避免地损害了它们协同一致、开展合作的能力。出于历史原因,最初的布雷顿森林体系的三根支柱从未完全实现战后规划者的目标,也没使用达成一致的政策或是有效地进行职责分配。"〔加拿大〕黛布拉·斯蒂格主编《世界贸易组织的制度再设计》,汤蓓译,上海人民出版社,2011,序言。

[②] 尽管 GATT 1994 第 12 条等条款一直被视为处理 WTO 与 IMF 之间关系时应遵循的规则,但实践中往往产生混乱。参见 Marco Bronckers and Reinhard Quick, *New Directions in International Economic Law*, Kluwer Law International, 2000, p.169。

[③] 参见〔美〕约翰·H. 杰克逊《国家主权与 WTO:变化中的国际法基础》,赵龙跃等译,社会科学文献出版社,2009,第 64 页。

经济领域法律规则的空白。

在现有国际组织中，世界贸易组织、国际货币基金组织以及世界银行均因专业特点突出、规制范围有限，不宜作为建立新的国际经济组织的基础。除了以上三大国际经济组织外，还有一些具有国际影响力且内容丰富的国际经济组织或论坛，但因其存在代表性不强、包容性不够等原因，也不宜为新组织的基础。例如，经济合作与发展组织（简称"经合组织"，OECD）是国际经济领域的一个重要组织，但它主要由发达国家组成，且功能限于经济政策研究和分析，并不具备管理国际经济的能力。亚太经济合作组织（APEC）影响日渐扩大，但其成员主要是亚洲及太平洋地区国家或经济体，缺乏世界范围的代表性。其他现有国际经济组织也存在类似的问题。

目前看来，建立统领全球经济治理的国际经济组织不仅是必要的，而且是可行的，当今的国际经济关系已为此提供了有利条件和氛围：一方面，国际金融危机后，国际经济的现实正在逼迫现有国际经济组织作出变革；另一方面，"二十国集团"机制现已发挥了统领全球经济治理的实际作用，建立新的国际经济组织拥有广泛的政治基础和客观条件。为体现合作之精神和原则，新的国际经济组织可定名为"国际经济合作组织"。

着眼于"二十国集团"机制，并在此基础上建立"国际经济合作组织"不失为一条便捷又实际的路径。国际金融危机之后，由具有代表性的发达国家和发展中国家共同组成的"二十国集团"已成为当今世界影响力最大的国际经济论坛，具备了成为国际经济组织的基本条件。[①] 在全球经济治理中，曾长期掌控国际经济重要决策、由少数发达国家组成的"七国集团"（G7，后为"八国集团"）已为包括中国、印度、巴西、南非等发

---

① "二十国集团"又称 G20，是一个国际经济合作论坛。它于 1999 年 12 月 16 日在德国柏林成立，属于布雷顿森林体系框架内非正式对话的一种机制，由原"八国集团"以及其余十二个重要经济体组成。该论坛的宗旨是推动已工业化的发达国家和新兴市场国家之间就实质性问题进行开放及有建设性的讨论，以寻求合作并促进国际金融稳定和经济的持续增长，国际货币基金组织与世界银行列席该组织的会议。"二十国集团"成员涵盖面广，代表性强，该集团的 GDP 占全球经济的 90%，贸易额占全球的 80%。2009 年 9 月，二十国集团匹兹堡峰会宣布，"二十国集团"将正式代替"八国集团"，成为国际经济合作与协调的首要全球性论坛。参见 2009 年 9 月 26 日新华社电。

展中国家在内的"二十国集团"所取代。它定期就全球经济事务展开磋商，截至 2012 年已成功举办了六次峰会，作出了一系列全球性重大决策，对世界经济产生了其他国际经济组织无法比拟的重要影响。近些年来，世界主要经济体，如美国、中国、日本等国均已表达了将"二十国集团"组织化的愿望，俄罗斯还提出将"二十国集团"打造成一个常设机构，以便对国际经济关系产生实际影响的建议。① 因此，在世界各主要经济体的支持下，在"二十国集团"体制基础上组建"国际经济合作组织"是完全可以实现的。

"国际经济合作组织"应充分贯彻民主、法治原则，总结、吸纳现有国际经济组织成功的经验，克服其不足，努力建设成为一个有效、高效并负责任运作的崭新国际经济组织。要达到此目标，应注重以下几点。

第一，"国际经济合作组织"应具有包容性、代表性和权威性。

包容性要求新国际经济组织最大范围地吸收世界各经济体（包括国家或非国家经济体）作为其成员，不分经济性质、发展阶段、规模大小，只要接受"国际经济合作宪章"确定的法律原则和基本制度就应予以接纳；代表性要求新国际经济组织充分尊重不同地区、不同体制和不同发展阶段的经济体的各种立场和观点，在此基础上建立一个高效的决策体制，保证作出的决策和制定的规则具有最广泛的代表性；权威性则要求新的国际经济组织必须享有对全球性事务的重大决策权和规则制定权，并拥有一套完整的法律机制，监督和保障决策和规则的贯彻、落实，以法律手段避免各经济体自行其是、各自为政，遏制各种投资和贸易保护主义泛滥。

第二，"国际经济合作组织"应建立一套民主、高效的决策机制。

"国际经济合作组织"的决策应建立在广泛的民主基础上，无论是发达经济体还是发展中经济体均应享有平等的参与权、决策权。为了提高决策效率，避免出现类似 WTO 那样的决策困难，该组织应对决策事项加以分类，分别制定投票规则：对于全球性的重大决策和规则制定实行绝对多数通过的权重投票机制，但赞成之权重应包括世界各主要经济体以及各地

---

① 参见《二十国集团峰会：主要国家立场扫描》，新华网，2010 年 6 月 24 日发布。

区具有代表性的经济体,绝对多数可定为80%~90%。对于一般性、程序性决策则应实行在一定时间内的"协商一致"原则。若在该时间内未能取得一致,则可采取多数通过的权重表决制,多数的比例、协商的时间可根据不同的事项加以确定。笔者将这种决策机制称为"平权加权重表决制"。这一机制既不同于效率低下的WTO"协商一致"表决机制,亦不同于IMF等组织带有明显歧视性的"加权表决制",体现了民主和高效的决策原则。

第三,"国际经济合作组织"应建立符合"善治"标准的管理体制。

斯蒂格等学者对国际组织提出了"善治"的四个标准,即"有效、高效、问责性以及代表性"。[①] 该标准系在总结现有国际组织的经验教训基础上,依据法治的基本原理和要求提出的,现已在国际法学界取得很大共识。因此,应按照上述原则设计"国际经济合作组织"的管理体制。

为达到"善治"的目标,应在"二十国集团"的基础上建立"国际经济合作组织"的常设机构,由"二十国集团"派出代表参与该机构的日常工作。鉴于现有重要国际经济组织均设在发达国家,为了体现平衡原则,这一常设机构应设立在有代表性的发展中国家。该机构应定期就全球经济领域的重大问题开展交流、磋商,对经济领域发生的重大事件及时作出反应,同时应对全球经济决策的执行与落实情况行使监督权。对于全球性重大经济决策和规则制定,该机构有权提出决议案供全体成员方大会决定。该机构内部就一事项作出决定时,亦应实行充分协商基础上的"平权加权重表决制",赞成的多数票通过比例可高至80%~90%,以体现最广泛的共识。该常设机构应设置秘书处,负责"国际经济合作组织"的日常事务,并向全体成员方提供各种信息和咨询服务,建立与非政府组织、民间团体、企业和民众之间的联系,听取他们对全球经济决策和规则制定的意见和建议。

国际金融危机凸显了整合现有国际经济组织、加强各组织之间合作与协调的必要性。因此,"国际经济合作组织"的常设机构应以整合世界贸易组织、国际货币基金组织、世界银行等现有国际经济组织资源为己任,建立相应的协调机制,促进各主要国际经济组织决策和行动之间的协调,

---

① 〔加拿大〕黛布拉·斯蒂格主编《世界贸易组织的制度再设计》,汤蓓译,上海人民出版社,2011,第138页。

最大限度地保证全球经济治理的目标和重大决策的顺利实现。

在法律规则的制定方面,该常设机构应设置法律部,专门研究国际经济领域的法律规制问题,尽快制定现有国际经济法规则未能涵盖领域的法律规则,改变重要领域法律空白的局面。此外,法律部门还应研究并制定现有国际经济法规则交叉适用办法,协调不同领域国际法规则之间的关系,避免出现规则冲突或互不适用的情况出现。

建立一个有包容性、代表性和权威性、拥有民主和高效的决策机制并贯彻"善治"原则的"国际经济合作组织"是全球经济治理的时代需要,是经济全球化的必然要求,对于世界经济的发展以及全球经济治理的法治化进程将产生极为重要的推动作用。

三 构建国际经济争端解决机制

稳定、可持续的经济发展务必建立在规则导向的基础上,规则导向需要一套有效且具有权威的争端解决机制加以保障。在这方面,WTO极为成功的贸易争端解决机制提供了良好范例。相对于WTO的成功,国际货币基金组织、世界银行的决策和规则明显缺乏执行力,最重要的原因之一就是缺少强有力的争端解决机制。[①]

"二十国集团"针对全球经济事务作出的决策具有指导性,重心在于协调和统一各经济体的宏观经济政策,但缺乏法律规则的可司法性。随着新的"国际经济合作组织"的正式建立,许多重大决策将以法律规则的形式固定并加以细化。如金融危机之后的全球范围内的金融监管问题及为此制定的对策,未来势必形成相应的国际法规则。此外,除全球性重大决策外,该组织也肩负着在国际经济关系新领域建立法律规则的重任,特别是要制定那些涉及贸易与金融、经济与环境保护、金融合作与监管、跨国公司、国际反垄断、电子商务等现有规则未能涵盖领域的国际法规则。所有这些决策和规则都需要法律机制予以监督和保障,而在建立伊始设计一套

---

① 相对于IMF的决策执行不力,鲍威林教授指出:"WTO争端解决机制很容易迅速地被启动,而且专家组和上诉机构经常被人们期望着对于那些任何与WTO相关而又被其他司法管辖排除的申诉作出迅速判决。"参见 J. Pauwelyn, *Conflict of Norms in Public International Law: How Law Relates to Other Rules of International Law*, Cambridge University Press, 2003, p. 20。

强有力的争端解决机制无疑是确保其能够被执行的必要条件。在总结 WTO 争端解决机制的成功经验和不足之处的基础上，新的国际经济争端解决机制应具备以下一些基本内容。

第一，坚持将协商作为解决争端的首要原则。

运用外交手段解决分歧是国际法推崇并使用的传统方式，通过协商的方式解决国际经济争端一向是各国处理国际经济关系的首选。与一国国内的司法机制不同，国际上的争端解决机制所面对的大多是享有主权的国家（或享有经济主权的经济体），这一特点决定了国际经济争端解决机制必须将协商解决争端作为首要原则，WTO 争端解决机制亦奉行了这一原则。①

当争端发生时，当事方应首先通过协商的方式加以解决，如谈判、磋商、斡旋、调解等外交手段，当协商未能在一定时间内取得成功时才能进入正式的司法程序。争端进入司法程序后，负责审理争端的专家组、上诉机构亦应本着"息讼解纷"的精神，首先采取调解的方式力促争端得以解决。不仅如此，在争端审理的各个阶段乃至执行过程中，只要当事方之间达成妥协或表达达成妥协的愿望，审理或执行的司法程序即应终止，以充分体现协商解决争端。

第二，设立"两审终审"的程序机制。

大量贸易争端得以顺利解决的实践证明，WTO 设置的专家组、上诉机构"两审终审"程序是成功的，既保证了案件解决的公正性，又体现了争端解决的司法性。从司法解决程序的合理性和完整性来说，为防止专家组出现失误、偏差或不公，设置上诉程序是完全必要的。为此，国际经济争端解决机制应借鉴 WTO 的成功经验，设立专家组、上诉机构"两审终审"的程序机制。

在专家组、上诉机构人员组成方面，应贯彻公正、中立、权威及代表性原则。国际经济争端解决机制应当吸收国际著名的经济学家、法学家等组成专家组。这些人员不隶属于任何政府或组织，严格保持中立，并兼顾各地区、各类经济体的代表性。该机构可设置若干名固定的法官，并实行

---

① 参见赵维田《世贸组织（WTO）的法律制度》，吉林人民出版社，2000，第 430 页以下。

任期制。法官的选择应涵盖世界各大法系和各大经济区,从而保证裁决具有公信力和权威性。

第三,确立公开、透明、高效的争端解决原则。

公开即要求专家组、上诉机构的审理过程向公众开放,允许各方代表、非政府组织等旁听审理过程,并通过视频、网络等现代科技方式吸引广大公众参与;透明即要求专家组、上诉机构将案件审理过程中除了涉及商业机密的事项以外的其他全部事项予以公布,各方代表、非政府组织以及普通公众均可及时获得与审理相关的各种信息;高效即要求专家组、上诉机构审理案件在规定的时限内作出裁决,无正当理由不得拖延案件审理,从而及时化解经济争端,也可根据争端的具体情况,依据"先易后难"原则针对一些具体事项首先作出裁决,循序渐进地解决其他争端。①

第四,争端解决机制的管辖范围应明确并具有开放性。

国际经济争端解决机制的管辖范围包括了除 WTO 管辖的国际经济贸易争端以外的其他经济领域,可涵盖金融、证券、投资、网络经济、反垄断、跨国公司等经济争端。这一管辖范围应当是开放性的,随着科技的进步、经济的发展以及产业的创新,管辖范围应逐步扩大,从而保证新经济领域的规则导向。此外,对与全球经济密切相关的人权保护、环境保护、气候变化等非经济事务,该争端解决机制也应予以充分关注,运用平衡原则协调经济发展与上述非经济事务之间的矛盾,促进全球经济的可持续发展。

第五,国际经济争端解决机制应具备强制性管辖权和执行力。

WTO 争端解决机制之所以成功,很大程度上依赖于其羽毛丰满的"两翼"——强制性管辖权和执行力。这在国际法领域中独树一帜,值得国际经济争端解决机制借鉴。②

---

① WTO 争端解决机制也面临类似的改革要求,参见 Warwick Commission, *The Multilateral Trade Regime: Which Way Forward? Report of the First Warwick Commission*, Coventry: University of Warwick, 2007, p. 33。

② WTO 上诉机构主席巴恰斯曾在《哈佛国际法杂志》上发表了《探求格劳秀斯:WTO 与国际法规则》的文章,认为现在人们从作为国际法新领域的 WTO 法上看到了实现国际法鼻祖格劳秀斯当年理想的曙光,这是对 WTO 法律规则的最高评价。James Bacchus, "Groping Toward Grotius: The WTO and the International Rule of Law", *Harvard International Law Journal*, Vol. 44, No. 2, 2003, p. 533.

在管辖权方面，应当要求凡是申请加入"国际经济合作组织"的经济体均须接受国际争端解决机制的管辖，并承诺尊重、执行该机制作出的裁决，不得在这方面作任何保留。

该机制应设立执行程序，当败诉方未能在规定时间内执行裁决时予以强制执行。强制执行主要应通过经济制裁、报复性措施等方式进行，也可通过由败诉方向胜诉方提供经济补偿的方式进行。但在执行过程中必须考虑败诉方的承受能力，对涉及其重大国计民生、金融稳定、社会安全的事项予以充分考虑，必要时可以根据国家安全原则停止执行措施。

诚然，在当前形势下，建立全球性的国际争端解决机制面临巨大困难。因为它涉及主权这一极为敏感的国际法问题，而且该机制作出的裁决还必然会对一个经济体内部的决策、一个区域性经济组织内部的决策产生重要影响。但全球经济一体化给人类带来的挑战要求各国必须采取统一行动共同面对，国际经济关系的稳定性、可预见性也要求全球经济治理必须走法治化道路，而强有力的争端解决机制则是完成这一使命必不可少的法律保障。为了确保这一机制的成功，可根据积极稳妥的原则先确立一个基本框架，在此基础上逐步加以丰富和完善，最终形成一套完整有效的新型国际经济争端解决机制。

综括全文，可以得到如下的认识：面对新的国际形势，传统全球经济治理的模式必须作出符合时代特点的变革，才能完成其有效规范国际经济关系的使命。在改革全球经济治理模式，实现国际经济领域活动民主化、法治化的进程中，应考虑适时制定反映新的国际经济关系现实的"国际经济合作宪章"，建立具有包容性、代表性和权威性的"国际经济合作组织"，构建新型国际经济争端解决机制。这是推动21世纪全球经济治理的有效开展、成功运行的最佳路径。

多边体制 VS 区域性体制：国际贸易法治的困境与出路[*]

作为全球多边贸易体制，世界贸易组织（WTO）成立至今，无论在促进世界贸易增长还是在推动国际贸易法治建设方面，取得的成就举世公认。因其独具特色的争端解决机制，WTO 法律制度创造性地发展了国际法，赋予传统上被视为"软法"的国际法以"牙齿"，实现了国际法之父格劳秀斯的理想，被誉为现代国际法皇冠上的一颗"明珠"。[①] 但是，如此辉煌的成就并不能掩盖 WTO 在运行了二十多年后面临的当前困境：自 2001 年启动的、旨在进一步推动贸易自由化的 21 世纪"多哈回合"谈判已历经十余年，除了 2013 年在印尼巴厘岛勉强达成《贸易便利化协定》外，几无建树，农产品谈判、非农产品谈判、规则修订等绝大多数议题有始无终，多次陷入僵局，至今仍看不到任何成功之希望。

与 WTO 多边体制长期停滞不前形成鲜明对比的是，近些年来，全球范围内的双边贸易协定或地区贸易协定（Regional Trade Agreement，RTA）等区域性体制（亦称 RTA 体制）却如雨后春笋般大量涌现，且发展势头强劲。[②] 截至 2015 年 1 月 8 日，WTO 成员通报的 RTAs 数量已达 604 项，

---

[*] 本文系中国社会科学院 2015 年度创新工程项目"国际贸易法律体制重构中的中国利益维护问题"的阶段性研究成果，原载于《国际法研究》2015 年第 5 期。

[①] 参见 James Bacchus, "Groping Toward Grotius: The WTO and the International Rule of Law", *Harvard International Law Journal*, Vol. 44, No. 2, 2003, p. 533.

[②] 根据 WTO 报告，除蒙古外，WTO 每个成员均参与了 RTA 谈判。截至 2010 年 11 月，平均每个成员参与了 13 个 RTA。参见 "World Trade Report 2011—The WTO and Preferential Trade Agreements: From Co-existence to Coherence", WTO 2011, p. 47.

已生效的就有 398 项，对 WTO 多边体制形成了前所未有的强烈冲击。[①]

特别值得注意，目前正开展得如火如荼的、美国主导的"跨太平洋战略经济伙伴关系协定"（Trans-Pacific Strategic Economic Partnership Agreement，简称 TPP）和美、欧之间正在进行的"跨大西洋贸易与投资伙伴关系协定"（Transatlantic Trade and Investment Partnership Agreement，简称 TTIP）等区域性体制谈判，无论在议题覆盖的广度上，还是在法律规则的复杂性、先进性方面均超过了 WTO "多哈回合"谈判。作为世界第一大贸易体，中国现已与新西兰、瑞士、新加坡、韩国等达成双边自由贸易协定，中美之间和中欧之间的双边贸易与投资协定谈判目前正紧锣密鼓进行。与此同时，面对日益复杂的全球经济格局，中国适时提出了"一带一路"的对外经济交往倡议，这一倡议涵盖亚洲、欧洲众多贸易伙伴，波及领域之广泛、涵盖内容之丰富，前所未有。世界其他地区，如南美洲地区、东南亚地区、非洲地区的区域性贸易和投资安排谈判风生水起，不甘落后。

可见，全球贸易领域已呈现 WTO 多边体制与区域性体制"一冷一热"的发展态势，后者对前者形成了显著的冲击和挑战，应如何看待这一态势？国际贸易体制的多边化道路还能否在 21 世纪持续前行？区域性体制是否会将 WTO 多边体制送入坟墓，成为管理全球贸易的新模式？面对法律规则日益"碎片化"的困境，国际贸易法治该如何推进？

这些问题关乎全球经济治理的走向和国际贸易法治的前途，需要各国政府和国际法学者深入思考，并给予明确回答。

一 区域性体制：多边体制的治内法权

作为国际贸易领域中的一种现象，区域性体制性质是什么？它是如何产生和发展的？它的法律地位如何？这是首先要研究的问题。应从历史和现实角度全方位、多角度考察区域性体制，只有这样，才能抓住问题的本质，为最终解决问题理顺思路。

[①] WTO 网站数据，https://www.wto.org/english/tratop_e/region_e/region_e.htm，最后访问日期：2015 年 3 月 12 日。

相对于多边体制，区域性体制从性质上讲，系"特惠性贸易安排"（亦称特惠性协定，即 Preferential Trade Agreement，简称 PTA），属于最惠国待遇原则的一种例外。它最大的特点是，在区域性体制内的成员之间采取一种零关税或比最惠国税率还低很多、贸易限制相对较少的办法或制度。简单地说，这种"特惠制"的区域性体制就是一种比最惠国待遇还要优惠的体制，具有天然歧视性——此种特惠只限于该区域性体制的成员之间，对于非成员则实行另一种较高税率或贸易政策。[①]

同历史上曾经出现的区域性体制相比，近年来国际贸易中的区域性安排除具备以上"特惠制"的特点外，还呈现一些新的特点：涵盖范围已远超 WTO 多边体制的规制范围，能源、投资和互联网等内容被纳入其中；法律规则更趋独特，劳工标准、环境条款、竞争政策等 WTO 未包含的新规则不断增多，区域性体制在采用 WTO 多边贸易规则、概念的同时，也对 WTO 现行法律规则，如贸易救济规则、知识产权保护等法律制度予以不同程度的修正，此外，还建立了自身的争端解决制度，形成一整套独立于 WTO 体制之外的规则体系。[②] 美国在 TPP 谈判伊始，即宣称要打造一个"具有里程碑意义的下一代贸易协定蓝本"，"为全球贸易设定新标准"。[③]

尽管如此，这种原本与最惠国待遇原则格格不入的"特惠制"性质的区域性体制，在 WTO 体制中却属于合法的例外，是 WTO 多边体制中的"治内法权"。

这与 WTO 前身关税与贸易总协定（GATT）体制诞生的特殊历史背景有关，是多边体制设立之初谈判各方博弈、妥协的结果，也是第二次世界

[①] 参见赵维田《世贸组织（WTO）的法律制度》，吉林人民出版社，2000，第 82~83 页。
[②] 参见 "The Changing Landscape of RTAs, Prepared for the Seminar on Regional Trade Agreement and the WTO Regional Trade Agreement Section", Trade Policies Review Division, WTO Secretariat, Geneva, 14 November 2003, pp. 2 – 8。
[③] 参见 TPP 纲要文本和部长报告文本。TPP 纲要文本，"Enhancing Trade and Investment, Supporting Jobs, Economic Growth and Development: Outlines of the Trans-Pacific Partnership"；贸易部长报告文本，"Trans-Pacific Partnership (TPP) Trade Ministers' Report to Leaders", Endorsed by TPP leaders, November 12, 2011。以上两个报告参见美国贸易代表办公室网站，http://www.ustr.gov，最后访问日期：2012 年 8 月 5 日。

大战后世界经济一体化的现实需要使然。① 此外，GATT 的一些谈判成员认为，"特惠制"的存在具有经济上的一定合理性，很大程度是多边贸易体制的一种补充，在多边贸易体制未能充分达成理想关税优惠的情况下，"特惠"性质的区域性体制具有为多边体制"先行先试"的功能，区域性体制与多边体制共存，对国际贸易发展有利无害。

基于以上背景和认识，GATT 最终给予"特惠制"合法地位，使其作为一种"治内法权"存在于多边贸易体制之中。尽管如此，"特惠制"毕竟是一种对最惠国待遇原则的偏离，为了将这种偏离降至最低，GATT/WTO 多边体制制定了约束"特惠制"的法律规则，包括 GATT 1994 第 24 条、《服务贸易总协定》（GATs）第 7 条以及乌拉圭回合谈判达成的《关于解释 GATT 1994 第 24 条的谅解》等。② 制定这些规则目的很明确：法律上允许区域性体制存在，但必须接受多边体制的规制，使其在多边体制的监督和控制之下发展。

"特惠"性质的区域性体制既然属于多边体制最惠国待遇原则的例外，根据"例外从严"的法律原理，应对其严格要求，但事实并非如此。从实际效果看，GATT/WTO 体制规制和监督区域性体制的立法初衷远未实现。

GATT 1994 第 24 条的核心是，赋予成员方享有制定区域贸易协定权利的同时，确保这一权利在多边体制的规制和监督之下行使，该条款为区域贸易协定提供了详尽的实体规则和程序规则。从表面上看，第 24 条规定的监督规则很全面，涵盖内容广泛，共有 12 款之多，但其条款的具体用语十分模糊，例如，第 8 款（a）项规定"关税同盟"标准："大体上取消了所有关税及其他限制性商业规章"，"大体上"（substantially）一词就极易引发争议。再有，第 5 款关于成立关税联盟或订立有关临时协议时，对非成

---

① 参见赵维田《世贸组织（WTO）的法律制度》，吉林人民出版社，2000，第 83~84 页。
② 有学者将东京回合谈判达成的、专门针对发展中国家特惠制安排的"授权条款"（The Enabling Clause）亦列为规制"特惠制"的 WTO 规则。"授权条款"，即 1979 年 11 月 28 日通过的关于"对发展中国家的差别的更加优惠的待遇及互惠、更充分参与问题"的决议。但笔者认为，"授权条款"虽然从性质上属于"特惠制"，但只是对参与"特惠制"方面的发展中成员更为便利，要求它们只要通知 GATT（后来的 WTO）就无须符合 GATT 第 24 条设置的条件和程序，可见，这一条款是一种义务"豁免"条款，并非规制"特惠制"的法律规则。

员方的 GATT 缔约方征收的关税或实施的贸易限制"总体上"（on the whole）不得高于成立或订立以前的"总体水平"（general incidence），如何判断"总体上""总体水平"，语焉不详，类似模糊用语在该条还有不少，法律的严谨性缺失，导致该条的约束性和执行力大大降低。① 按该条规定，GATT 缔约方负有向 WTO 报告其参加的区域贸易协定的义务，GATT 拥有审查缔约方参加的区域贸易协定的权力，但审查工作往往因为各方对该条款的理解存有巨大争议而无法进行下去，经常是无果而终，导致 GATT 1994 第 24 条中的监督规则基本上沦为一纸空文。②

作为乌拉圭回合谈判新成果之一的 GATs，其第 5 条采用了与 GATT 1994 第 24 条相类似的规则，只是将规制的对象从货物贸易转变为服务贸易，效果可想而知，实践中对区域性服务贸易体制的规制和监督工作同样困难重重。

多边贸易体制的管理者对这样的结果也有充分认识，为了亡羊补牢，在乌拉圭回合谈判结束之际，匆匆达成了一项《关于解释 GATT 1994 第 24 条的谅解》的新协定，以细化 GATT 1994 条第 24 条规则，对条款中的模糊用语予以澄清。同时，为强化监督职能，成立专门机构（WTO 区域贸易委员会）管理区域性体制，强调 WTO 争端解决机制适用于 GATT 1994 第 24 条实施中发生的任何问题，展示了于必要时用司法手段来维护新达成的谅解修补过的第 24 条规则约束力的决心。

尽管付出如此巨大努力，如今看来，GATT 1994 第 24 条实施效果仍不理想，新成立的 WTO 区域贸易委员会实际发挥的作用十分有限，审查、监督工作还是停留于表面，甚至至今未能真正拒绝一项成员方提交的建立区域性贸易协定的申请，WTO 争端解决机构也从未受理过一起专门针对 GATT 1994 第 24 条的案件，建立区域性体制的随意性和无政府状态加剧，与 GATT 时期相比，区域性体制的数量和规模空前增长、壮大。③

---

① 此外，还有第 24 条第 5 款（c）项中的"合理期限"究竟是多长时间。
② 赵维田认为，GATT 1994 第 24 条的条款本身及执行均告失败。参见赵维田《世贸组织（WTO）的法律制度》，吉林人民出版社，2000，第 85~88 页。
③ 参见刘彬《RTAs 涌现背景下国际贸易法治秩序的重构——一种外在的法社会学视角》，厦门大学出版社，2012，第 29 页。

造成这种局面的因素很多，WTO 规则本身的不完善只是其中一个法律上的原因，国际形势和国际关系的变化才是推动区域性体制发展的强大驱动力。从本质上讲，国家利益导向以及 WTO 体制的特点相互作用，共同导致了这一结果。

国家利益是国际关系的永恒主题，区域性体制的出现本身就是国家利益驱动。无论是早期的英联邦"帝国特惠制"、欧洲发起的洛美协定和欧洲关税联盟、美国缔造的北美自由贸易区等，还是现如今正进行的 TPP 谈判、TTIP 谈判、"一带一路"对外经济交往倡议，无不以相关国家或地区的国家利益为基础，都是各国或地区想方设法追求自身贸易利益最大化的具体表现。近十年来，全球政治、经济形势巨变，地缘政治因素增强，传统强国与新兴国家之间的竞争加剧，在全球经济治理主导权博弈过程中，区域性体制成为各方寻求领先优势和话语权的重要途径。

同时，WTO "成员方主导型"的体制特点，为成员方追求国家利益最大化提供了制度便利。虽然在半个多世纪里，GATT/WTO 多边体制已极大地促进了国际贸易，推动了国际贸易法律制度进步，为国际法治作出了巨大贡献，但随着时代的发展、国际局势的变化，其自身固有的"成员方主导型"特点所带来的负面影响逐步显现："成员方导向"导致的管理区域性体制的权威性不高、底气不足，只能放任成员方各行其是。同时，WTO 决策效率低下，严重影响了多边贸易体制发挥应有功能，迫使成员方寻求区域性解决方案，为成员方建立和扩大区域性体制提供了"借口"和说辞。

可见，区域性体制遍地开花，有 WTO 法律制度本身的原因，更是成员方追求国家利益最大化的本质和 WTO "成员方导向"的制度特点所决定甚至推动的。作为 WTO 多边体制中的"治内法权"，具有天然"歧视性"的区域性体制，其存在和发展是政治、经济以及法律等各种因素共同作用所导致的结果，在当前以及今后相当长一段时期内，有其存在的合理性和进一步发展的空间。

二 法治的困境：规则互补还是排斥？

虽然区域性体制具备了法律制度上的合理性，在当前国际形势下，有着巨大发展空间，但其给 WTO 多边贸易体制造成的冲击，特别是法律制度上的挑战，是客观存在的，致使国际贸易法治面临困境。

随着区域性体制的发展，在国际贸易法治进程中，WTO 多边体制的法律规则与区域性体制法律规则并行局面已经形成，而且，后者无论是在规则的先进性方面，还是在涵盖内容的广泛性方面，都大有赶超前者之势。目前看来，大部分区域性贸易协定虽然采用了 WTO 多边体制中的规则、条款和概念，但是，随着区域性贸易协定中特殊规则以及新规则的增多，国际贸易法治的"意大利面碗"现象已愈加严重。① 同时，多边体制与区域性体制之间的争端解决管辖权竞合问题显现，一定程度上威胁着 WTO 争端解决机制的运行。②

"意大利面碗"现象突出表现为国际贸易规则的"碎片化"，对于国际贸易规则的统一性和完整性造成威胁，这种"碎片化"主要体现在以下两个方面。

一方面，对 WTO 现有规则进行修正以建立自身独特的规则体系。近年来，各种区域贸易协定在使用 WTO 多边贸易规则和概念的同时，不断创造新的、特有的规则，即便使用 WTO 规则和概念，也并非一成不变地照搬，而是各取所需、标准不一，突出表现在原产地规则、贸易救济规则等法律制度上。

在原产地规则方面，历经近 40 年努力形成的 WTO 原产地规则，对落实国际贸易中的最惠国待遇、国民待遇原则极为重要，但一些区域性贸易协定弃之不用，另搞一套 WTO 之外的原产地规则。如 TPP 宣称，"将建立客观、透明以及可预见的原产地规则，并考虑为主张原产于自由贸易协定之签订国且累积、使用原材料等能力的申请，建立一套简单、高效的认证体系"。且不论 TPP 与 WTO 的原产地规则孰优孰劣，单从实际运用的角度

---

① 著名国际贸易法专家巴格瓦蒂教授在其 1995 年著作《美国的贸易政策》中首次使用了"意大利面碗"一词，形容特惠贸易协议中各种不同的贸易待遇和原产地规则就像意大利面碗中的面条一样绞在一起，造成了国际贸易规则的混乱。
② 意指区域贸易协定争端解决机制的激增，引发了诸如"挑选争端解决机制""平行诉讼""裁决冲突"等法律问题。

讲，二者的不协调、不统一就会给商品进出口带来原产地认证上的混乱。[①]

此外，在贸易救济领域，各种区域贸易协定的适用情况不一。例如，中国在与巴基斯坦、智利、东盟的自由贸易协定（FTA）中都没有规定全球性保障措施可以对另一方排除适用，但在2008年与新西兰的FTA中规定：如果原产于另一方的货物进口并未给进口国造成损害，则可将其排除在全球性保障措施之外。中国与新加坡签订的FTA仿效了上述规定，但2009年和2010年中国分别与秘鲁、哥斯达黎加签订的FTA关于这方面的条款又发生了变化，没有重复上述规定。[②] 美国、欧洲近年来缔结的区域性贸易协定也存在类似情况。

另一方面，WTO并未纳入的新规则不断出现。近年来，区域贸易协定中不断出现大量WTO多边体制并未纳入的新规则，有学者将其概括为"超WTO条款"（WTO plus，如比WTO现有规则更为严格的知识产权保护条款等）和"WTO外条款"（WTO extra，如WTO现有规则未能涵盖的劳工标准、环境保护、竞争政策等条款）。[③] 与现有WTO规则相比，这些新规则更为严格、标准更高，甚至更为先进，对WTO法律制度形成的挑战也绝不可小觑。

除了规则的"碎片化"之外，争端解决的管辖权竞合问题是WTO多边体制面临的另一个困境。区域性体制适用不同的争端解决机制与WTO

---

① 有学者指出："如果原产地规则涉及严重偏向优惠地区生产的产品和部件，则对第三国贸易会造成很大损害。"刘俊：《区域贸易安排的法学进路——GATT/WTO框架下贸易一体化的法理学及其实证研究》，中信出版社，2004，第87页。又见，Robert Z. Lawrence, *The Future and the WTO: Confronting the Challenges*, ICTSD Publishing, 2012, p. 40。
② 参见张晓君、刘彬《论区域贸易协定战略实施中的统筹安排》，载《中国国际经济法学会论文集》，2014。
③ "超WTO条款"，系指区域贸易协定含有的超过WTO现有规则义务的条款，在这方面，最为明显的就是一些区域贸易协定中的知识产权条款。例如，WTO的TRIPs协议赋予成员方在知识产权保护方面一定的灵活性，美国公布的知识产权相关文本却充斥着诸多强制性高标准，没有丝毫弹性，基本不顾及其他成员社会发展现实，甚至要求拟加入者必须批准或加入除TRIPs外的12个知识产权国际公约。欧盟对外签署的自由贸易协定也有类似情况。"WTO外条款"，系指区域贸易协定中含有的、WTO现行规则所没有涵盖的特殊条款，主要指劳工标准、竞争政策、环境保护、国营贸易、资本流动等方面规则。这些规则原本是欧、美等西方成员在WTO多边体制中极力推动的，屡次失败后转而纳入它们对外签订的区域自由贸易协定。参见 Henrik Horn, Petros C. Mavroidis and Andre Sapir, "Beyond the WTO? An Anatomy of EU Preferential Trade Agreements", *The World Economy*, Vol. 33, No. 11, 2010, pp. 1565 – 1588。

争端解决机制之间造成管辖权竞合,对于那些既属于 WTO 成员,又属于某一区域贸易协定成员来说,不得不面对争端解决机构的选择、适用的法律规则以及平行诉讼等法律难题。

实际上,在阿根廷禽肉反倾销案、墨西哥软饮料税案、巴西翻新轮胎案中,① WTO 专家组和上诉机构就已经遇到了多边规则与区域性规则冲突、管辖权冲突、裁决冲突等棘手问题,专家组和上诉机构出于"授权有限"方面的考虑,在个案中有意避免直接就 WTO 争端解决机制和区域贸易协定争端解决机制之间的管辖权竞合问题发表明确意见,在巴西翻新轮胎案中,它们还对区域贸易协定表示了一定程度上的尊重。② 但问题依然存在,随着区域贸易协定的增多,争端解决管辖权竞合现象会愈演愈烈,WTO 专家组和上诉机构一味回避并非长久之计。

面对当前国际贸易法治中出现的以上问题,一些人认为,总体上看,绝大多数区域贸易协定使用的都是 WTO 体制中的规则和概念,即便有些特殊性规定,也属于未超出 WTO 规制的范围,尽管劳工标准、环境保护、竞争政策等领域是 WTO 现有规则未能涵盖的,但区域贸易协定的相关规定都是国际贸易法发展的创新成果,对 WTO 规则是一种补充,应视其为 WTO 改革的动力。但另一些人认为,"超 WTO 条款"和"WTO 外条款"的出现,已致使国际贸易法"碎片化"现象日益加重,这对于 WTO 多边体制法律制度是一种破坏,严重影响了国际贸易法的统一性和完整性。争端解决中的管辖权竞合问题是对 WTO 争端解决机制的挑战,如果解决得不好,会削弱和侵蚀已成功运行 20 年的 WTO 争端解决机制,严重影响其业已建立起来的法律权威性和国际公信力。

随着区域性体制发展势头愈加强劲,新规则大量涌现,一些原本对区域性体制持积极态度的人开始变得忧心忡忡,有学者甚至认为,区域性体制的发展可能使多边贸易体系的法治进程趋于终止。③ 对此,一向对区域

---

① 分别是:DS241, Argentina — Poultry Anti-Dumping Duties; DS308, Mexico— Tax Measures on Soft Drinks and Other Beverages; DS332, Brazil— Measures Affecting Imports of Retreaded Tyres。
② 参见 DS332, Brazil—Measures Affecting Imports of Retreaded, AB Report, paras. 217 – 219。
③ 参见 Sherzod Shadihodjaev, Duty Drawback and Regional Trade Agreement Foes or Friends? 16 JIEL (2013), p. 587。

性体制秉持乐观态度的 WTO 也表示担忧，提醒人们反思二者关系、努力避免规则的"碎片化"。①

三 出路：WTO 改革与规则融合

笔者认为，对于多边体制与区域性体制之间冲突的担忧，虽不无道理，但也不必小题大做、过于悲观，多边体制命运将终结的预言更是无稽之谈。多边体制与区域性体制之间关系问题，并非一个新鲜话题，二者之间的博弈始终伴随着国际贸易法治的发展历程。事实上，无论是"互补"还是"排斥"，都不能完整、准确地描述多边体制与区域性体制之间的关系，但总体上看，"互补"是主要的，"排斥"是暂时的、次要的。当前，与其宏观分析利弊得失，不如认认真真解决现实问题，特别是应当为国际贸易法治摆脱当前困境寻求切实可行的办法和出路。

总的指导思想是，正视多边体制与区域性体制发展中已出现的问题，运用科学、合理的方式、手段，尽力避免二者间的冲突，最大可能地发挥二者互补之功效，最大程度上降低二者的相互排斥作用。

自 GATT 多边体制诞生以来的大半个世纪，区域性体制是"创造贸易"还是"转移贸易"？是 GATT/WTO 多边贸易体制发展的"垫脚石"（building blocks）还是"绊脚石"（stumbling blocks）？对于这些问题，争论一直未能停止。② 从总体上看，支持"创造贸易"和"垫脚石"的舆论

---

① 时任 WTO 总干事的拉米曾指出："我们需要关注区域贸易协定运行的方式以及它们对贸易开放和创造新的经济机会的影响，我们还需要反思区域主义是否对以多边方式为基础的贸易关系（产生）某种损害。"他还提醒说："区域贸易协定的不断出现可能导致'政策的碎片化'。"http://www.wto.org/english/news_e/sppl_e/sppl67_e.htm，最后访问日期：2012 年 7 月 30 日。

② 支持"创造贸易"和"垫脚石"观点的人认为，无论多边体制多么完善，区域性体制总是不可能消失的，与其排斥，不如将区域性体制视作多边体制的一个"试验场"，成员方可通过区域性体制率先解决某些贸易问题，从而为多边体制的贸易自由化进程积累经验、扫除障碍。而持"转移贸易"和"绊脚石"观点的人认为，区域性体制天生带有"歧视性"，其成员根据自身需要制定的优惠和规则极有可能损害非成员的贸易利益，并对国际贸易造成扭曲，进而破坏多边体制的有效性和自由化进程。参见曾令良、陈卫东《从欧共体看 21 世纪区域一体化对多边贸易体制的影响》，《武汉大学学报》2000 年第 3 期；刘俊《区域贸易安排的法学进路——GATT/WTO 框架下贸易一体化的法理学及其实证研究》，中信出版社，2004，第 21~26 页。

占据了上风。① WTO 曾多次发表研究报告，研究结论基本上都支持区域性体制有利于多边体制发展的观点，认为二者是互补关系。直到 2011 年，WTO 发表的报告仍然认为："区域化和多边的方式并不冲突，也不能简单地相互替代，不断增长的外向型、包容性全球贸易发展的趋势是同时通过单边、双边、地区性和多边方式开展的。"②

其实，WTO 代表的以上主流思想和基本判断，并未随着区域性体制的强劲发展，特别是 TPP 和 TTIP 的出现而改变，理由在于以下两点。

第一，WTO 所代表的多边贸易体制的宗旨是促进全球贸易自由化，其建立的法律制度具有坚实的科学基础，最惠国待遇、国民待遇等均是人类在总结历史经验和教训基础上创制的法律原则，来源于公认的经济学原理，其具体规则也是千锤百炼而成，是国际法治文明的结晶，除非国际法治遭遇重大倒退，否则，这一法律制度不可能因区域性体制的发展而改变，或其科学性受到质疑。有人认为，美国等发达成员现已彻底放弃多边体制，其实这是一种误解，发达成员对多边体制的好处心知肚明，之所以暂时选择区域性安排，其真正意图旨在倒逼多边体制按照其设定的方向前行。

第二，区域性体制的自身特点决定了它不可能取代多边体制。"歧视性"是其挥之不去的天然缺陷，大国主导区域性体制的"权力性"导向是其难以克服的致命弱点。前者决定了区域性体制充当国际贸易主角的局限性，肩负不起国际贸易法治之重任；后者决定了区域性体制只能作为绝大多数国家的权宜之计，发达国家如此，处于弱势的发展中国家也是如此，它们深知其中的利害，选择区域性体制仅是为了"搭大国的便车"。无论是发达国家还是发展中国家，只要不断追求贸易量的增长，多边体制就会

---

① 杰克逊教授就认为："关税同盟或自由贸易区，在其成员间相互贸易中消除壁垒，是朝着普遍的贸易自由化迈出的一步，因此只要特惠安排无损于非成员的贸易，就应允许。只要自由贸易原则正确实施，由一个区域内自由贸易所产生的增加生产的福利裨益，完全能增加从非其成员方进行购买的能力。" John H. Jackson and William J. Davey, *Legal Problems of International Economic Relations*, 2nd ed., West Publishing Co., 1986, p. 455.

② 2011 年 WTO 发布的题为《WTO 和 PTA：从共存到和谐》的研究报告，结论部分。早在成立不久的 1995 年 4 月，WTO 发布了题为《区域主义与世界贸易组织》的研究报告，专门考察了多边体制与区域性体制的关系问题。上述两份报告的总体结论均认为，多边体制和区域性体制是互为补充的关系。

成为它们的必然选择。

基于以上理由，对WTO多边体制丧失信心的任何悲观论调，都是缺乏科学依据的短视，无疑是错误的。但是，面对遍地开花、来势汹汹的区域性体制，盲目乐观、无所作为的态度也是十分危险的。应当正视多边体制发展面临的严峻局面，为国际贸易法治摆脱当前困境寻求出路。具体而言，应开展两方面的工作：一方面，形成改革WTO多边体制的共识，大力推进多哈回合谈判尽早成功；另一方面，运用国际法原则和规则，促进多边规则和区域性规则的相互融合。

众所周知，造成当前困境的重要原因在于WTO多边体制的运行出现问题和多哈回合谈判长期停滞不前。故此，启动WTO体制的自身改革，推动多哈回合尽早成功，就成为解决当前问题的根本方法。

在过去的半个多世纪里，GATT/WTO体制对推动国际贸易大发展功不可没，但这一体制存在诸多制约其发展的制度性缺陷，随着经济全球化的发展，这些制度性缺陷所带来的负面作用愈加凸显，已严重阻碍WTO作为全球贸易管理者的功能，突出表现为两大方面。

第一，缺乏作为一个国际组织应有的管理权威。这既是一个历史问题，又是一个成员方对WTO的定位问题。说它是一个历史问题，是因为GATT体制本身就存在"先天不足"——GATT并非法律意义上的正式国际组织。[1] 这种"先天不足"令GATT无法像其他国际组织那样行使正常的管理职能，"总干事"以及秘书处经常给外界"名不正、言不顺"的印象。尽管随着WTO的建立，多边体制已具有正式的法律名分，但传统的观念并未完全消失。

与联合国、IMF等国际组织不同，WTO是一个典型的"成员方主导型"国际组织，全体成员方主导WTO，总干事和秘书处只是被动执行的角色，充当一个"协调人"和"发言人"，权力非常有限，这使得WTO成为

---

[1] 建立之初，GATT只能用"全体缔约方"的名义开展活动，甚至一度靠借用联合国经社理事会筹备成立"国际贸易组织"的秘书班子为缔约方全体服务，GATT条文中只提到了"执行秘书"（Executive Secretary），到1965年悄悄改为"总干事"（Director-General），连GATT条文都不作改动。参见赵维田《世贸组织（WTO）的法律制度》，吉林人民出版社，2000，第14~15页。

国际组织中的"另类"。① 坎昆会议失败后,时任欧盟代表团团长的拉米曾抨击 WTO 是"中世纪式"(medieval)的组织,意指其死板和效率低下。② 长期以来,关于 WTO 究竟应当向谁负责的问题不甚明了。③ 许多 WTO 成员方将秘书处仅仅视为一个为成员方提供支持的机构,通常不欢迎秘书处提出的建议。④ 同时,总干事和秘书处也不愿主动为成员方提出建议或方案。⑤ 在管理区域性体制方面,这一特点显得尤为突出。

第二,决策困难、效率低下。WTO 现有决策机制不但未能从根本上解决发达成员与发展中成员之间不平等的问题,还暴露出其决策的严重困难和效率低下。在很大程度上,"协商一致"意味着任何一名成员方都可否决 WTO 的重要决策,这就导致任何一项决策都需要反复磋商。⑥ 这种缺陷令 WTO 在国际贸易重大决策和创制新规则方面几无建树,成员方对此颇感失望,进而导致游离于多边贸易体制之外的区域性体制及其规则在国际

---

① 斯蒂格就指出:"WTO 缺少其他国际组织与生俱来的许多管理架构与规则制定程序。例如,它没有一个执行机构或管理委员会;没有拥有实权、能确定立法优先事项、倡议新的规则的总干事或是秘书长;没有一个行使职责的立法机构;没有与利益攸关方以及市民社会进行互动的正式机制;也没有批准新规则的正式体系……在许多方面,它是国际组织中'最不成熟的'。"〔加拿大〕黛布拉·斯蒂格主编《世界贸易组织的制度再设计》,汤蓓译,上海人民出版社,2011,第 8~9 页。
② 总干事和秘书处并不愿意主动提议并设计方案,因为在以前的多边贸易谈判中,太过主动的结果往往是费力不讨好。参见张向晨《窗外的世界——我眼中的 WTO 与全球化》,中国人民大学出版社,2008,第 150 页。
③ WTO 秘书处人员认为,是 WTO 成员方而不是秘书处应为特定的 WTO 协议内容负责。参见〔加拿大〕黛布拉·斯蒂格主编《世界贸易组织的制度再设计》,汤蓓译,上海人民出版社,2011,第 18 页。
④ "八贤人报告"指出:"虽然秘书处一直备受关注,但是近几年来,各成员方代表与 WTO 工作人员之间的确没有像过去那样相互信任了……在一个'成员方主导'的组织中,秘书处必然在 WTO 机构体系当中仅起着支持作用,而不是倡导发起作用,更不是防御保护作用。"〔英〕彼得·萨瑟兰等:《WTO 的未来》,刘敬东等译,中国财政经济出版社,2005,第 111 页。
⑤ 坎昆会议期间曾任总理事会主席的卡洛斯事先炮制了一份部长决议草案,结果他的名字永远和坎昆的失败联系在一起。还有就是前农业谈判委员会主席哈宾森提出了著名的《哈宾森案文》,遭到了 8 名成员的公开否决,使这位资深谈判专家元气大伤。参见张向晨《窗外的世界——我眼中的 WTO 与全球化》,中国人民大学出版社,2008,第 152 页。
⑥ 杰克逊早就注意到这一缺陷:"需要全体一致意见的一个不利之处在于它可能成为僵局、相持不下和半途而废的祸因。"John H. Jackson, "WTO 'Constitution' and Proposed Reforms: Seven 'Mantras' Revisited", 4 (1) *Journal of International Economic Law* 67 (2001), pp. 74 - 75.

贸易领域的重要性上升。

经济全球化需要一个高效、有力、负责的多边贸易体制，但决策困难、效率低下的制度性缺陷，使 WTO 难当此任。鉴于此，以强化总干事和秘书处职权、扩大透明度、改革现有决策机制为核心的改革计划和建议应当尽早付诸实施，尽快推动"多哈回合"早日成功结束，以适应全球经济发展的现实需要。在这方面，国际上已出现许多可行方案，当务之急是 WTO 自身应采取切实行动。

GATT/WTO 体制设计者一向认为，多边体制可以采取"融合"的方式，逐渐减少区域性体制有可能产生的消极影响，通过多边体制的自身完善融化掉区域性体制中的歧视因素，这对解决贸易规则的冲突问题尤为重要。例如，多边体制对医药、化工、纸张等多项产品实施零关税，就会把区域性体制中对这几类产品仍收关税的问题给"融化"掉了。乌拉圭回合在农产品、反补贴、知识产权等领域制定的更严格规则超过了欧盟和北美自由贸易区，明显把它们的区域性规则"多边化"（融化）了。此外，在投资领域、服务贸易领域等，WTO 相关规则和承诺也冲淡了某些区域性体制的歧视性。[①] 改革 WTO 体制、推动"多哈回合"尽早成功，将为"融合"区域性体制创造条件。可见，要想摆脱当前困境，多边体制的自身改革和努力才是根本出路。

但也要看到，WTO 改革"牵一发而动全身"，各种势力间的博弈必然激烈，不可能一蹴而就。此外，由于在农产品、非农产品等方面的重大利益矛盾，"多哈回合"谈判仍需时间和人们的耐心，但这并不意味着无所作为。充分运用国际法原则和规则，解决多边体制规则与区域性体制规则之间的冲突，避免"碎片化"，促进二者相互融合，并沿着国际贸易法治的轨道相向而行，就成为从根本上摆脱困境的关键之举。

与传统国际法相比，现代国际法的发展令人振奋，其丰富的法律原则和规则，为我们提供了取之不尽、用之不竭的法律资源。

WTO 判例对区域性规则的解释和适用具有先例和指引作用，这对于协

---

① 参见赵维田《世贸组织（WTO）的法律制度》，吉林人民出版社，2000，第 99~100 页。

调多边规则和区域性规则之间的关系具有重要意义。

《国际法院规约》第38条第1款（d）项规定，"司法裁决"可作为法律规则的辅助渊源，这为区域性体制适用WTO判例提供了国际法依据。此外，区域性规则属于国际条约性质，也应适用已成为国际习惯法的条约解释通则（《维也纳条约法公约》第31、32条），该通则为区域性体制适用WTO裁决提供了另一个国际法依据。① WTO专家组和上诉机构在运用条约解释通则解决争端方面炉火纯青，区域性体制应充分借鉴并运用其科学结论。

实践中，国际仲裁、区域性体制争端解决已多次援引WTO判例作为裁决依据，北美自由贸易区（NAFTA）仲裁庭在考虑美国国际贸易委员会适用"国内产业"和"同类或直接竞争"等定义时，引用了WTO专家组和上诉机构对以上用语的解释。② 同样，仲裁庭面对解释NAFTA第1202条国民待遇、第1203条最惠国待遇和第2101条"一般例外"的任务时，直接引用WTO相关案例和裁决阐释自己的观点。③

上述实践为多边规则和区域性规则之间的融合提供了示范，无论是TPP还是TTIP，区域性体制规则应遵循WTO判例来解释和适用自身规则，从而确保多边规则和区域性规则的统一和协调，减少和避免冲突。

此外，国际公法中解决国际法规则"碎片化"的一般法律原则完全可用来解决多边规则与区域性规则之间的冲突问题。

国际法"碎片化"的表现之一就是一般国际法与区域国际法的适用冲突。2002年，联合国国际法委员会曾成立专门机构研究这一问题，国际法学界也提出了诸多良策。一般认为，从法律技术上讲，《维也纳条约法公约》为解决"碎片化"问题确立了一般性法律原则：与强行法抵触无效原则、联合国宪章义务优先原则、同一事项上后法优于先法原则等，均可用

---

① 参见 G. Verhoosel, "The Use of Inverstor-State Arbitration under Bilateral Investment Treaties to Seek Relief for Breaches of WTO Law", 6 *Journal of International Economic Law* 93, 2003, pp. 503 – 506。

② 参见 US Safeguard Action Taken on Broomcorn Brooms from Mexico, USA – 97 – 2008 – 01, 1998, para. 66。

③ 参见 Cross-Border Truck Services, USA-MAX – 98 – 2008 – 01, paras. 249, 251, 260 – 270。

于解决规则"碎片化"问题。①此外,一些国际法学者还提出了在国际法善意原则指导下开展国际组织合作、国家间协调等,运用"预约谈判""法益衡量"等具体方法避免"碎片化"现象。②

关于多边体制与区域性体制的管辖权竞合问题,也应秉持国际法善意原则,适用"礼让原则"等一般国际法原则加以解决。此外,"一事不再理"、"未决诉讼"和"不方便法院"等各种法系长期形成的、各国公认的诉讼法原则,也可以用来解决 WTO 争端解决机制与区域性体制中的争端解决机制之间的冲突问题,当然,各争端解决机制间合作及协调也是必不可少的。争端解决机制没有高低之分、大小之别,只有相互尊重和借鉴,才能更好地解决贸易争端,增强国际贸易规则的统一性和完整性。

可见,现代国际法以及各国公认的法律原则已为解决多边规则与区域性规则之间冲突、争端解决的管辖权竞合问题提供了丰富资源,只要尊重法治精神,正确运用国际法原则和规则,就能推动国际贸易法治走出困境。

笔者坚信,WTO 及其成员方一定会真诚地面对区域性体制带来的问题,毫不懈怠地解决这些问题,对此应充满信心。说到底,这种信心来源于 GATT/WTO 体制及其规则的科学性和有效性,来源于 WTO 争端解决机制的成功。如果有人真想抛弃多边体制,那么,只有两种可能性:一是 GATT/WTO 多边体制的土崩瓦解,这意味着人类文明的倒退和国际法治的崩溃,这种情况不应出现;二是各国的决策者们丧失了理智,借用凯恩斯半个多世纪前的话说,就是这些人真的"疯了"。③

---

① 参见 1969 年《维也纳条约法公约》第 63、64、35、30 条等条款。
② 参见古祖雪《现代国际法的多样化、碎片化与有序化》,《法学研究》2007 年第 1 期。
③ GATT 体制的设计者之一、英国的经济学家凯恩斯当年在英国上议院的发言在今天听起来仍振聋发聩:"联合王国在 1945 年建议采纳的政策首要目标是多边贸易的复兴……在你们面前的政策倾向是反对双边实物交易和任何歧视性活动,不同利益集团(指区域贸易协定,笔者注)以及注定与其相伴的所有摩擦和友谊的丧失都不过是权宜之计,任何人都可能因此被迫进入一个充满敌意的世界……但喜欢这样一个世界那就是疯了。"参见〔英〕彼得·萨瑟兰等《WTO 的未来》,刘敬东等译,中国财政经济出版社,2005,第 25~36 页。

四　结论

在国际贸易领域，区域性体制及其规则与 WTO 多边体制和规则"分庭抗礼"已是不争之现实，这既是 GATT/WTO 体制谈判各方博弈、妥协的结果，又是多边体制法律规则对区域性体制规制乏力的必然。国际形势巨变后的地缘政治和新兴国家崛起对传统发达国家的挑战，使得区域性体制成为相关国家追求国家利益最大化的捷径，WTO 体制性特点导致多边贸易体制未能与时俱进，"多哈回合"谈判长期停滞不前，这些因素共同作用，导致区域性体制发展势头强劲。

历史上，多边体制与区域性体制曾长期共存，作为国际贸易领域的一种现象，区域性体制未来也不可能完全消失。总体上，多边体制与区域性体制是互补关系，但也不乏规则冲突、"碎片化"和争端解决管辖权竞合等法律问题。当前，国际贸易法治面临困境的根本原因是，在多边规则缺乏与时俱进的更新、完善的同时，不断发展的区域性规则无论是在数量上还是在涵盖的内容方面都显得十分突出，加剧了国际贸易规则的冲突、"碎片化"和争端解决的管辖权竞合现象。

摆脱国际贸易法治困境的根本出路，在于改革 WTO 多边体制、推动"多哈回合"早日成功，为多边体制融合区域性体制及其规则创造条件。考虑到国际现实，这一目标的实现还需假以时日，但现代国际法已为解决多边规则与区域性规则的适用冲突、"碎片化"以及争端解决管辖权竞合问题提供了丰富的法律资源，只要遵循法治精神，本着科学态度，这些法律问题完全可以避免和解决。应当坚信，GATT/WTO 多边体制及其规则具有坚实的科学基础，是人类文明的共同结晶，是现代国际法的瑰宝，已经并将继续肩负国际贸易法治的重任。

Accession Protocols: Legal Status in the WTO Legal System [*]

1. INTRODUCTION

Accession protocols (otherwise known as "protocols of accession") are special legal documents in the World Trade Organization (WTO) legal system. Unlike the General Agreement on Tariffs and Trade 1994 (GATT 1994) and other agreements covered by the WTO, an accession protocol is an international agreement concerning the conditions of accession reached between the WTO and a nation or a separate customs territory that wishes to join the WTO. Article XII of the Marrakesh Agreement Establishing the WTO Agreement constitutes the primary legal basis for the WTO accession protocols. [①] The provisions of an accession protocol are the conditions agreed between the acceding government and the WTO, including the specific commitments made by the acceding government and special rules tailored specifically for that government. Given the provisions of accession protocols concern the concrete rights and duties of existing and acceding WTO Members, the explanation and application of accession protocol provisions are of

---

[*] 本文原载于 *Journal of World Trade* 2014 年第 4 期。

[①] Generally speaking, an Accession Protocol contains both the protocol approved by the Ministerial Conference and parts of the Working Party Report in the form of reference. For example, Art. 2 of the Accession Protocol of China states that: "This Protocol, which shall include the commitments referred to in paragraph 342 of the Working Party Report, shall be an integral part of the WTO Agreement." See *Complication of Legal Instruments on China's Accession to the World Trade Organization*, Law Press. p. 2, January 2002. The same is with all new WTO Members such as Vietnam, Saudi Arabia and Russia.

vital importance to the parties concerned.

Thirty-one states or customs territories, approximately one-fifth of the 159 WTO Members, joined the organization after its establishment in 1995, including large economies such as the People's Republic of China and the Russian Federation.[1] In addition, the number of States or customs territories that are applying to join the WTO, or are negotiating to join, continues to increase. All of these States or customs territories must, without exception, sign individual accession protocol with the WTO. Therefore, the number of accession protocols are steadily increasing with new accessions. In turn, the role of accession protocols in the WTO legal system is ever more significant.

However, the existing WTO rules provide the accession protocols with a rather vague status. In particular, they fail to clarify core issues such as the relationship between the accession protocols and various WTO agreements, which will be discussed in the later sections of the article.

Furthermore, the Dispute Settlement Body's (DSB) findings on disputes such as *China-Raw Materials*[2] put certain new Members at a disadvantage because the DSB rejected China's defence that its export duties are justified pursuant to Article XX of the GATT 1994, which enumerates the General Exceptions for China and other Members and permit them to depart from the affirmative obligations to eliminate WTO-inconsistent export duties in exceptional circumstances. Such decisions have given rise to wide and intense discussions concerning the legal status of accession protocols.

In addition, accession protocols themselves may contain many "WTO-Plus" provisions, which prescribe obligations that exceed the existing requirements of

---

[1] WTO has 159 Members as of 2 March, 2013, including 31 new Members since 1995. See *Understanding the WTO: The Organization-Members and Observers*, at: http://www.wto.org/english/thewto_e/whatis_e/tif_e/org6_e.htm.

[2] China-Measures Related to the Exportation of Various Raw Materials (China-Raw Materials), WT/DS394/AB/R, WT/DS395/AB/R, WT/DS398/AB/R, adopted 22 Feb. 2012.

the WTO agreements.① The inclusion of "WTO-Plus" provisions in the accession protocols already has the potential to overburden new Members, and the adverse findings from the DSB involving new Members on disputes related to provisions in the accession protocols have worsened the situation. Therefore, many new Members as well as international legal scholars have raised serious doubts about whether, in such circumstances, the principles of fairness, equality and non-discrimination could benefit all WTO Members.②

In the spirit of maintaining the integrity, stability, and predictability of the multilateral trading system, this article provides some suggestions to resolve the ambiguous legal status of accession protocols within the WTO legal system. It is proposed that the WTO should address the issue of the legal status of accession protocols in the WTO system as soon as possible. This article argues that the ambiguous status of accession protocols should be resolved in accordance with the generally accepted principles of international law and WTO rules, with a view to establishing a genuine multilateral trading system that provides as much legal certainty as possible. Specifically, given the current trade frictions among the Members and the existing dispute settlement practices of the DSB, the essence of sol-

---

① See Julia Ya Qin, "'WTO-Plus' Obligations and Their Implications for the World Trade Organization Legal System: An Appraisal of the China Accession Protocol", *J. of World Trade* 37 (3) (2003), p. 483.

② In its 2012 report, the panel in China-Raw Materials held that para. 11.3 of the Accession Protocol of China is committed to eliminate export taxes and did not invoke Art. XX of the GATT 1994, and therefore China could not justify the application of export duties pursuant to Art. XX of the GATT 1994. See Panel Report, *China-Raw Materials*, WT/DS394/R and Corr. 1, WT/DS395/R and Corr. 1, WT/DS398/R and Corr. 1, adopted 22 Feb. 2012 as modified by Appellate Body Report, WT/DS394/AB/R, WT/DS395/AB/R, WT/DS398/AB/R, paras 7.613 – 7.624. The Appellate Body supported panel's findings. See Appellate Body Report, *China-Raw Materials*, WT/DS394/AB/R, WT/DS395/AB/R, WT/DS398/AB/R, adopted 22 Feb. 2012, para. 362. The findings are very controversial. See Elisa Baroncini, The China-Rare Earths WTO Dispute: A Precious Chance to Revise the China-Raw Materials Conclusions on the Applicability of GATT provision XX to China's WTO Accession Protocol, *Cuadernos de Derecho Transnational* (October 2012), Vol. 4, No. 2, pp. 49 – 51; see also Jingdong Liu, *The Nature Analysis of GATT XX-Reflection Upon the Ruling of WTO Appellate Body*, Northern Legal Science (January 2013), pp. 94 – 101.

ving the issue of the legal status of accession protocols lies in clarifying the legal relationship between the accession protocols and the existing WTO agreements.

2. "ENTRY FEE" AND THE VAGUE LEGAL STATUS

Comparing to the GATT era, the conditions for potential countries or custom territories to join the WTO had undergone fundamental changes, both in terms of content and nature, following the establishment of the WTO. During the GATT period, if a State wanted to become a contracting party to the GATT, it had to negotiate and agree upon certain conditions, which mainly consisted of two parts, namely, the commitments that new parties made in order to comply with all the terms of the GATT, and tariff reduction commitments. At the time, the GATT established some more stringent conditions in relation to the socialist countries which had implemented "non-market economies", such as Poland, Romania, and Hungary.[1] But, even so, none of those conditions deviated from the provisions and rules of the GATT itself.[2] Conversely, however, in the WTO era the accession threshold has been raised dramatically. Regardless of what kind of economic system a State possesses, which part of the world it belongs to, or its level of economy, the accession conditions for a new Member has become extremely strict compared to the GATT era. This is one of the important changes in the GATT/WTO system after the establishment of the WTO.

---

[1] See GATT Doc. L/2851, Protocol for the Accession of Poland, 1967; GATT Doc. L/3557, Accession of Romania, 1971; GAIT Doc. L/3301, Accession of Hungary, 1970; see also Grzybowski, Kazimierz, "Socialist Countries in GATT", *the American J. of Comparative L.*, Vol. 28, No. 4 (1980); Christina Davis and Meredith Wilf, "Joining the Club: Accession to the GATT/WTO", *APSA* 2011 Annual Meeting Paper, at http://papers.ssrn.com/sol3/papers.cfm?abstract_id=1900340; see also Chieh Huang, *Non-market Economies Accessions to the WTO: An Empire is Rising?*, paper prepared for delivery at the ISA Annual Convention San Francisco, California, March 23 – 26 (2008), at http://www.peacepalacelibrary.nl/ebooks/files/HUANG_Nonmarket-Economies-Accession.pdf.

[2] Tokio Yamaoka, "Analysis of China's Accession Commitments in the WTO: New Taxonomy of More and Less Stringent Commitments, and the Struggle for Mitigation by China", *J. of World Trade*, Vol. 47, No. 1 (2013), pp. 113 – 114.

In practice, countries or custom territories seeking to join the WTO need to obtain the consent of all the existing Members. While Article XII (2) of the WTO Agreement states that the Ministerial Conference shall approve the agreement on the terms of accession by a two-thirds majority of the Members of the WTO, in reality the WTO makes the decision of accepting new Members to join by consensus. In one-to-one negotiations, the existing WTO Members often coerce the States that are pursuing the accession to make significant concessions. Among the disadvantaged commitments made, a considerable part of them goes beyond the commitments made by the original Members of the WTO and thereby become "WTO-Plus" provisions. Some of these "WTO-Plus" provisions, which are prohibited by the WTO rules, become the official terms of accession protocols. The Accession Protocol of the People's Republic of China (Accession Protocol of China) is a good example to illustrate this point. As such, a State's commitments, in terms of quantity and scope, as well as the degree of alienation from the WTO rules, can be significant. [1]

The accession protocols signed by certain new Members, such as that of the Russian Federation, Vietnam, Saudi Arabia, and Jordan, show similarities with the Accession Protocol of China in varying degrees. After all, it seems to be a very common practice these days for the State seeking accession to sign an accession protocol that contains a large amount of "WTO-Plus" provisions as a result of strong-armed negotiations with the existing WTO Members. To a large extent, the process of accession to the WTO has evolved into an effective tool for the existing Members to express and negotiate their powers and interests, including political interests, through their WTO Member statuses. [2] It is widely recog-

---

[1] Mitali Tyagi stated that, " [t] he Chinese AP broke new ground, although not entirely without precedent, with the breadth and depth of modifications of the legal framework of the WTO". Mitali Tyagi, "Flesh on a Legal Fiction: Early Practice in the WTO Accession Protocol", *J. of Int'l Eco. L.* 15 (2), p. 395.

[2] In the process of Russian Federation's accession, Georgia, which has territorial disputes with Russia, even made a number of political conditions, ibid. .

nized that a government seeking accession must pay a high price, which is vividly described as the WTO "entry fee", in order to join the organization, and that is a unique practice among the international organizations.

The existence of a large number of "WTO-Plus" provisions as well as special rules agreed upon by the new Members in their accession protocols has not only resulted in an imbalance of rights and obligations between the new and old Members, but has also given birth to the double-track or even multi-track system for the application of rules within the WTO legal framework, which has the effect of discriminating against new Members in practice. The increasing heterogeneity of the application of the WTO rules will certainly lead to the fragmentation of WTO laws, and will damage the cohesiveness of the WTO legal framework. As trade frictions and disputes between the new and old Members continue to increase, these WTO institutional shortcomings caused by certain accession protocols are becoming considerably evident. [1]

There are provisions in only two existing WTO legal documents concerning the status of accession protocols, namely, Article XII of the WTO Agreement, and the format provisions confirmed by the WTO Secretariat as universal terms of accession protocols.

Article XII in the WTO Agreement states that:

Any State or separate customs territory possessing full autonomy in the conduct of its external commercial relations and of the other matters provided for in this Agreement and the Multilateral Trade Agreements may accede to this Agreement, on terms to be agreed between it and the WTO. Such accession shall apply to this Agreement and the Multilateral Trade Agreements annexed thereto.

---

[1] The WTO Agreement and its annexes will be applied between the original Members, i. e., the 128 contracting parties to GATT 1947 as of the date of entry into the Marrakesh Agreement Establishing the World Trade Organization; and the protocols will be applied between original and newly accessioned Members. When the newly accessioned Members become old Members, they will, in turn, apply newer protocols with newer Members. Therefore, this is a double-track or even a multi-track system in application.

Therefore, an accession protocol specifies the agreed conditions between the WTO and the Member upon joining.

In addition, in 2005, the WTO Secretariat confirmed the following terms as the Standard Protocol for accession protocols, which must be included in the accession protocols signed by new Members.

This Protocol, which shall comprise the commitments referred to in Paragraph… of the Working Party Report, shall be an integral part of the WTO Agreement. ①

Although this Standard Protocol is not a WTO Agreement, there is no doubt of its legal effect after it has become a mandatory provision in accession protocols. This Standard Protocol means that every protocol of accession is an integral component of the WTO Agreement.

Thus, the protocol of accession specifies the conditions reached by it and the new Members for the WTO. At the same time, accession protocols are also an integral element of the legal system established by the WTO Agreement. However, as for the core question of the relationship between accession protocols and the WTO covered agreements [such as GATT 1994, General Agreement on Trade in Services (GATS), Agreement on Implementation of Article VI, Agreement on Subsidies and Countervailing Measures and so forth], the WTO does not have clear or specific provisions addressing this kind of relationship.

Except for the above provisions, another article of the existing WTO legal document should be discussed as it covers the issue of accession protocol, and that is Article II of GATT 1994, which regulates Schedules of Concessions, because this article refers to subject to the terms, conditions or qualifications set forth in that Schedule and the terms, conditions or qualifications belong to the terms agreed by new Members and the WTO. On this point, the Schedules of Concessions should be read together with GATT 1994, in other words, the Schedules of Concessions including in accession protocols constitutes the integral

---

① The Standard Protocol appears on page 42 of Technical Note on the Accession Process, Note by the Secretariat, WT/ACC/10/Rev. 3 (28 Nov. 2005).

part of GATT 1994. However, Article II of GATT 1994 merely addresses the issues of importation and the terms, conditions or qualifications only relate to Schedules of Concessions which are part of accession protocols, not all issues of the accession protocol. Therefore, from Article II of GATT 1994, we cannot draw a conclusion on the general relationship between accession protocols and the WTO covered agreements. That is why the Accession Protocol of the Russian Federation, where its export duty commitments are included in its goods schedule and considered to be an integral part of GATT 1994, and Accession Protocol of China is silent in its schedule as to export duty. The DSB refused to connect paragraph 11.3 of the Accession Protocol of China with GATT 1994. [1]

Given accession protocols are covered by just two general provisions of Article II of GATT 1994 and the Standard Protocol for accession protocols, it is difficult to derive a convincing answer. Accordingly, this legal uncertainty had led to a significant issue relating to the settlement of disputes concerning provisions of accession protocols. [2]

Due to the absence of clear and specific positioning of accession protocols, the DSB has tended to adopt a passive attitude towards solving disputes over accession protocols. At first, the DSB tried to avoid addressing the issue. However, when it could not avoid the issue any longer, the DSB attempted to deal with it by means of interpreting provisions of an accession protocol, hoping to achieve good results. However, the results turned out to be just the opposite. Not only that they failed to solve the issue, but the DSB has also suffered wide criticism

---

[1] Report of the Working Party on the Accession of the Russian Federation to the World Trade Organization, para. 638.
[2] "Despite this perceived tectonic shift in the nature of the regime to a more rule-based system, the accession process for applicant states under Article XII of the Marrakesh Agreement remains relatively vague and leaves little guidance as to the terms for admission." Nhan Nguyen, "WTO Accession at Any Cost? Examining the Use of WTO-Plus and WTO-Minus Obligations for Least-Developed Country Applicants", *Temple Int'l and Comparative L. J.*, Vol. 22, No. 1 (2008), p. 243.

and rebuke.[1]

All in all, a large number of discriminative "WTO-Plus" provisions and special rules themselves have already aggravated the burden of new Members. However, the ambiguous legal status of accession protocols has lead to disadvantageous findings by the DSB concerning new Members. A consequence of these developments has been that substantial doubt has arisen among new Members about the authority of the WTO legal system.

3. ACCESSION PROTOCOL: NEW COVERED AGREEMENT?

According to the WTO, accession protocols are currently "agreed terms with the WTO" and "an integral part" of the WTO agreement. The former explains only the content of an accession protocol, while the latter only concerns the legal effects of an accession protocol in the WTO legal system (as "an integral part" of the WTO Agreement, accession protocols are binding for both the new and the original Members of the WTO). The question then arises, in the WTO legal system, especially in terms of its relations with the WTO covered agreements, what is the precise legal relationship between an accession protocol and the WTO agreements? Is it an agreement independent of the other new covered agreements? Or is it an amendment to the WTO Agreement? Or, is it simply a special provision of the universal rules of the WTO covered agreements, meaning that an accession protocol applies to the new Member according to its specific situation? We can only solve the issue of the status of accession protocols in the WTO legal system if we receive answers to these questions.

---

[1] In recent years, many international legal experts have published numerous articles questioning the relationship between accession protocols and the WTO covered agreements in relation to the findings made from the disputes such as China-Auto Parts and China-Raw Materials. For example, Matthew Kennedy, "The Integration of Accession Protocols into the WTO Agreement", *J. of World Trade*, Vol. 47, No. 1 (2013). Mitali Tyagi, "Flesh on a Legal Fiction: Early Practice in the WTO Accession Protocol", *J. of Int'l Eco. L.* 15 (2).

We can understand the DSB's basic view on the accession protocol issue from the existing findings from the DSB. Thus far, the DSB has made findings in two disputes relating to the Accession Protocol of China. One is *China-Publications and Audiovisual Products*,[①] and the other is the more controversial *China-Raw materials*.

In the case of *China-Publications and Audiovisual Products*, China invoked Article XX of the GATT 1994 to justify a violation of paragraph 5.1 of its Accession Protocol dealing with trading rights. Since the dispute was related to the sensitive issue of the relationship between the Accession Protocol of China and the WTO covered agreements, the Appellate Body clearly attempted to avoid the issue at the beginning. But then it had to choose a method of treaty interpretation to address the issue in order to make the findings. Therefore, in its assessment, the Appellate Body did not discuss the systemic relationship between provisions of China's Accession Protocol and those of the GATT 1994, within the WTO Agreement. The Appellate Body instead focused on the text of the relevant provisions of the Protocol, including an examination of the meaning of the particular terms at issue, as well as the surrounding context and overall structure of the Accession Protocol.[②]

In this dispute, China argued that it followed the provisions in the introductory clause of paragraph 5.1 of the Accession Protocol of China, namely that, "*without prejudice to China's right to regulate trade in a manner consistent with the WTO Agreement, China shall progressively liberalize the availability and scope of the right to trade*" and the provisions of paragraph 6.1. Unmistakably, *WTO Agreement refers to all agreements that are incorporated into the WTO Agreement and are an "integral part" of it. Such an interpretation ensures a balance between China's rights deriving from its accession to the WTO, and other WTO Members'*

[①] China-Measures Affecting Trading Rights and Distribution Services for Certain Publications and Audiovisual Entertainment Products (China-Publications and Audiovisual Products), WT/DS363.

[②] Panel Report, China-Raw Materials, para. 7.117.

rights deriving from China's accession commitments. Thus, China was of the view that Article XX of the GATT could be invoked to solve disputes concerning provisions in the Accession Protocol of China. However, the United States (US), which filed the complaint, as well as some of the third parties to the dispute, objected to China's position on this issue. The US argued that the relationship between Article XX (a) of the GATT and the accession protocol was a question of broad systemic importance, and although the accession protocol was an integral part of the WTO Agreement, Article XX of the GATT was not incorporated into the accession protocol. According to the US, the language of Article XX makes it clear that it may only be invoked with respect to measures that violate another GATT provision. Consequently, China had no right to invoke Article XX of the GATT to solve disputes concerning provisions in the Accession Protocol of China. Ultimately, the Appellate Body supported China's view by the method of treaty interpretation. The reasoning of the Appellate Body was that the terms in paragraphs 5 and 6 indicate that Article XX of the GATT had already been incorporated into the accession protocol, making itself a part of the Accession Protocol of China. Thus, China indeed had the right to invoke Article XX of the GATT as an exemption.[①]

Because the Appellate Body supported China's rights as a new member in the end, the way that the Appellate Body sought to solve the dispute concerning the Accession Protocol of China by avoiding the issue of the relationship between the accession protocol and the WTO covered agreements and by interpreting the provisions of the accession protocol, did not trigger much legal debate. However, this approach posed a considerable legal risk later when the DSB addressed the issue in the *China-Raw Materials* dispute.

In *China-Raw Materials*, the panel followed the way of treaty interpretation undertook by the Appellate Body to resolve the relationship issue between the Ac-

---

① Panel Report, China-Publications and Audiovisual Products, paras. 4.434 – 4.435, 7.739, 5.9 – 5.10, 5.27.

cession Protocol of China and the WTO covered agreements and made a finding which put China at a disadvantage as a new WTO Member. This finding caused significant controversy within China.

The panel stated that, in contrast with Article 5.1 used in the *China-Publications and Audiovisual Products* dispute, paragraph 11.3 in the Accession Protocol of China lacked the clear specification of invoking Article XX of the GATT or other provisions of the GATT. Nor did it include an introductory clause similar to paragraph 5.1 of the accession protocol. Therefore, Article XX of the GATT had not been incorporated into paragraph 11.3. Thus, China had no right to invoke Article XX of the GATT as an exemption in this dispute. ①

In the panel's view:

The deliberate choice of language providing for exceptions in Paragraph 11.3, together with the omission of general references to the WTO Agreement or to the GATT 1994, suggest to us that the WTO Members and China did not intend to incorporate into Paragraph 11.3 the defenses set out in Article XX of the GATT 1994. ②

The panel further pointed out that:

To allow such exceptions to justify a violation when no exception was apparently envisaged or provided for, would change the content and alter the careful balance achieved in the negotiation of China's Accession Protocol. It would thus undermine the predictability and legal security of the international trading system. ③

As it can be seen, the panel applied the phrase careful balance in reference to the provisions in the accession protocol. However, the Appellate Body did not disapprove this application. The basic view and stance of the DSB toward the ac-

---

① Panel Report, China-Raw Materials, WT/DS394/R, WT/DS395/R, WT/DS398/R, paras. 7.124 and 7.126 – 7.129.
② Panel Report, China-Raw Materials, para. 7.129.
③ Panel Report, China-Raw Materials, para. 7.159.

cession protocol's legal status can be inferred from the usage of the terms above.

From the jurisprudence perspective, the term "balance" conveys that the provisions of the accession protocols constitute the balance of rights and duties between the new Member and other Members. In the panel and the Appellate Body's view, the phrase careful balance therefore means that the provisions of an accession protocol are the result of negotiation between the old and new Members. As it is a relationship of rights and duties between the two, it has nothing to do with the existing covered agreements.[①] The nature of this perception is to regard an accession protocol as a new agreement, which is entirely independent from and equal to the covered agreements. This undoubtedly means that when there is a dispute between the new and old Members, these "new agreements" shall be applied. Furthermore, the WTO covered agreements can only be invoked by a new Member when the provisions in the accession protocol explicitly mention the WTO covered agreements. In short, according to this view and logic, as for the relationship between the new and old WTO Members, the terms of the accession protocol shall prevail while the universal rules in the WTO covered agreements become exceptions.

The Appellate Body's conclusion on the issue not only led to the strong opposition from China against its position of placing the Accession Protocol of China outside of the WTO covered agreements, but also drew heavy criticism from a number of scholars of international law.

European scholars such as Elisa Baroncini pointed out that the Appellate Body's explanation in the *China-Raw Materials* dispute has brought about a series of severe consequences. First, she believes that in accordance with the Appellate Body's logic, the elimination of export taxes is a "WTO-Plus" obligation, which can not be exempted by the GATT's public policy exception, allowing members to take domestic measures violating WTO's pillar principles of

---

[①] Matthew Kennedy, "The Integration of Accession Protocols into the WTO Agreement", *J. of World Trade* 47, No. 1 (2013), p. 45.

Most-Favoured-Nation treatment (MFN) and National Treatment to protect their non-trade interests. This is clearly unreasonable. Second, this approach will place a heavier burden on China. Meanwhile, it will also lead to serious institutional problems for the WTO. Furthermore, since many of the "WTO-Plus" obligations in the accession protocols will be difficult to correct in the future, the Appellate Body's approach undoubtedly makes the asymmetry of "WTO-Plus" obligations even worse. [1]

Another scholar, Matthew Kennedy, formerly a senior lawyer in the WTO Secretariat, considers that the panel's and the Appellate Body's view of accession protocols as only a part of the WTO Agreement to be wrong. The WTO Agreement as well as the annexes including the WTO covered agreements and the DSU are part of a greater whole. As part of the WTO Agreement, accession protocols are a part of WTO Agreements covering all the annexes. In other words, they belong to a complete instrument. Otherwise, it would be very difficult to explain why a new Member does not need to join the WTO covered agreements individually, while these covered agreements can still apply to the new Member upon its accession. In this view, an accession protocol is not a separate legal instrument, but a reflection of the WTO's concrete and special requirement for each new Member. Regardless of whether the protocol has invoked provisions of GATT 1994, GATT 1994 provisions are applicable to all new Members. [2] As for some of the paragraphs within the protocols which do not mention GATT, it is because these terms are new WTO obligations which are not included in the existing covered agreements. Even so, these terms should be understood in the context of the WTO agreements, rather than being viewed as new and independent

---

[1] Elisa Baroncini, "The China-Rare Earths WTO Dispute: A Precious Chance to Revise the China-Raw Materials Conclusions on the Applicability of GATT Provision XX to China's WTO Accession Protocol", *Cuadernos de Derecho Transnational*, Vol. 4, No. 2 (October 2012), pp. 58 – 59.

[2] Matthew Kennedy, "The Integration of Accession Protocols into the WTO Agreement", *J. of World Trade*, Vol. 47, No. 1 (2013), pp. 64 – 66.

WTO agreement.①

In the *China-Raw Materials* dispute, the practice of regarding an accession protocol as a new WTO covered agreement by the panel and the Appellate Body under their "careful balance" theory, not only failed to accord with WTO jurisprudence, but is also unfair to new Members. Moreover, whether the Appellate Body has the right to decide the legal status of accession protocols in the WTO legal system is a question in itself, because accession protocols are not clearly covered by the authorization of the DSB in the "scope and application" of paragraph 1 in the DSU.② Rather, Article 9.2 of the WTO Agreement states that "*the Ministerial Conference and the General Council shall have the exclusive authority to adopt interpretations of this Agreement and of the Multilateral Trade Agreements*". Since an accession protocol is an integral part of the WTO Agreement, according to Article 9.2 of the WTO Agreement, the authority of interpreting it does not belong to the DSB, but to the Ministerial Conference and the General Council.

The DSB's interpretation of accession protocols therefore lacks a legal basis, and also has been suspected of being ultra vires. Nevertheless, accession protocols are of vital importance to the new Members' basic rights and obligations. For such an important issue, it is not entirely appropriate for the DSB to only address the issue through legal interpretation. Moreover, the DSB's finding in *China-Raw Materials* has gravely and unfairly harmed China's interests as a relatively new Member to the WTO.

---

① Matthew Kennedy, "The Integration of Accession Protocols into the WTO Agreement", *J. of World Trade*, Vol. 47, No. 1 (2013), p. 75.

② Mitali Tyagi, "Flesh on a Legal Fiction: Early Practice in the WTO Accession Protocol", *J. of Int'l Ec. L.* 15 (2), p. 398. Professor Charnovitz also pointed out that, "before one jumps to the conclusion that any such agreement (with the WTO) is necessarily enforceable in the DSU, one should consider the implications of saying that the WTO Ministerial Council has authority to enter into an agreement with any other subject of international law (e.g., the United Nations) and then by joint consent use the DSB to resolve disputes. In my view, it will be important for the WTO judicature to justify enforceability in a way that does not have negative unintended consequences for the WTO." See also Steve Charnovitz, "Mapping the Law of WTO Accession", the George Washington University Law School, Public Law and Legal Theory Working Paper No. 237, Legal Studies Research Paper No. 237, p. 79.

4. IDEAS OF IDENTIFYING THE LEGAL STATUS OF ACCESSION PROTOCOLS

The author, on the basis of analysing the historical developments of the WTO accession protocols and the nature of the WTO rules, proposes that the following concepts to be established in order to solve the issue of the legal status of accession protocols.

In pursuit of the goals of the multilateral trading system and in adherence to WTO legal principles, rules as well as principles of international law, the WTO accession protocols should be placed within the overall framework of the WTO legal system. On this basis, the legal relationship between accession protocols, the WTO agreement and its annexes should be properly handled so as to equally protect the universal rights of new WTO Members.

In terms of both procedure and legal authority, it should be clarified that in accordance with the WTO Agreement, the Ministerial Conference and the General Council have the exclusive authority and responsibility to explain the legal status of accession protocols. The DSB has no right to make judgments on such a key issue relating to the fundamental interests of the Members.

In fact, the WTO General Council has already been exercising the right. With the increasing number of countries or custom territories applying to join the WTO, the WTO General Council has already realized the problematic existence of many "WTO-Plus" obligations in accession protocols. Indeed, in 2002, the WTO General Council issued the Decision on the Accession of Least-Developed Countries (LDCs), which stresses that special and differential treatment, as sets out in the WTO Agreements, shall be applicable to all acceding LDCs, and the WTO Members shall exercise restraint in seeking concessions and commitments on trade in goods and services from the acceding LDCs. [1] Al-

---

[1] WTO Document, Accession of Least-Developed Countries, Decision of 10 Dec. 2002, WT/L/508, 20 Jan. 2003.

though the decision is for the LDCs, the determination of the General Council is clearly related to the changes which were taking place in negotiations where new Members accede to the WTO. Moreover, the Secretariat carried out "Accession to the World Trade Organization-Procedures for Negotiations under Article XII of The WTO Agreement" and four other technical documents to further direct the acceding of new Members, which no doubt were efforts to standardize the negotiation of accession protocols.[①] At present, with the increase in the number of the disputes relating to provisions in accession protocols, the Ministerial Conference and the General Council should exercise their rights under Article 9. 2 of the WTO Agreement, and make relevant decisions to address the legal status of accession protocols thoroughly so as to provide a full legal basis for solving disputes related to accession protocols.

It should be noted that, despite the fact that the legal status of accession protocol, that is, the relationship between accession protocols and the WTO Agreement, should be addressed by the Ministerial Conference and the General Council, this does not affect the legal effect that accession protocols should have. Legal status of accession protocols is only a specific issue, or a technical issue, of applying accession protocols on the condition that they have binding effects on all parties. The purpose of solving this issue is to apply the provisions of accession protocols on a more equal basis, rather than to deny its legal effect. As international agreements, as well as an integral part of WTO Agreement, accession protocols' provisions should be fulfilled by all parties in good faith. Any party who wishes to overthrow, or to revise the terms of an accession protocol by as-

---

① Note by the Secretariat, Accession to the World Trade Organization-Procedures for Negotiations under Art. XII, WT/ACC/1, 24 Mar. 1995. Notes by the Secretariat, Accession to the World Trade Organization-Information to be Provided on Domestic Support and Export Subsidies in Agriculture, WT/ACC/4, 18 Mar. 1996. Accession to the World Trade Organization-Information to be Provided on Policy Measures Affecting Trade in Services, WT/ACC/5, 31 Oct. 1996. Accession to the World Trade Organization Checklist of Illustrative SPS and TBT Issues for Consideration in Accessions, WT/ACC/8, 15 Nov. 1999. Accession to the World Trade Organization-Implementation of the WTO Agreement on TRIPS, WT/ACC/9, 15 Nov. 1999 and corr. 1, 16 Feb. 2001.

suming that an accession protocol violates the principle of fairness, not only violates the generally accepted principle of estoppel in international law, but also is destined to fail. It should be emphasized that, despite the existence of a large number of utterly "discriminatory" and "WTO-Plus" obligations, the legal effect of accession protocols in the WTO is indisputable.

Under this premise, the author believes that several principles should be established when addressing the legal status of accession protocols.

First, it should be a basic principle that WTO universal rules to be equally applied to all Members, only with the exception that there are special provisions in an accession protocol, or that new Members make clear commitments of giving up the rights of applying the universal rules.

Sovereign equality is an important principle of modern international law. Although the WTO Members include separate customs territories, in terms of trading rights, all of the WTO members should be equal, with no different treatment due to their status, size, or the time when they join the WTO. This is the first item that should be made clear when addressing the relationship between accession protocols and the WTO Agreement along with its annexes. When it comes to dealing with trade disputes between members, the international law principle of sovereign equality undoubtedly is of the highest significance. Whether a new or old Member, WTO universal rules should be applied to all the Members equally. No one can purposely create or enlarge the inequality between Members with the excuse that an accession protocol is a special agreement. Thus, it should be a basic principle that the WTO universal rules should be equally applied to all Members.

At the same time, the special articles of an accession protocol should be respected, which can only be regarded as an exception to the principle of universality.

That a treaty must be abided by is an important principle of international law. Even though "WTO-Plus" provisions in accession protocols are clearly discriminatory, it remains the case that such a protocol is an international agreement reached voluntarily between sovereign states (or entities), which is an obligation undertaken by the new Member by exercising its sovereignty. Therefore, it should be respected and enforced. No one could refuse to abide by the clause with the excuse that it is unfair or discriminatory.

In addition, for those provisions in an accession protocols which do not explicitly exclude the application of the universality of the WTO rules, and those which have ambiguous regulations, they should be interpreted and applied in full respect of the aims and principles of the WTO. This is requested by the international law principle of sovereign equality, the WTO principle of non-discrimination and the WTO's goal of establishing a unified and comprehensive multilateral trading system.

The preamble of the WTO Agreement clearly states the WTO's objectives: to achieve sustainable development, to ensure that the developing countries can enjoy a reasonable rate of international trade growth to meet their economic development needs, to reach reciprocal and mutually beneficial arrangements, to substantially reduce tariffs and other trade barriers, and to eliminate discriminatory treatment in international trade relations. When one interprets and applies the articles in an accession protocol, the objectives mentioned above should be embraced.

According to the above goals of the WTO, the means adopted by and findings made by the DSB in relation to Accession Protocol of China are not correct. For example, in accordance with the WTO's objective of sustainable development, when examining whether General Exceptions of the Article XX of the GATT 1994 can be applied to the accession protocol, it is easy to draw a conclusion which is the opposite of that made by the DSB.

The essence of General Exceptions is that in order to protect human life and health, and preserve exhaustible resources, parties can adopt trade restriction measures which are against the WTO rules and their pledged commitments. In the absence of specific rules on the environment and human rights in the WTO legal system, this article is important in the sense that Members can invoke it to protect environmental and human rights. It is difficult to imagine that such important objective of sustainable development can be neglected merely because Article XX of the GATT 1994 is not invoked by an accession protocol, and proves that the new Members have no right to invoke this article as a defence.

It should be pointed out that when the provisions in an accession protocol do not explicitly exclude the application of the universality of WTO rules, or when there are ambiguous provisions, the international law principle of sovereign equality and the WTO principle of non-discrimination are of particular significance for interpreting provisions of an accession protocol.

According to the international law principle of sovereign equality and the WTO principle of non-discrimination, when interpreting provisions in an accession protocol which do not explicitly exclude the application of the universality of WTO rules, or provisions which have ambiguous obligations, articles in the WTO Agreement and its annexes shall be applied. Only in this way can the principle of sovereign equality and the principle of non-discrimination be truly adhered to. In other words, interpreting provisions in an accession protocol should not be limited by the treaty interpretation rules. Instead, the principles of equality and non-discrimination should come first, and the conclusion from interpreting the provisions in an accession protocol should not deny new Members from enjoying their WTO universal rights. Otherwise, this will lead to a new form of discrimination against the new Members. Prioritizing the WTO universal rules not only conforms to the principle of equality of international law and the WTO non-discrimination principle, but also is in line with the general rule of interpreting *in the light of its object and purpose* of Article 31 of the Vienna Convention. Given the exposed institutional issues surrounding accession protocols as special legal documents, applying the WTO rules *in the light of its object and purpose* is particularly important.

Following the above rules of interpreting provisions of accession protocols will not only keep accession protocol commitments made by new Members from being derogated, but will also protect the universal rights of both of old and new Members. In this way, gradually, the negative impact of "WTO-Plus" on the multilateral trading system will be reduced so as to avoid the growing fragmentation of the WTO rules and to safeguard the unity and integrity of the system.[①]

Second, the nature of an accession protocol in international law requires that it must obey and serve the WTO Agreement and its annex, and that it should be interpreted and applied along with them.

According to international legal experts, the accession protocol is often used as a subsidiary document to a main treaty so as to supplement, interpret or change the main provisions of the treaty. This subsidiary document is a kind of treaty in a broad sense, and is also an integral part of the main treaty.[②] Of course, the effects of each protocol rely on the content of the relevant provisions of the main treaty.

In accordance with the nature and content of accession protocols as having legal status in international law, accession protocols can be regarded as a subsidiary document to the WTO Agreement and its annexes. It is an integral part of WTO Agreement, rather than a new agreement independent of the WTO Agreement and its annex. Its function is to supplement, interpret or change the provisions in the main treaty, rather than to thoroughly change the principle rights and obligations of the main treaty. Whether to supplement, interpret or change the provisions in the main treaty, accession protocols cannot be independent and have to be interpreted and applied alongside the WTO Agreement and its annex.

To be more specific, in the context of the WTO system, do accession protocols play the role of amending, interpreting or changing the WTO Agreement?

Given that a large number of "WTO-Plus" obligations exist in accession pro-

---

① The fragmentation being created by accession documents is becoming increasingly serious. See Tokio Yamaoka, "Analysis of China's Accession Commitments in the WTO: New Taxonomy of More and Less Stringent Commitments, and the Struggle for Mitigation by China", *J. of World Trade*, Vol. 47, No. 1 (2013), pp. 113 – 114.

② Haopei Li, *Introduction to the Law of Treaties*, Law Press of China (1988), p. 27.

tocols, some scholars believe that an accession protocol is an amendment to WTO Agreement and its annexes. Scholars of this view include Ehlermann and Ehring, who consider that the amendment makes the WTO Agreement cover more international issues. *Legally, by becoming part of WTO Agreement, the standard protocol becomes an amendment to the Agreement.* ① This view is similar to the *careful balance* theory put forward by the panel in the *China-Raw Materials* dispute.

Other scholars hold opposite views, denying that an accession protocol has amended the main treaty. For example, Professor Charnovitz believes that accession protocols, at most, are modifications of the WTO Agreement and its annexes, rather than an amendment of the WTO Agreement. ②

Since the GATT era, the term of "protocol" has been used to denote the accession document when new contracting parties joined. At that time, the protocol merely reiterated new Members' commitments for GATT obligations and their specific concessions, but did not contain "GATT-Plus" content, so no one regarded the protocol as an amendment to the GATT. The WTO period follows the same practice as in the GATT era, where the accession document is still called an accession protocol. But in the WTO era, many "WTO-Plus" provisions are added to accession protocols, and some of these commitments are even beyond the scope of the WTO rules. The reasons why those "WTO-Plus" commitments which are beyond the scope of WTO rules still cannot serve the function of amending the WTO Agreement and its annexes are as follows:

First, the legal basis for an accession protocol is different than that for amendments to WTO rules. Therefore, it cannot have the legal effect of amending the WTO agreement. Article X in the WTO Agreement sets forth a series of very strict procedures and rules for amending the provisions.

---

① Claus-Dieter Ehlermann and Lothar Ehring, Decision-Making in the World Trade Organization, 8 *INT'l ECON. L.* 51 (2005), p. 57.
② Steve Charnovitz, Mapping the Law of WTO Accession, the George Washington University Law School, Public Law and Legal Theory Working Paper No. 237, Legal Studies Research Paper No. 237, pp. 44 – 45.

For example, in 2005, the General Council passed an amendment to some provisions in TRIPs[①] by consensus, and in accordance with Article X, the amendment was delivered to all Members for approval. Accession protocols are based on Article XII of the WTO Agreement, the content of the protocol is agreed upon by both new Members and the WTO, which cannot amend the WTO rules. When it comes to the nature of accession protocols, it is more similar to a modification of WTO Agreement and its annex, the function of which is to modify some WTO provisions when they are applied to certain fields for a specific State. Therefore, to be more accurate, the actual modification of the provisions in the WTO covered agreements made by accession protocols is only a special application of the WTO universal rules in consideration of each new Member's individual situation.

In relation to China, for example, the product-specific safeguards measures in its accession protocol are against the principle that a product should be imported irrespective of its source when a safeguard measure is applied by a WTO Member. However, this is only an exception and a temporary modification, which will not produce the legal effect of amending the Agreement on Safeguards. The same is true with the so-called non-market economy status and other WTO-Plus provisions.

Second, it will have distressing effects on the WTO multilateral trading system if an accession protocol is seen as an amendment to the WTO rules.

Regarding an accession protocol as an amendment to the WTO Agreement and its annexes means that the original articles cannot be applied to new Members. This will not only violate the non-discrimination principle, but will also erode, or even destroy, the unity and integrity of the multilateral trading system.

In April 1994, the WTO Agreement specified the historicalsignificance of establishing the WTO. The establishment of the World Trade Organization (WTO)

---

① Agreement on Trade-Related Aspects of Intellectual Property Rights.

ushers in a new era of global economic cooperation, reflecting the widespread desire to operate in a fairer and more open multilateral trading system for the benefit and welfare of their peoples. The preamble of the WTO Agreement defines the WTO system as an integrated, more viable, and durable multilateral trading system. All of these require that the WTO legal system should serve such a goal.

If a new Member, after signing an accession protocol, can only rely on the protocol to deal with its relations with other WTO Members, and is not entitled to enjoy its rights granted by the WTO Agreement and its annexes, it is obviously not in line with the world's widespread desire to have a fairer and more open multilateral trading system. Moreover, considering that the number of the protocols is increasing, and different protocols will have different provisions, if all these protocols are to be applied independently of the WTO Agreement and its annex, there will be great disorder when applying the WTO rules. This will give rise to a chaotic double-track or multiple-track situation which is different from plurilateral agreements that can lead to a double-track situation. Under such circumstances, the WTO Agreement and its annexes will be applied in the cases of original Members, and accession protocols will be applied to address the relationship between original and new Members, and when the new Members become old Members, even newer protocols will be applied in dealing with their relationships with newer Members. This will be another "spaghetti bowl" which will significantly hinder the WTO system. [1] In the long run, such fragmentation of the WTO rules will seriously damage the relationships between the WTO Members and harm the unity of the WTO legal system. In the end, *a fairer and more open multilateral trading system* will no longer exist.

Third, for special issues which are not covered by WTO universal rules but

---

[1] The "spaghetti bowl" originally refers to an enormous amount of different discriminatory preferences in the preferential trading agreements (PTAs) outside of the MFN tariffs of the WTO system. See Supachai Panitchpakdi, The Future of The WTO-Addressing Institutional Challenges in the New Millennium, Report by the Consultative Board to Director-General, Published by the WTO (2004), para. 104.

are addressed by accession protocols, they should be classified as different types of specific covered agreements according to the nature of the issues first. Then the relevant universal rules in the particular covered agreement should be applied based on the classification.

An accession protocol does not play the role of amending the WTO Agreement and its annexes. It can only modify the application of certain articles in the WTO Agreement and its annexes. When dealing with disputes, it should be a principle to apply the universal rules, and only in special circumstances or as an exception can an accession protocol be applied. However, it is often noticed that some issues are not included by the WTO covered agreements but covered by accession protocols. For example, in Article 11.3 of the Accession Protocol of China, there is a commitment of "elimination of export taxes and charges", which is not included in the GATT 1994. Then, for such issues, can they be interpreted and applied independently of the GATT 1994? The answer should be in the negative. This is because, despite the fact that they are not included in the WTO covered agreement, their origins are still within the scope of the WTO covered agreements. Consequently, the basic legal principle of the WTO system is still applicable, which is required by the WTO as an international organization and by the integrity of its legal system. It is difficult to imagine there will be issues that are completely beyond the scope of WTO rules and are not related to any of the WTO covered agreements. If so, such provisions will be in conflict with the nature and function of the WTO itself, and the WTO will be suspected of overreaching its authority. If it deals with such issues, the DSB will violate Article Ⅲ, the red line of the DSU, which states that recommendations and rulings of the DSB cannot add to or diminish the rights and obligations provided in the covered agreements.

For those issues which are not covered by the WTO Agreement and its annexes, it is appropriate to firstly determine the nature of the issues, that is, to sort out which categories they belong to, be it trade in goods, trade in services, intellectual property rights or investment. Following this, relevant provisions in the accession protocol should be interpreted together with the specific type of the WTO covered agreement. If there are unclear provisions in the protocol concerning an issue, the priority of application should also be given to the relevant WTO covered agreement.

Following the practice as discussed above, we can conclude that the finding in the China-Raw Materials made by the DSB is wrong, which was based only on the reasoning that paragraph 11.3 in the protocol did not invoke provisions in the GATT 1994. On the one hand, the finding detached the accession protocol from the WTO Agreement and its annex completely, and regarded the accession protocol as an independent and new agreement. On the other hand, the consequences of such a finding are that it creates a form of discrimination against China. No matter how skillful the DSB is in interpreting the articles in the accession protocol, it should not violate the objectives of the WTO, and the principle of non-discrimination, as well as the integrity of the WTO legal system. In the *China-Raw Materials* dispute, the panel's interpretation and positioning of the provisions of the accession protocol have no doubt committed the mistake of legalism.

In order to maintain the integrity of the WTO multilateral trading system, to accelerate the realization of the WTO's goals, to implement the international law principle of sovereign equality and the WTO's "non-discrimination" principle and to avoid the severe damage caused by the fragmentation of WTO's rules to the WTO legal system, the above discussed three basic rules should be followed in addressing the issue of the legal status of accession protocols. In this way, both the new and old WTO Members can enjoy the WTO's universal rights and share the enormous benefits brought by the multilateral trading system to the world's economic developments. In order to protect the interests of all Members and safeguard the integrity of the multilateral trading system, by following the international law principles and the WTO principles, the WTO should draw a scientific and reasonable conclusion regarding the legal status of accession protocols as soon as possible so as to correct the error made by the DSB, and make the WTO legal system a more desirable international legal model to follow.

5. CONCLUSION

The legal status of accession protocols is an important and complicated legal issue, which relates to the trade interests of all parties, the WTO Ministerial Conference and the General Council should, in pursuit of the objectives of the multilateral trading system, follow the WTO legal principles, rules as well as principles of international law, fulfil their statutory duties to properly consider accession protocols within the overall WTO legal system, and substantively address the relationship between accession protocols and the WTO Agreement and its annexes. When dealing with the issue of the legal status of accession protocols in the WTO legal system, the three following rules should be followed.

First, it should be a basic principle that WTO universal rules should be equally applied to all Members, with the only exception being that there are special provisions in accession protocols, or that new Members clearly make the commitment of giving up the rights of applying universal rules. Second, the nature of the accession protocols as an international law agreement requires that it must obey and serve the WTO Agreement and its annexes, and that it should be interpreted and applied along with them. Third, for the special issues which are not addressed by WTO universal rules but are covered by accession protocols, they should be firstly classified as different types of specific WTO covered agreements according to their nature, and then relevant universal rules in the relevant covered agreement should be applied.

The purpose of the three rules as discussed above is to ensure that new Members can equally enjoy their rights under the WTO. Only by following these rules to deal with the issue of the legal status of accession protocols in WTO legal system can we achieve a satisfactory result accepted by all parties, maintain the integrity of the multilateral trade system, and preserve the stability and predictability of the WTO legal system.

第二编

"一带一路"与国际法治

全面开放新格局的国际法治内涵与路径*

2018年是我国实施改革开放政策40周年,40年来的伟大实践证明,开放是国家繁荣发展的必由之路。以开放促改革、促发展,是我国现代化建设不断取得新成就的重要法宝。[①] 党的十九大报告提出"推动形成全面开放新格局",强调"开放带来进步,封闭必然落后""中国开放的大门不会关闭,只会越开越大""中国坚持对外开放的基本国策,坚持打开国门搞建设""发展更高层次的开放型经济"。这是以习近平同志为核心的党中央适应经济全球化新趋势、准确判断国际形势新变化、深刻把握国内改革发展新要求作出的重大战略部署。

法治是全人类共同的语言和信仰,全面开放离不开法治的保障,以促进贸易和投资自由化为宗旨、建立在法律规则基础之上、具有稳定性和可预见性的国际法治是中国在推进形成全面开放新格局进程中的必然选择。

当前,国际形势波谲云诡,逆全球化现象不断显现,贸易和投资保护主义抬头,单边主义盛行,以世界贸易组织(WTO)为核心的多边经贸体制及其法律规则正遭受前所未有的冲击。[②] 在这一背景下,推进全面开放无疑将面临十分复杂的局面,挑战前所未有,机遇亦前所未有,但机遇大于挑战。最终能否抓住机遇、克服挑战,关键在于我们能否坚持国际法治

---

* 本文原载于《经贸法律评论》2019年第1期。
① 参见汪洋《推动形成全面开放新格局》,《人民日报》2017年11月10日,第4版。
② 2017年初美国特朗普总统上台以来提出"美国优先"原则,在国际经贸领域奉行单边主义政策,置WTO等多边法律规则于不顾,坚持以其国内法对他国采取贸易制裁措施。参见"Pillar 2: Promote American Prosperity", *National Security Strategy of The United States of America*, Published on December 2017, http://nssarchive.us/national-security-strategy-2017/,最后访问日期:2018年6月6日。

的理念和原则,将全面开放新格局建立在国际法治的基础之上。

第二次世界大战后全球经济的大发展是国际法治的胜利,中国对外开放 40 年取得的辉煌成就得益于国际法治。① 国际法治不但将为全面开放新格局提供充分的制度保障,而且,推进全面开放进程中的中国智慧将推动国际法治的进步。在新的形势下,中国全面开放的国际法治内涵包括哪些?国际法治的路径如何规划?如何为国际法治及全球治理贡献中国方案?这些都是中国国际法学者应当且必须回答的问题。

一 国际法治对形成全面开放新格局的必要性

法治,是人类社会文明的重要标志,是国家治理的核心原则,国际法治则是国际社会和平发展的基石,是全球治理的核心原则。② 尽管对于国际法治尚未有统一的定义,但联合国相关文件对国际法治的阐释足可被视为国际社会对国际法治的权威解读。

联合国秘书长 2004 年在其向联合国安理会提交的报告中提出:"就联合国而言,法治指的是一项治理原则,在这一原则下,所有的个人、机构和实体,公共的和私人的,包括国家自身,都对公开制定、平等执行和独立裁决的法律负责。这种法律与国际法人权规范和标准相一致。它还要求(采取)各种措施保证坚持法律优先、法律面前平等、对法律负责、公平适用法律、分权、决策参与、法律确定、避免专断和程序与法律透明等原则。"③ 鉴于联合国的广泛代表性和高度权威性,上述报告对国际法治的性质、内涵、基本原则等作出的阐释,不仅揭示了国际法治的本质和核心要

---

① 参见何志鹏、孙璐《自由主义与后危机时代国际经济体制的发展》,载刘志云主编《国际关系与国际法学刊》第 4 卷,厦门大学出版社,2014,第 89~90 页。

② 伯恩哈德曾指出:"从 17 世纪起,法治是近代国家的主要原则,在近代国家之间主权则成为核心的法律原则。前一原则反映的是国家治理其社会的国内层次结构,后一原则使由各国组成之国际社会的无政府状态制度化。" Bernhard Zangl, "Is There an Emerging International Rule of Law?", *European Review*, Vol. 13, Supp., No. 1 (March 2005), pp. 73-79,转引自曾令良《国际法治与中国法治建设》,《中国社会科学》2015 年第 10 期,并载肖永平、黄志雄编《曾令良论国际法》,法律出版社,2017,第 482~483 页。

③ UN, "Report of the Secretary-General on the Rule of Law and Transitional Justice in Conflict and Post-Conflict Societies", S/2004/616, 23, August 2004.

求，也表达了世界各国参与全球治理应遵循的普遍性原则共识。

中国政府高度重视法治在国家治理中的作用，全面依法治国已成为新时代建设中国特色社会主义的基本方略，中国作为联合国安理会常任理事国，亦有责任肩负起发展与维护国际法治的重任。推进形成全面开放新格局是中国积极参与全球治理的重大举措，无论从法治中国建设的角度还是从法治世界建设的角度讲，奉行国际法治理念、遵从国际法治原则都是其应有之义。

第一，全面依法治国的基本方略要求推动形成全面开放新格局必须坚持法治原则，将法治原则贯彻于每一项重大部署和政策之中，国际法治则是其中的重要内核。

全面依法治国是党的十九大提出的新时代中国特色社会主义基本方略，作为新时期国家治理的重要内容，推进全面开放新格局必然要予以贯彻。全面开放主要是指中国对世界的开放，预示着中国与世界各国的经济交往与合作广度和深度将空前提升，因此，国际法治在中国全面开放新格局形成进程中的重要性尤为突出。

历经第二次世界大战后70多年的发展，国际经贸领域的国际法治基本形成，以WTO、国际货币基金组织和世界银行为核心支柱的国际经贸投资法律制度为全球经济发展提供了法治基础和法治保障，一大批国际贸易、投资、金融、航运公约诞生并成功运用，调整和规制着全球经贸关系的日常交往行为，保证了国际经济关系的正常运行，国际商事海事交易规则、惯例已成为各国商事主体开展经贸活动的行为准则，WTO争端解决机制、《华盛顿公约》项下以及联合国国际贸易法委员会等项下的投资争端解决机制、以《纽约公约》为推动力的国际商事仲裁机制等国际性争端解决机制正在为解决国际经贸领域的争端、商事争议发挥着积极作用，确保了国际市场的自由与公平以及国际经贸关系的稳定性、可预见性。

随着国际形势的发展变化，国际法治需要因应时代而变革，不公正、不合理、对发展中国家歧视性的治理原则和相关法律规则应当抛弃，但这并非意味着一切推倒重来。实践证明，包括最惠国待遇、国民待遇、透明度等原则在内的国际经济法律原则和具体规则是科学合理的，符合国际经贸关系发展规律，已成为人类共同的文明财富。中国是经济全球化和国际经贸法律制度的受益者，也应成为国际法治的维护者和坚定支持者。

在推进形成全面开放新格局的过程中贯彻依法治国方略，需要我们运用国际法治思维，提高运用国际法原则和规则的能力，将国际法治理念、国际法原则和规则融入全面开放的每一项重大部署和决策之中，并将全面开放进程中的"一带一路"建设、贸易强国建设、贸易和投资自由化便利化、自由贸易港建设中形成的成功经验上升为法律规则，使之成为创新性国际法规则，推动国际法治迈向更高层次。

第二，国际法治是全球治理的核心原则，作为中国参与全球治理的创新举措，推进形成全面开放新格局必须奉行国际法治原则，这是中国作为负责任大国应当履行的国际义务，更是在当前国际形势下肩负的重大使命。

国际法治对全球治理的意义不仅在于建立法律规则和制度框架，更为重要的是决定了全球治理的方向和路径，对于这一点国际社会已有清醒认识。在2000年《联合国千年宣言》中，各国领导人承诺"将不遗余力，促进民主和加强法治，并尊重一切国际公认的人权和基本自由，包括发展权"。在此基础上，2005年联合国大会通过的《世界首脑会议成果文件》更加系统地阐释了法治在全球治理和国际关系中的作用，指出："国家和国际的良治和法治，对持续经济增长、可持续发展以及消除贫困与饥饿极为重要"。该文件进一步指出："需要在国家和国际两级全面遵守和实行法治。"[1]

上述共识是各国领导人吸取历史教训后得出的结论，第二次世界大战前各国枉顾法治、各自为政，构筑高关税、高壁垒，"以邻为壑"，加剧了世界经济危机，成为第二次世界大战爆发的经济动因，战后布雷顿森林体系的建立促使了国际法治的逐步形成，但20世纪70年代美元危机导致的国际货币秩序混乱，以"自愿限制出口协定"为代表的游离于GATT贸易规则之外的不法行为等导致的国际贸易失序、法纪废弛至今仍历历在目。

---

[1] A/RES/55/2, United Millennium Declaration, 18, September 2000. A/RFS/60/1, 2005, World Summit Outcome, para. 24, para. 11. etc.

1995年WTO的建立为国际贸易提供了法治路径，促进了全球贸易的大发展，成为全球治理的成功典范，而国际金融领域长期缺乏有效的国际法治，其结果就是国际金融市场缺乏自律，孕育了国际金融市场极度不稳定的可能，2007年开始的次贷危机以及由此引发的全球银行灾难就是国际金融领域缺乏法治的结果。[1] 历史与现实正反两方面的经验教训清晰地告诉我们，只有国际法治才能确保国际秩序的正常运行，缺乏国际法治就会导致国际关系混乱甚至全球灾难，国际法治是全球治理的必然选择。

近年来，国际形势的变化却令国际法治能否得以维护成为一个突出问题。特朗普于2017年就任美国总统以来奉行"美国优先"政策，对WTO多边贸易体制及其法律制度横加指责，违反法治精神对WTO上诉机构法官个人予以公开谴责，甚至不惜运用成员方权利阻止WTO上诉机构法官遴选程序。在国际上，不但退出美国自己主导的《跨太平洋伙伴关系协定》（TPP），还以对美国"不公平"为由退出全世界共同努力达成的关于气候变化的《巴黎协定》，宣称将回到双边方式与其他国家开展贸易和投资谈判，试图利用美国强大实力压制他国以换取对美国的所谓"公平"。在国内，美国频繁使用"201条款"、"232条款"和"301条款"等国内法开展单边色彩浓厚的贸易救济措施，多次扬言并采取单边措施制裁他国所谓"不正当贸易行为"。[2] 特朗普政府绕开WTO多边机制、"回归"单边制裁，选择性履行WTO规定的义务，这就向世界发出一个危险信号。如果其他国家都效仿美国选择性执行对己有利的国际法规则，那么，以规则为基础的多边贸易体制将土崩瓦解，全球治理的法治基础将不复存在，

---

[1] 参见何志鹏、孙璐《自由主义与后危机时代国际经济体制的发展》，载刘志云主编《国际关系与国际法学刊》第4卷，厦门大学出版社，2014，第90~91页；John Baylis, Steve Smith and Patricia Owens (eds.), *The Globalization of World Politics: An Introduction to International Relations*, 5th ed., Oxford University Press, 2011, p.445.

[2] 2018年3月22日，美国总统特朗普签署针对中国的总统备忘录，宣布基于美国贸易法"301条款"调查的结果，将对从中国进口的商品征收高额关税、对来自中国的投资设限，并将在WTO采取针对中国的行动。这是美国依据其国内法针对中国采取的单边行动，已引发国际社会对中美之间可能爆发"贸易战"的广泛关注。在此之前，美国已宣布将基于国家安全原因对出口美国的钢铁及铝产品征收高额关税，引发了世界各国严重关注。参见《参考消息》转载路透社，英国《金融时报》、美国《华盛顿邮报》等国际媒体评论，2018年3月25日，第1版。

全球经济势必回到弱肉强食的"丛林法则"。美国的上述做法不但有违国际法治精神，而且动摇了国际法治的基础，无疑是一种历史的倒退。①

面对如此复杂、困难的局面，中国别无选择，必须肩负起维护国际法治的重任，这不仅是一个负责任大国的担当，更是中国全面开放战略成功的关键。中国对外开放 40 年来的实践，实际上就是中国不断融入国际法治的历史过程：中国积极倡导和参加区域性或多边经贸谈判，坚定支持 WTO 等国际经济组织在全球治理中发挥作用，依据国际法并借鉴国际先进经验开展对外开放领域的国内立法，根据 WTO 规则的要求大规模修改自身的法律法规，不仅运用 WTO 规则和争端解决机制维护自身合法权益，而且尊重并迅速执行 WTO 作出的对己不利的裁决。中国尊重并参与国际法治，改变了历史上中国在国际经贸领域频繁遭受来自西方国家单边制裁的被动局面，为对外开放赢得了良好的国际环境，使中国的对外贸易与投资大幅增长。在坚定维护国际法治的同时，中国也成为国际法治的受益者。

推进形成全面开放新格局，国际法治必须进一步彰显。中国倡导的"一带一路"是中国对外开放及与世界各国开展的创新合作形式，其推进过程必将伴随着中国与沿线国家或地区之间大量的贸易投资协定的诞生，实施高水平的贸易和投资自由化便利化政策，预示着中国将继续支持 WTO 多边体制、推进区域性贸易和投资协定谈判、开展自由贸易港建设，预示着中国将更多地借鉴先进的国际贸易投资规则，推动国内经贸法律制度全面与时俱进。可见，全面开放新格局形成的过程必然是中国促进国际法治的进程，也是中国在当前特殊国际背景下维护以法治为核心原则的全球治

---

① WTO 对于美国近期采取的单边措施深表担忧，强烈呼吁各成员支持多边贸易体制，不应违反 WTO 规则采取单边贸易限制措施。参见 Director-General Roberto Azevêdo's speech, he outlined the challenges and opportunities facing the Organization and called on WTO members to show their political support and work together to strengthen the multilateral trading system. Speaking at a meeting of the whole WTO membership on 5 March, Director-General Roberto Azevêdo responded to a series of announcements from WTO members in recent days which suggested that a range of new, unilateral trade barriers could soon be put into force. DG Azevêdo warned of the risks posed by such measures, calling on members to reflect and avoid escalation. https://www.wto.org/english/news_e/spra_e/spra_e.htm，最后访问日期：2018 年 3 月 30 日。

第三，国际法治将为推进形成全面开放新格局提供国际制度保障，不仅有利于提升中国对外开放领域的法治建设水平，还将吸引更多的国家参与到中国全面开放的进程之中，在赢得国际声誉的同时，为全球治理中的国际法治贡献中国智慧。

全面开放新格局必然伴随着中国对外开放领域法律制度的巨大变化，《对外贸易法》等现行涉外法律法规需要根据全面开放的新形势及时作出调整和修订，涉外领域如对外关系、对外投资、对外援助等存在的法律法规真空亟待制定新的法律予以填补。由于这些法律法规都含有"国际""跨国""涉外"因素，其制定与完善必须始终如一地坚持既符合全面开放的实际需要，又严格依照公认的国际法原则、规则和制度，使中国的涉外法律法规体系与国际法治的要求相一致。①

对外开放领域的法律制度是中国与他国开展经贸往来与合作的保障，也是40年来中国对外开放取得的经验总结。40年来，中国不断根据国际经贸规则制定并修改相关国内法律法规，规模空前，为广泛而有效地开展国际经贸投资合作奠定了法律基础。国际组织的多项研究结果表明，一国的法治状况，尤其是涉外领域的法治建设关乎外国投资者与合作者的信心，能否根据国际法以及国际公认的商业惯例制定涉外领域的各项法律法规并以公开、透明的方式加以实施是国际上判断一国营商环境优劣的重要标准，从这个意义上讲，对外开放领域的法治建设及其与国际法治的融合程度决定了新时期全面开放战略最终的成功与否。②

近年来，国际经贸法律规则不断创新，准入前国民待遇、负面清单制度推动了国际投资法律制度的发展，高水平的知识产权保护、环境标准、竞争中立、劳工保护等法律规则大量出现在新的贸易投资协定之中，互联网交易规则、网络安全、网络金融规制等新兴领域国际法规则正逐步形

---

① 参见曾令良《国际法治与中国法治建设》，《中国社会科学》2015年第10期，并载肖永平、黄志雄编《曾令良论国际法》，法律出版社，2017，第491页。
② 参见曾令良《国际法治与中国法治建设》，《中国社会科学》2015年第10期，并载肖永平、黄志雄编《曾令良论国际法》，法律出版社，2017，第489页。

成，这意味着国际经贸领域的国际法治已迈向新的发展阶段。①

推进形成全面开放新格局，我们必须把握国际法治的最新发展与变化，及时将先进的国际经贸规则纳入国内相关法律法规。与此同时，中国应当在推动 WTO 多边谈判、"一带一路"建设中的合作、自由贸易区谈判及双边贸易投资谈判中推陈出新，不断融入国际先进的经贸规则，推出中国的贸易投资协定范本。中国的自由贸易区建设在经贸投资规则方面已作出大胆探索，形成了许多可推广复制的经验，未来的自由贸易港建设也必将成为国际先进规则的重要实验田，这就为中国提升参与国际治理的话语权、以中国的经验和智慧促进国际法治创造了条件。在互联网领域，中国已成为名副其实的互联网强国，互联网交易、互联网金融等走在世界前列，为该领域的国际规制提出中国的方案，我们责无旁贷、大有可为。②

推进形成全面开放新格局，必须依靠国际法治、运用国际法治，这是全面依法治国方略的总体要求，也是中国肩负的大国责任和历史使命。国际法治将为全面开放新格局的成功奠定坚实的法律基础和制度保障，同时，中国的全面开放必将促进国际法治的发展，是中国为 21 世纪全球治理贡献中国智慧、提供中国方案的重要契机。

二 全面开放新格局的国际法治内涵

党的十九大报告提出的全面开放内涵丰富，既包括开放范围扩大、领域拓宽、层次加深，也包括开放方式创新、布局优化、质量提升，是中国对外开放战略的"升级版"。以国际法治的思维、国际法治的要求充实和丰富全面开放新格局的内涵，不仅是确保全面开放战略成功的基础，也是提升中国对外开放品质和形象的关键所在。

根据党的十九大报告提出的全面开放战略总体部署，应从以下几方面充实和丰富其国际法治内涵。

---

① 参见刘彬《全球规则重构背景下中国自贸协定范式论纲》，载刘志云主编《国际关系与国际法学刊》第 7 卷，厦门大学出版社，2017，第 82~83 页。
② 参见黄志雄《网络空间国际法强国论纲》，载《中国国际法年刊》（2016），法律出版社，2017，第 134~135 页。

（一）引进来与走出去更好结合的国际法治内涵

坚持引进来与走出去更好结合，是形成全面开放新格局的重要任务。我国现阶段已由贸易大国转变为投资大国、由商品输出转变为资本输出，引进来与走出去的内容、范围与改革开放之初相比都发生了很大变化，这势必带来对外经贸领域法律制度的变化，而国际法治将为推动引进来与走出去更好结合提供国际制度保障和规则渊源。

区别于开放之初着重于引进外资的数量和规模，新时期全面开放更加注重引进的质量和水平，这就要求我们重新审视我国现有外商投资企业法等外资领域的法律法规，根据国际法治的原则和国际经贸法律规则清理原有的一些针对外资的"超国民待遇"，将准入前国民待遇和负面清单确立为我国外资立法中的基本原则，对于外资审批和监管中的公开、透明原则予以细化，及时出台相关具体程序性规范，不断改善税收、外汇监管领域的法律环境，为外资提供更为公平的市场环境和更多便利，而不仅仅是政策优惠。此外，还应进一步降低进口关税税率，及时调整关税税则，通过修改《商业银行法》、修改《保险法》、制定"互联网企业促进法"等法律法规不断扩大金融、保险、银行、互联网等服务业准入。在扩大外资准入和商品进口的同时，完善反垄断立法、加强反垄断执法，尽快制定"外商投资安全审查法"，确保国家经济安全，根据 WTO 规则在《反倾销条例》、《反补贴条例》和《保障措施条例》基础上出台"对外贸易救济法"，保障市场公平竞争。

在"走出去"方面，当前及未来最为重要的一个问题就是如何防范中国对外投资的风险，这包括对外投资对本国经济的影响及对外投资的海外风险两个方面。近年来，国家已出台一系列监管对外投资的政策和措施，但相对于中国巨大的海外投资规模而言，这些政策和措施缺乏系统化、精细化，法律层级较低，难以适应中国对外投资的管理和防控风险需求，因此应尽快制定"对外投资法"，规范对外投资行为、确立对外投资批准及防范风险等方面的法律规则。与此同时，应根据国际投资法的新发展商签、修订中国与他国之间的投资保护协定，为中国对外投资建立更加牢固的法律屏障。

引进来与走出去是中国全面开放的"双翼",两方面的立法、执法都离不开国际条约和国际惯例,都需要以国际法治的思维、国际法治的内涵加以充实,为其营造公平、公开、透明、安全的法律环境。

(二) 沿海开放与内陆沿边开放更好结合的国际法治内涵

我国对外开放从沿海起步,由东向西渐次推进,内陆和沿边地区开放取得长足发展,但总体上还是对外开放的洼地。全面开放新格局的形成离不开内陆和沿边地区的开放,在深化沿海开放的同时,推动内陆和沿边地区从开放的洼地变为开放的高地。[①] 在这方面,需要从两方面开展相关法律工作,而这两方面工作都需要国际法治的支撑。

第一,沿海地区应不断总结经验,特别是总结自由贸易试验区建设中业已形成运用先进的国际经贸规则的经验,适时纳入相关地方立法,形成可复制推广的法律规则,以自由贸易港的法治建设提升沿海地区对外开放的法治水平,在这方面,国际贸易投资法律规则将发挥独特作用。[②]

第二,内陆和沿边地区在学习、借鉴沿海地区对外开放法治经验的同时,应当系统清理阻碍开放的地方性政策和法规,特别是要以消除地方保护主义为重点,根据国际规则和惯例以及国家相关法律建立符合自身特点的地区性对外开放制度体系。中央有关部门应充分授权沿边地区探索与相邻国家之间的贸易投资自由化便利化政策和措施,鼓励沿边地区地方政府与相邻国家的地区政府之间商签符合当地边境贸易习惯的地区性经贸合作协议,以此推动沿边地区的进一步开放。

近年来,中国与南亚地区、中亚地区以及远东地区相邻国家签订了不少贸易投资协定或经贸安排,这些协定和安排为沿边地区与相邻国家的地区之间开展经贸投资合作提供了国际法制度框架。沿边地区应根据其中的制度和规则制定出台相关地方立法,不断提升本地区对外开放法治水平。

---

① 参见汪洋《推动形成全面开放新格局》,《人民日报》2017 年 11 月 10 日,第 4 版。
② 参见龚柏华《"一带一路"背景下上海自由贸易港构建的法治思维》,《上海对外经贸大学学报》2018 年第 2 期。

沿海开放与内陆沿边开放尽管阶段、水平不同，任务各异，但国际法治都应成为其法治建设的内涵，在这方面，沿海发达地区应更多地帮助内陆沿边地区开展制度设计和国际法人才支持，可将对外开放法治建设作为对口支援内陆和沿边地区工作的一项重要内容纳入计划和考核范围，明确目标和任务，以此推动沿海开放与内陆沿边开放的更好结合。

（三）制造领域开放与服务领域开放更好结合的国际法治内涵

制造业是我国开放时间较早、程度较深的领域，也是发展较快、竞争力较强的领域。开放之初的"三资"企业法主要围绕制造业引进外资而制定，一系列税收优惠政策也主要针对外商投资的制造业。在全面开放的新格局形成过程中，除极少数事关国家安全的敏感领域外，其他传统制造业还应进一步开放，外资股比、外商投资企业业务范围等限制也应逐步放宽，这就需要我们及时修改相应法律，特别是要进一步降低高端制造业的准入门槛，将准入前国民待遇、负面清单及透明度等国际经贸法律原则贯彻于外商投资审批、监管的法律、法规及执法的全过程之中，同时，加大环境保护、知识产权保护执法，为制造业特别是高科技含量制造业引进外资创造良好法律环境。

相比制造业，我国服务业对外开放相对滞后，在深化制造业开放的同时，重点推进金融、教育、文化、医疗等服务业领域有序开放，放开育幼养老、建筑设计、会计审计、商贸物流、电子商务等服务业领域外资准入限制，这是推进形成全面开放新格局的一项重要任务。[①] 为此，中国应适时调整并扩大在WTO《服务贸易总协定》中所作出的承诺，以实际行动支持WTO关于服务贸易的多边谈判，推动WTO形成新的服务贸易多边规则，与此同时，应根据WTO服务贸易规则尽快制定或修改上述服务贸易领域的国内相关法律法规，特别是在准入门槛、股权比例分配等方面要参照国际惯例，贯彻开放、公开、透明等原则，确保服务业全面开放的成功。

---

① 参见汪洋《推动形成全面开放新格局》，《人民日报》2017年11月10日，第4版。

(四) 向发达国家开放与向发展中国家开放更好结合的国际法治内涵

中国对外开放之初,基于国内经济发展对发达国家产品、技术、资金的需求,主要是对发达国家的开放,发达国家一直是我国主要经贸伙伴。① 随着中国经济实力的增长,我国与广大发展中国家的经贸联系日益密切,尤其是当前西方国家保护主义抬头,针对中国的歧视性政策和限制性措施频发,扩大向发展中国家开放的任务显得尤为重要。

坚持向发达国家开放和向发展中国家开放并重,国际法治的作用尤显突出。尽管面临着巨大困难,但还应当积极推进中美、中欧、中日韩之间的贸易投资协定谈判,争取尽早达成新的协定,以自身的主动开放赢得更多的合作机遇。与此同时,面对美国、欧盟等在"市场经济地位"、贸易救济、投资安全审查等方面针对中国的歧视性做法,应做好充分法律准备,运用 WTO 争端解决机制、投资争端解决机制以及国际法规则和国内法规则积极予以反制,在法律斗争中赢得更多的开放空间。

由于经济实力对比的历史性改变,区别于以往与西方国家主要是谋求更多的合作,未来在法律斗争中开展合作将成为中国在新的历史时期向发达国家开放的常态,这是我们应当清醒认识的重要变化,对我们运用国际法治的能力和水平提出了更高的要求。

在向发展中国家开放方面,我们应以"一带一路"建设为契机,遵循共商共建共享原则,尽快推动中国与东盟、中东、拉美等国家或地区之间商签新的自由贸易协定,在融入先进国际经贸规则的同时,根据不同国家和地区的发展特点和发展阶段商定双方均可接受的法律条款,为中国与发展中国家之间的经贸往来打下坚实的法律基础。② 在这方面,我们应给予发展中国家产品的进口更为优惠的关税措施,探索建立具有

---

① 2016 年,我国与美国、欧盟、日本等发达国家和地区之间的外贸数额仍占我国外贸总额的 36.4%。加上经中国香港等地的转口贸易,比重更高。

② 参见刘敬东《"一带一路"法治化体系构建研究》,《政法论坛》2017 年第 5 期,第 129~130 页。

中国特色的"普惠制",让广大发展中国家享受到中国开放释放的规则红利。①

与过去主要是学习、借鉴国际先进经验为主不同,向发达国家开放与向发展中国家开放更好结合需要我们在国际法的理论与实践方面的创新性思维,运用国际法治的能力和水平必须全面提升,以适应对外开放新形势的实践需求。

(五)多边开放与区域开放更好结合的国际法治内涵

在推进中国自身全面开放的同时,做开放型世界经济的建设者贡献者,这是全面开放新格局的重要组成部分。WTO 代表的多边贸易体制和自由贸易区代表的区域贸易安排,是驱动经济全球化发展的两个"轮子",在当前形势下,多边与区域两方面的开放不可偏废。②

WTO 是全球多边合作的重要标志,也是国际贸易法治的基石,现有 160 多个成员,涵盖全球 98% 的贸易额,具有广泛代表性。WTO 法律规则是经济全球化、贸易自由化的重要制度保障,对全球经济发展作出了重大贡献,符合世界各国的共同利益。进入 21 世纪以来,多边贸易体制发展进程受阻,尤其是美国特朗普政府的种种作为已经严重损害了 WTO 多边体制,甚至危及 WTO 的生存。③ 作为全球主要经济体之一,中国既是 WTO 多边体制的受益方,又是 WTO 多边体制的坚定支持者,特别是在当前严峻形势下,应当承担起维护 WTO 多边体制的历史责任,当务之急是与各方共同努力维护 WTO 的权威,向国际社会传递支持 WTO 多边体制的明确信号,以更加主动的开放举措推动 WTO 多哈回合谈判中各关键议题尽早

---

① "普惠制",即"普遍优惠制"(Generalized System of Preferences,GSP),是国际贸易领域中一种单方给予的、非互惠贸易优惠制度安排,受惠一方无须给予给惠一方同等优惠,历史上主要是发达国家给予其原殖民地国家等一些特定的发展中国家的单边优惠措施。参见黄东黎《国际贸易法——经济理论、法律及案例》,法律出版社,2003,第 267~268 页。
② 参见汪洋《推动形成全面开放新格局》,《人民日报》2017 年 11 月 10 日,第 4 版。
③ 自 2016 年以来,美国政府已多次利用 WTO 程序规则阻止 WTO 上诉机构新任法官的遴选,给上诉机构正常运转造成严重困难,长此下去必然造成 WTO 争端解决机制停滞,果真如此 WTO 将面临生存危机。

达成共识，与此同时，推动 WTO 自身在投票权、争端解决、决策机制等方面进行改革，与其他成员方一道共同克服当前的困难，为 21 世纪全球经济发展奠定新的国际法治基础。

区域开放始终是我国对外开放的重要领域，可以预见，开放水平更高、灵活性更强的区域贸易安排仍将蓬勃发展，成为驱动经济全球化的主引擎，在 WTO 多边谈判暂时不能取得重要成果的形势下，区域开放的重要性对于我国更加突出。当前，应大力推进中国与相关地区之间的区域贸易安排，重点突破与东盟国家、中东地区以及非洲、拉美地区之间的贸易投资协定谈判，特别应支持亚太地区区域全面经济伙伴关系（RCEP）协定尽早达成①，同时，高度关注 TPP、TIPP 等区域性贸易投资协定的新发展、新变化，不断推出具有中国智慧的法律规则和方案。

多边开放与区域开放如同鸟之两翼，只有相互配合才能顺利前行。国际法治的实践证明，只要把握正确方向，区域开放就能成为多边开放的"试验田"和"开拓者"，中国应努力推动区域贸易安排的法律规则与多边规则之间的融合，避免"意大利面碗"现象日益加重，让二者共同成为中国对外开放以及开放性世界经济的两大引擎。②

总之，相对于改革开放之初，全面开放的内涵更加丰富、领域更加宽广，国际法治的水平要求更高，中国不仅要在全面开放进程中贯彻国际法治原则，不断完善国内对外开放领域的法律制度，还要肩负起维护国际法治、促进国际法治的国际责任。

三 全面开放重要举措的国际法治路径

全面开放包含了"一带一路"建设、贸易强国建设、改善外商投资环

---

① 区域全面经济伙伴关系（Regional Comprehensive Economic Partnership，RCEP），即由东盟十国发起，邀请中国、日本、韩国、澳大利亚、新西兰、印度共同参加（"10+6"），通过削减关税及非关税壁垒，建立 16 国统一市场的自由贸易协定。它是东盟国家近年来首次提出，并以东盟为主导的区域经济一体化合作，是成员国间相互开放市场、实施区域经济一体化的组织形式。

② 参见〔英〕彼得·萨瑟兰等《WTO 的未来》，刘敬东等译，中国财政经济出版社，2005，第 34~36 页。

境、优化区域开放布局、创新对外投资合作方式、促进贸易投资自由化便利化等六大方面的重要举措，每一项重要举措都涉及中国对外经贸投资关系，且均为国际经贸投资领域的国际法原则、规则所涵盖，国际法治路径规划是成功实践全面开放各项举措、最终实现全面开放战略目标的关键所在。

（一）"一带一路"建设的国际法治路径

无论是从发展规模和覆盖范围，还是从国际影响力来评价，"一带一路"已成为当前全球经济发展的主要推动力。作为中国首倡的全球经贸发展新路径，"一带一路"的制度建设和发展模式对于 21 世纪全球经济治理最终能否成功将产生巨大影响。① 只有构建一套法治化体系，选择一条法治化的发展路径，实现国内法治与国际法治的良性互动，"一带一路"才能确保长期、稳定、健康发展。②

根据国际法治的要求及"一带一路"建设的特点，平等和互利原则、规则化导向原则、可持续发展原则，应当成为构建"一带一路"法治化体系的指导原则。其路径选择应包括国际法和国内法两大领域：在国际法方面，依靠中国与相关国家和地区签署的既有双边、多边贸易与投资合作机制，融入国际金融法、投资法和贸易法发展的最新成果，创新国际经贸规则，构建一个代表 21 世纪国际经济法发展成果的国际条约体系。在国内法方面，中国应尽快推动对外经贸法律制度的与时俱进，特别注重贸易、投资领域开放的国内法治建设以及涉及公平市场环境的国内法问题，改革、完善现有涉外民商事法律制度及司法运用，降低"一带一路"建设中的法律风险，平等保护中外当事人的利益。为此，应推动沿线国家之间的司法合作，解决司法管辖冲突、国际平行诉讼和司法判决与仲裁裁决的承认与执行等问题。中国已在这方面迈出坚实的一步，充分展示了开放、包容的态度。

"一带一路"法治化体系离不开公平、高效的争端解决机制，应坚持

---

① 参见苏格《全球视野之"一带一路"》，《国际问题研究》2016 年第 2 期。
② 参见赵骏《全球治理视野下的国际法治与国内法治》，《中国社会科学》2014 年第 10 期。

通过平等协商、谈判解决争端，运用现代国际法规则及公认的国际商事规则解决争端，推动司法合作与协助的原则构建"一带一路"争端解决机制。中国与沿线国家应立足于现有国际争端解决机制，协商建立创新性争端解决机制，充分运用内国司法机制，形成一套多层次、立体化、国际机制与国内机制相互配合、良性互动的争端解决格局。①

（二）贸易强国建设的国际法治路径

党的十九大报告提出拓展对外贸易，推进贸易强国建设，就是要加快转变外贸发展方式，从以货物贸易为主向货物和服务贸易协调发展转变，从依靠模仿跟随向依靠创新创造转变，从大进大出向优质优价、优进优出转变。② 这一重大任务对我国对外贸易法治建设提出了新的要求。

传统上，由于经济实力不强，我国更加注重出口用以增加国家建设所需外汇资源。在加入 WTO 之初，货物贸易谈判成为重中之重，服务贸易开放程度有限，准入承诺水平不高，这与彼时中国服务业不发达直接相关。加入 WTO 近 20 年来，中国的对外贸易形势已发生深刻变化，这就需要我们更新观念，在法治基础上推进我国在贸易法治领域的历史性变革。

一是要进一步降低进出口关税，特别是对高新技术产品、原材料产品等实施更加优惠的关税措施，对于中国的高质量装备、品牌产品、农产品等出口采取鼓励性措施，全面调整中国的进出口关税政策；二是扩大服务业准入清单，进一步取消加入 WTO 之初对金融、保险、互联网等服务业的投资比例限制，与此同时，加强对服务业的市场监管法治建设；三是强化知识产权法治建设，这对于实现贸易强国战略至关重要。尽管我国知识产权法律体系已基本健全，保护水平有了历史性飞跃，但与国际上的高水

---

① 2018 年 1 月 23 日中央全面深化改革领导小组第二次会议审议通过了《关于建立"一带一路"争端解决机制和机构的意见》，会议强调，建立"一带一路"争端解决机制和机构，要坚持共商共建共享原则，依托我国现有司法、仲裁和调解机构，吸收、整合国内外法律服务资源，建立诉讼、调解、仲裁有效衔接的多元化纠纷解决机制，依法妥善化解"一带一路"商贸和投资争端，平等保护中外当事人合法权益，营造稳定、公平、透明的法治化营商环境。https://www.yidaiyilu.gov.cn/xwzx/roll/45584.htm，最后访问日期：2018 年 4 月 18 日。

② 参见汪洋《推动形成全面开放新格局》，《人民日报》2017 年 11 月 10 日，第 4 版。

平知识产权保护制度相比，还有不小差距。近年来，以 TPP 文本知识产权章节为代表的国际知识产权法律规则在保护期限、执法程序以及侵权责任等方面都有了最新的发展，保护力度加大趋势明显，应在研究借鉴国际上最新规则基础上完善我国的知识产权法律体系，同时，在"一带一路"建设、自贸试验区建设以及多边及区域性贸易投资谈判中强化知识产权保护内容，提出中国版知识产权法律规则，彻底改变多年来在知识产权领域被动挨打局面。①

贸易强国的一个重要特征或指标就是贸易法治的水平和规则话语权，当今中国的经济实力足以支持中国在国际贸易法治方面提出中国方案、贡献更多中国智慧。在逆全球化现象突出、贸易保护主义盛行的今天，维护以贸易自由化为宗旨的国际贸易法律体系已成为一项艰巨任务，对中国而言，这不仅是重大挑战，更是中国参与甚至引领国际贸易法治的一次重要历史机遇，中国应以大幅降低关税、进一步扩大服务贸易准入、强化知识产权保护并提出国际规则的中国方案等实际行动展现我们的雄心和信心。②

（三）投资强国的国际法治路径

与改革开放之初相比，我国目前不仅是引资大国，也是对外投资大国，营造稳定、公平、透明、法治化、可预期的投资环境对于我国建设投资强国的意义重大。这需要我们从国内投资法治建设和对外投资法治建设两方面入手，将促进吸引外资与保护对外投资二者并重，夯实投资强国的法治基础，推动投资强国的法治化进程。

在国内投资法治建设方面，应尽快开展以下几方面工作：一是加强国

---

① 参见韩立余《TPP 协定的规则体系：议题与结构分析》，《求索》2016 年第 9 期，转载自中国社会科学网，http://sky.cssn.cn/fx/201709/t20170921_3647857.shtml，最后访问日期：2018 年 4 月 18 日。

② 2018 年 4 月 10 日，习近平在博鳌亚洲论坛 2018 年年会开幕式上宣布，中国将采取实际行动大幅降低市场准入、创造更有利的投资环境、加强知识产权保护、主动扩大进口等一系列对外开放新举措，获得国际社会广泛赞誉。http://www.xinhuanet.com/2018-04/10/c_129847209.htm，最后访问日期：2018 年 4 月 18 日。

内利用外资的基础性法治建设。应当加快推动统一内外资法律法规，制定新的规范外资的基础性法律，进一步清理涉及外资的法律法规和政策文件，与国家对外开放大方向和大原则不符的，应限期废止或修订。二是完善外商投资管理体制。党的十九大报告明确提出全面实行准入前国民待遇加负面清单管理制度，这是外商投资管理体制的根本性变革，应尽快将这两项法律制度纳入相应的外资管理法律法规以及系列配套政策之中，使之真正落到实处。三是营造公平竞争的市场环境，保护外资合法权益。[①] 党的十九大报告强调：凡是在我国境内注册的企业，都要一视同仁、平等对待。这不仅要求各级政府在资质许可、标准制定、政府采购、享受"中国制造2025"政策等方面，依法给予内外资企业同等待遇，而且还要求政府部门、执法机构以及司法机关给予内外资同等保护和救济，特别是地方政府应尽快清理和废止对外资的歧视性政策和做法。为此，商务部等中央政府部门应建立外资法规、政策合法性审查制度，提出及时制止违反国际投资规则的地方法规、政策出台的建议。应特别强调的是，各级政府和部门不得以强制转让技术、当地成分等作为外资市场准入的前提条件，依法保护外资享有的知识产权权益。

在对外投资法治建设方面近期应开展以下工作：一是确立新的国家安全观，将对外投资安全纳入国家安全范围，以此为基础建立保护对外投资法律机制。不同于传统"国家安全"的定义，新的"国家安全"应当将保护本国在境外的公民的生命安全、资产安全同保护境内的公民的生命安全、资产安全一道作为保卫"国家安全"的重要内容。在新的"国家安全观"之下，如果本国公民的生命、资产安全在境外遭受损害或损害威胁，中国政府应当运用政治、经济、外交、法律以及国际法框架内的一切必要手段保护本国公民生命和资产的安全。在新的国家安全观指导下，应积极探索保护海外人员生命和资产安全的长效机制，制定相关国家战略，确立"积极保护、及时保护、有力保护"的基本方针。二是我国应尽快出台"对外援助法"，在各方面条件允许时，将对外援助与保护中国海外投资利

---

① 第十三届全国人民代表大会第二次会议于2019年3月15日通过《中华人民共和国外商投资法》，该法自2020年1月1日起施行。

益适当挂钩，对于中国投资较为集中的国家或地区进行年度评估，在科学评估基础上，对于那些严重损害中国投资合法权益的国家或地区，在下一年度减少甚至撤销经济援助，并在国际经济组织中运用中国的影响力和投票权推动国际经济组织减少或撤销对这些国家或地区的金融贷款或经济援助，增强那些接受中国和国际经济组织贷款或经济援助的国家在保护中国投资利益方面的国家责任意识。[1] 三是尽快出台中国版国际投资协定规则。我国现已成为对外投资大国，但国际投资法律规则的话语权明显不足，在公正公平待遇、最低保护标准、征收补偿原则、劳工标准、环境保护以及国家安全审查条款等方面，应当在借鉴国际先进规则的基础上，尽快提出中国方案，向全球推出中国的国际投资协定规则范本，并在"一带一路"建设、中外双边投资协定以及中国参与的自由贸易协定谈判中推出适用。[2] 四是加强投资争端解决能力建设，完善与之配套的国内法律制度。应高度重视现有国际投资争端解决机制对保护我国对外投资的影响和作用，不仅应当鼓励中国企业积极运用《华盛顿公约》项下的投资争端解决机制以及其他类型的仲裁机制，依据国际法维护中国企业合法权益，还应当加大培养高素质法律人才，向国际投资争端解决机制大力宣传、推介中国仲裁员，与其他国家一道推动现有国际投资仲裁解决机构改革，待时机成熟时，与"一带一路"沿线国家合作适时建立新的国际投资仲裁争端解决机制。

此外，为适应对外投资的新形势，应尽快制定《国家豁免法》，改变绝对豁免的传统立场及对《纽约公约》的商事保留，出台与《纽约公约》相衔接的执行国际仲裁裁决的最新司法解释，为中外企业执行国际投资仲

---

[1] 在保护对外投资的立法史上，美国曾经于20世纪六七十年代出台《海肯鲁珀修正案》等一系列国内法案，将美国的对外援助、普惠制等与美国的对外投资保护状况挂钩，1994年《赫尔姆斯修正案》亦包含此类条款，取得了良好效果。参见〔美〕肯尼斯·J.范德威尔德《美国国际投资协定》，蔡从燕、朱明新等译，法律出版社，2017，第18~19页。

[2] 从1982年起，美国已经出台了10个双边投资协定范本，最新版本系2012年推出，广泛运用于美国的双边投资协定谈判实践。参见〔美〕肯尼斯·J.范德威尔德《美国国际投资协定》，蔡从燕、朱明新等译，法律出版社，2017，导论及译后记。

裁裁决扫清国内法律障碍。①

构建投资强国的国际法治路径,亟须我们更新传统思维,建立符合中国同时作为引资大国和投资大国特点的创新性投资法治体系,加快与重点国家双边投资协定的谈判进程,注重提升在国际投资领域规则的话语权,扩大国际投资仲裁机制的中国元素和中国基因。

(四) 自由贸易港建设的国际法治路径

自由贸易港建设是党的十九大报告提出的重要开放举措,应在总结自贸试验区建设的基础上,探索自由贸易港建设的国际法治路径。2013 年以来,我国自贸试验区建设取得多方面重大进展,形成了一批法治建设的创新成果,为自由贸易港建设奠定了良好的法治基础。

自由贸易港是设在一国(地区)境内关外、货物资金人员进出自由、绝大多数商品免征关税的特定区域,是目前全球开放水平最高的特殊经济功能区。中国香港、新加坡、鹿特丹、迪拜都是比较典型的自由港。② 探索建设中国特色的自由贸易港,应当着眼于国内和国外,一方面,总结国内自由贸易区建设的法治经验,在此基础上,制定国家层面的《自由贸易区促进法》,为自由贸易港建设提供法治基础;另一方面,充分研究、借

---

① 我国长期坚持绝对豁免原则,在 1986 年加入《纽约公约》时,中国作出了商事保留,全国人民代表大会常务委员会《关于我国加入〈承认及执行外国仲裁裁决公约〉的决定》(1986 年 12 月 2 日通过)规定:"中华人民共和国加入《承认及执行外国仲裁裁决公约》,并同时声明:(一)中华人民共和国只在互惠的基础上对在另一缔约国领土内作出的仲裁裁决的承认和执行适用该公约;(二)中华人民共和国只根据中华人民共和国法律认定为属于契约性和非契约性商事法律关系所引起的争议适用该公约。"据此,1987 年,最高人民法院发布《关于执行我国加入的〈承认及执行外国仲裁裁决公约〉的通知》,其中规定:根据我国加入该公约时所作的商事保留声明,我国仅对按照我国法律属于契约性和非契约性商事法律关系所引起的争议适用该公约。所谓"契约性和非契约性商事法律关系",具体来说,是指由于合同、侵权或者根据有关法律规定而产生的经济上的权利义务关系,如货物买卖、财产租赁、工程承包、加工承揽、技术转让、合资经营、合作经营、勘探开发自然资源、保险、信贷、劳务、代理、咨询服务、海上、民用航空、铁路、公路的客货运输,以及产品责任、环境污染、海上事故和所有权争议等,但不包括外国投资者与东道国政府之间的争端。这一立场和做法对中外企业执行国际投资仲裁裁决中败诉的东道国政府财产构成了法律上的巨大障碍。
② 参见龚柏华《"一带一路"背景下上海自由贸易港构建的法治思维》,《上海对外经贸大学学报》2018 年第 2 期。

鉴上述国家和地区自由贸易港法治建设的经验，结合中国实际，建立中国特色的自由贸易港法律制度，打造开放层次更高、营商环境更优、辐射作用更强的开放新高地。

结合国际上的成功经验，构建自由贸易港的国际法治路径应着重以下几方面的工作：一是保障货物进出自由，这是自由贸易港最直观的表现，需要在海关进出口管理、检验检疫等方面推进更为便利化的政策措施，探索离岸贸易发展模式，推进交易资金外汇管理制度创新。① 二是保障资金流动自由，确保外商投资所得利润可从东道国自由汇出是国际投资法中的一项重要制度，自由贸易港在这方面应对外资提供更多便利条件，其宗旨是只要不涉及非法交易或故意逃避国家外汇管理制度的外商投资收益均可自由汇出，增强外资在自由贸易港区的投资信心。三是保障人员流动自由，人员流动自由对于自由贸易港建设的重要性非同小可，签证政策、外籍人员就业以及职业资格认证制度、外籍人员子女教育安排、医疗保障制度等均须进行创新性设计。从各国经验来看，给予自由贸易港长期免签证政策对于自由贸易港吸引国际人才大有裨益，应在我国自由贸易港区适时推广。2018 年 4 月初，经国务院批准，赴海南旅游的免签旅游团国家由 26 国放宽到 59 国，将外国游客入境海南的免签停留时间延长至 30 天，将团队免签放宽为个人免签。② 这一举措对于我国自由贸易港建立人员流动相关政策而言无疑是一次重要尝试。四是扩大服务贸易准入，应在金融、保险、医疗、旅游、文化等产业方面放宽外资准入条件，建立具有自由贸易港特色的准入前国民待遇及负面清单制度，大力推行企业登记注册网上服务及"一站式"服务模式。五是实施商品免征关税及最优税收优惠政策。免征商品关税是自由贸易港的一大特色，与此同时，加强商品质量监管、售后服务监管以及知识产权保护执法。对自由贸易港内企业实施最优税收政策，适时推出免税政策，吸引更多外资投资自由贸易港建

---

① 参见龚柏华《"一带一路"背景下上海自由贸易港构建的法治思维》，《上海对外经贸大学学报》2018 年第 2 期。

② 参见 2018 年 4 月 18 日公安部新闻发布会，http://www.gov.cn/xinwen/2018 - 04/18/content_5283757.htm#1，最后访问日期：2018 年 4 月 20 日。

设,在此基础上推进离岸交易税收监管、避免双重征税等制度设计。

(五)促进贸易和投资自由化便利化的国际法治路径

党的十九大报告提出,实行高水平的贸易和投资自由化便利化政策。这不仅要求不断提高自身开放水平,也要求更加主动塑造开放的外部环境。[①] 贸易和投资自由化便利化是全面开放新格局的重要标志,也是经济全球化向纵深发展的成功路径,需要中国与世界各国一道维护多边贸易体制及其法律制度,促进贸易便利化及国际投资自由化和便利化国际法制度创新。

面对以美国为首的西方国家贸易和投资保护主义不断抬头的严峻局面,中国应当大力倡导贸易与投资自由化,并采取实际举措推进相关国际法律制度的完善。一是支持WTO多边贸易体制。实践证明,这一体制是贸易自由化的成功保障,2014年WTO通过《贸易便利化协定》,我国已于2015年作出加入该协定的决定,《贸易便利化协定》的生效和实施将便利各国贸易,降低交易成本,推动世界贸易和全球经济的增长。[②]《贸易便利化协定》是我国加入世界贸易组织后参与并达成的首个多边货物贸易协定。我国作为全球第一大货物贸易国,该协定的生效和实施不仅有助于我国口岸综合治理体系现代化,还将普遍提高我国主要贸易伙伴的贸易便利化水平,促进我国产品出口并营造便捷的通关环境。当前,我国应与WTO成员方一道落实WTO《贸易便利化协定》,与此同时,应推动WTO部长级会议取得积极成果,推进多哈回合剩余议题谈判,积极参与服务贸易协定、政府采购协定等谈判,并推动上述谈判尽早达成成果。习近平主席在博鳌亚洲论坛2018年年会开幕式上正式宣布中国将大幅降低汽车等商品关税、扩大金融业等市场准入并尽早加入《政府采购协定》,这一系列重大举措就是中国向世界展现的支持贸易自由化便利化的

---

① 参见汪洋《推动形成全面开放新格局》,《人民日报》2017年11月10日,第4版。
② 2017年2月22日,卢旺达、阿曼、乍得和约旦四个WTO成员向WTO递交了《贸易便利化协定》的批准文件。至此,批准《贸易便利化协定》的成员已达112个,超过协定生效所需达到的WTO总数三分之二的法定门槛,协定正式生效并对已批准协定的成员正式实施。

重要姿态。①

二是与相关国家或地区一道稳步推进自由贸易区建设。当前，我们应大力推动区域全面经济伙伴关系协定早日达成，推进亚太自贸区建设，逐步构筑起立足周边、辐射"一带一路"、面向全球的高标准自由贸易区网络，在这方面，我们应认真研究 TPP、CPTPP 文本，在相关规则设计上充分吸收借鉴国际经济法的最新发展成果。②

三是大力提高中国与相关国家的双边开放水平。迄今，我国已与 104 个国家签署了双边投资协定，目前正在推动中美、中欧之间的双边投资协定谈判。③ 当前，中国应大力推进与有关国家高水平的投资协定的谈判进程，并根据形势需要不断更新既有双边投资协定的内容。在"一带一路"建设中，推进与周边国家和地区之间各种形式的优惠贸易安排，特别是在大宗商品、基础原材料等方面商谈大幅关税优惠及便利化措施。

近年来，一些发达国家针对中国的产品与投资采取不正当限制，利用所谓"市场经济地位"问题责难中国产品进口，扩大"国家安全审查"适用范围限制中国投资，对此，我们一方面应充分运用 WTO 规则及国际投资规则予以反制；另一方面，应强化企业自身的法律意识，做好贸易摩擦应对及运用国际投资仲裁机制维护中国企业合法权益工作，这同样是促进贸易和投资自由化便利化的重要内容。

四　结语

党的十九大报告提出"推动形成全面开放新格局"，这是中国政府适应经济全球化新趋势、准确判断国际形势新变化、深刻把握国内改革发展新要求作出的重大战略部署。全面开放离不开法治的保障，以促进贸易和投资自由化为宗旨、建立在法律规则基础之上、具有稳定性和可预见性的

---

① 参见 2018 年 4 月 10 日习近平在博鳌亚洲论坛 2018 年年会开幕式上的讲话，http://www.xinhuanet.com/2018-04/10/c_129847209.htm，最后访问日期：2018 年 4 月 18 日。
② 由于美国特朗普政府宣布退出 TPP 协定，澳大利亚、加拿大、日本等 11 个亚太地区国家于 2017 年 11 月 11 日签署了 CPTPP（Comprehensive Progressive Trans-Pacific Partnership）。
③ 参见商务部网站，http://tfs.mofcom.gov.cn/article/Nocategory/201111/20111107819474.shtml，最后访问日期：2018 年 4 月 20 日。

国际法治是中国在推进形成全面开放新格局进程中的必然选择。

全面依法治国已成为新时代建设中国特色社会主义的基本方略，中国作为联合国安理会常任理事国，亦有责任肩负起发展与维护国际法治的重任。推进形成全面开放新格局是中国积极参与全球治理的重大举措，无论从法治中国建设的角度还是从法治世界建设的角度讲，奉行国际法治理念、遵从国际法治原则都是其应有之义。

党的十九大报告提出的全面开放，既包括开放范围扩大、领域拓宽、层次加深，也包括开放方式创新、布局优化、质量提升，是中国对外开放战略的"升级版"。以国际法治的思维、国际法治的要求充实和丰富全面开放新格局的内涵，不仅是确保全面开放战略成功的基础，也是提升中国对外开放品质和形象的关键所在。应当着力研究和探讨坚持引进来与走出去更好结合、沿海开放与内陆沿边开放更好结合、制造领域开放与服务领域开放更好结合、向发达国家开放与向发展中国家开放更好结合、多边开放与区域开放更好结合的国际法治内涵，做好相关法律制度和政策设计，确保全面开放新格局建立在法治基础之上。

全面开放包含"一带一路"建设、贸易强国建设、改善外商投资环境、优化区域开放布局、创新对外投资合作方式、促进贸易投资自由化便利化等六大方面的重要举措，每一项重要举措都涉及中国对外经贸投资关系，且均为国际经贸投资领域的国际法原则、规则所涵盖，应当做好各项举措的国际法治路径规划，以创新性思维推动全面开放的国际法治建设。

推进全面开放新格局的形成，既是中国对外开放的重大战略任务，又是开放性世界经济的关键所在。尽管面临着不小的困难和挑战，但同时也孕育着巨大的发展机遇，坚持以国际法治的宗旨和思维统领全面开放新格局是抓住机遇、克服困难和挑战的正确路径，是中国参与全球治理、提升国际规则话语权的不二选择，也是中国维护国际经济秩序、促进全球经济发展的大国责任担当。

"一带一路"法治化体系构建研究[*]

2013年,习近平主席提出共建丝绸之路经济带和21世纪海上丝绸之路的倡议,得到国际社会的广泛关注和积极响应。4年来,"一带一路"建设在全球范围取得了重大进展。[①] 无论是从发展规模和覆盖范围,还是从国际影响力来评价,"一带一路"已成为当前全球经济发展的重要推动力。作为中国首倡的全球经贸发展新路径,"一带一路"的制度建设和发展模式对于21世纪全球经济治理最终能否成功将产生巨大影响。[②]

构建"一带一路"合作体系无非有两条路径可以选择:一条路径是采取由中国主导、沿线国家以友好同盟关系为基础而形成的、封闭式经济同盟关系,另一条路径就是由中国与沿线各国共同协商建立以规则为导向、开放包容、民主透明的法治化体系。前者已被实践证明是一条不归路,历史经验和教训告诉人们,"小圈子式"的经济同盟模式尽管可能一时热闹,但最终只能"昙花一现"、不可持续,在这方面,中国积累的教训极为深刻。[③] 以规则为导向、开放包容、民主透明的法治化路径,不仅是建立新型国际关系的现实需求,更是国际关系保持稳定和可持续发展的必要保

---

[*] 本文系中国社会科学院2016年创新工程项目"'一带一路'法治化问题研究"课题阶段性成果,原载于《政法论坛》2017年第5期。

[①] 截至2017年,已经有100多个国家和国际组织参与"一带一路"建设,进度和成果超出预期。参见习近平2017年5月14日在"一带一路"国际合作高峰论坛开幕式上的演讲,http://news.xinhuanet.com/politics/2017 - 05/14/c_1120969677.htm,最后访问日期:2017年7月1日。

[②] 参见苏格《全球视野之"一带一路"》,《国际问题研究》2016年第2期。

[③] 对中华人民共和国成立以来中国外交在国际法方面的经验与教训的总结和研究,参见何志鹏、孙璐《新中国国际关系与国际法的起步——从和平共处到求同存异的演进研究》,载刘志云主编《国际关系与国际法学刊》第6卷,厦门大学出版社,2016,第156~161页。

证。① 只有构建一套法治化体系,选择一条法治化的发展路径,实现国内法治与国际法治的良性互动,"一带一路"才能确保长期、稳定、健康发展。②

法治是人类共同的文明成果,通过国际合作制定国际规范,建立可预期的国际制度,进而逐步建立公正、有效、法治化的全球治理模式是人类社会发展、进步的必然选择。在不断推进法治中国建设的同时,中国也需要在全球治理的法治化进程中阐述中国的立场,实现国际法治的中国表达。③ 在当前国内法治建设进入新阶段以及国际经贸关系格局已发生重大历史性变化的今天,构建"一带一路"法治化体系应当成为法治中国建设以及改革全球治理体制的重要使命。

一 构建"一带一路"法治化体系的指导原则

坚持各国共商、共建、共享,遵循平等、追求互利,不仅造福中国人民,更造福沿线各国人民,这是"一带一路"建设确立的根本宗旨和最终目标,构建"一带一路"法治化体系必须围绕这一宗旨和目标进行。"一带一路"既植根于现有国际经贸关系的基础,又是对国际经贸关系的发展、创新,因此,"一带一路"法治化体系要吸收借鉴全球经济治理的成功经验,更要因应国际关系的变化以及时代特点创新发展模式,推动全球治理体制的改革。

现有全球经济治理体制是第二次世界大战后形成的、以发达国家为主导建立的治理体制。④ 不可否认,这一治理体制及其法律制度为世界经济

---

① "20世纪世界治理模式的进步就是不断迈向法治理想与目标的制度发展与制度建设进步,推动或促进国际经济贸易治理的法治化。"刘志云主编《国际关系与国际法学刊》第6卷,厦门大学出版社,2016,第89~90页。
② 参见赵骏《全球治理视野下的国际法治与国内法治》,《中国社会科学》2014年第10期。
③ 参见何志鹏《国际法治的中国表达》,《中国社会科学》2015年第10期。
④ 关税及贸易总协定、国际货币基金组织与世界银行被公认为第二次世界大战后世界经济发展的三大经济支柱,参见姚梅镇主编《国际经济法概论》,武汉大学出版社,1999,第622页。以上述三大经济支柱的相关制度体系为基础发展起来的国际货物贸易、国际服务贸易、国际人员流动、国际资本流动及国际支付结算等方面的法律规则覆盖了国际经济关系的方方面面,成为国际经济法的主要内容和渊源。

的增长与国际经贸关系的重建作出了历史性贡献，有其合理和积极的一面，中国也是这一体系的长期参与者和受益者。但必须正视的是，这一治理体制主要反映了西方发达国家的立场，最终有利于西方发达国家，广大发展中国家只能服从它们的"治理"。基欧汉教授形容这种模式是一种"多国合作的俱乐部模式"，造成了国际民主的缺失。①

随着广大发展中国家经济实力不断提升，这种"多国俱乐部"模式的不公正、不合理越发凸显，② 改革呼声愈加强烈，但美国等西方传统强国试图采取各种方法和手段来维系这一不合时宜的治理模式。中国等发展中国家经济实力大增导致美国丧失了在世界贸易组织（WTO）多边贸易体制中的绝对主导权，美国已不能像乌拉圭回合那样自行其是，故对新一轮多哈回合谈判采取长期拖延，甚至不惜放弃的立场。奥巴马执政期间，美国就开始从"多边"向"区域"性经贸谈判转向，其主导签署的《跨太平洋伙伴关系协定》（TPP）中"美国色彩"极其浓厚，尽管特朗普政府决定退出该协定，宣称将以双边谈判方式缔结所谓能实现美国利益最大化的经贸协定，但无论是区域性谈判还是双边性谈判，美国维持其全球经济体系中霸权地位的意图仍十分明显；以提升中国等发展中国家投票权为核心的国际货币基金组织（IMF）改革，虽未影响到美国拥有的重大决策"否决权"，但对这一改革方案美国国会长时间不予批准，导致国际货币金融体系改革严重滞后，迫于国际压力美国最终同意了 IMF 投票权改革，但至

---

① 基欧汉指出："从 1944 年布雷顿森林会议开始，有关治理的关键机制就以'俱乐部'的方式来运行。最初，少数富国的内阁部长及同一问题领域的部长级官员聚在一起制定规则。贸易部长们主导了 GATT；财政部长们则推动了 IMF 的工作；国防部长和外交部长会聚北约总部；央行行长则聚首国际清算银行。他们先秘密磋商，然后将相关协议提交国家立法机关并公布于众。直到最近，这种模式仍是不可挑战的。"〔美〕罗伯特·O. 基欧汉：《局部全球化世界中的自由主义、权力与治理》，门洪华译，北京大学出版社，2004，第 249 页；又参见刘志云《当代国际法的发展：一种从国际关系理论视角的分析》，法律出版社，2010，第 174 页。

② "三个国际组织都面临着重大的合法性与问责性危机，因为它们内部的投票与决策结构没有反映全球新的权力关系现实……要让国际经济组织在 21 世纪全球充满活力的经济中重要、负责、有效，有必要进行重大的制度改革。政府领导人应当将这作为一项优先事务。"〔加拿大〕黛布拉·斯蒂格主编《世界贸易组织的制度再设计》，汤蓓译，上海人民出版社，2011，第 5 页。

今仍耿耿于怀；对于中国倡导建立的"亚洲基础设施投资银行"，美国起初非但不予支持，反而采取各种手段阻挠其西方盟友加入该行，唱衰意味十分强烈。美国上述做法无疑是逆国际形势发展的潮流而动，是霸权思想和"冷战"思维的固守和延续。①

面对错综复杂的国际形势以及保护主义的甚嚣尘上，中国提出了具有包容、开放精神的"一带一路"倡议，向国际社会发出了支持贸易与投资自由化的强烈信号。② 在其推进过程中，理应顺应时代发展潮流，回应改革现有全球经济治理体制的呼声，以鲜明的时代特点创新治理模式，其核心是改变倚强凌弱、以大欺小的不公正、不合理的治理体系，推动全球经济治理向公正、合理的方向发展。③

结合"一带一路"的宗旨和目的以及改革全球经济治理的时代使命，在当前形势下，构建"一带一路"法治化体系应遵循以下三项原则。

第一，平等、互利原则。这一原则是构建"一带一路"法治化体系的首要指导原则。

中国倡导"一带一路"伊始就提出了共商、共建、共享的发展理念，遵循平等、追求互利的基本原则。这绝非一时冲动或权宜之计，而是中国总结历史经验、推动全球治理体系变革的长期战略。

中国从一个经济发展落后、经济实力弱小的国家发展成为当今世界第二大经济体，其经历的过程是艰苦和不平凡的。曾几何时，美国等西方发达国

---

① 美国上述对华政策转变本身反映了中美实力对比变化，美国已意识到其掌控全球事务能力在下降，也认识到中国崛起引发权势转移对现行国际体系的影响。参见赵华《透视新"美国衰落"争论》，载刘志云主编《国际关系与国际法学刊》第6卷，厦门大学出版社，2016，第201页。

② "与TPP相比，'一带一路'的合作机制突出表现为它的多元化和开放性。"李向阳：《跨太平洋伙伴关系协定与"一带一路"之比较》，《世界经济与政治》2016年第9期。"'一带一路'倡议下的国际贸易、国际金融和国际投资等国际经贸规则正在经历着不同意义上的重构。"张乃根：《"一带一路"倡议下的国际经贸规则之重构》，《法学》2016年第5期。

③ "倡议充分体现了'携手构建合作共赢新伙伴，同心打造人类命运共同体'这一全球治理新理念，有利于化解区域间经贸安排可能带来的矛盾与冲突，有助于展开各种形式的国际经贸合作，对于形成更加公平、合理的国际经贸新规则而言意义重大而深远。"张乃根：《"一带一路"倡议下的国际经贸规则之重构》，《法学》2016年第5期。

家动辄以各种借口对中国实施经济制裁,在中国加入 WTO 谈判中,这些国家罔顾中国的发展中国家地位,肆意抬高要价,以"非市场经济""特殊保障措施"等超 WTO 义务对中国企业和产品实行歧视性贸易政策;在其国内,针对中国投资长期施以"高标准"安全审查,使中国付出了极高的经济代价。① "己所不欲,勿施于人",中国绝不会将自己经历的痛苦强加于别国。

无论是全球治理模式改革要求,还是中国发展的历史经验均表明,"一带一路"体系建构必须遵循平等、互利原则,实现国际经济民主。我们应本着真诚的态度与沿线国家平等协商,通过实际行动取信于沿线国家,绝不以"老大"自居;应深刻认识到沿线国家充分参与"一带一路"合作体系创设的必要性,通过与沿线国家之间多边或双边磋商"一带一路"法律框架,不论是在投票权设置还是在规则制定方面,都要尊重并倾听各方意见和建议,真正将"一带一路"做成国际集体事业。在这一过程中,深入探寻和理解"一带一路"沿线国家各自真正需要什么,而不能主要由我们自己界定它们需要什么。平等和互利不可分割,"一带一路"建设必须强调公平的利益分配,甚至应偏惠于一些弱国贫国,追求实质平等,通过与沿线国家的真诚合作实现互利共赢的目标。②

第二,规则导向原则。这是"一带一路"法治化的核心,是营造稳定、可预见性发展环境的必然选择。

所谓规则导向,就是要求"一带一路"建设中的合作与开发活动遵循现有国际法原则和规则,尊重普遍适用的国际商业规则和惯例,进行全面的制度构建。同时,规则导向原则还要求参与"一带一路"建设的商事主体尊重东道国制定的法律,要求各国政府及司法机构在解决"一带一路"商事纠纷时尊重国际商事主体选择适用的法律以及相关国际公约和国际惯例。③

---

① 市场经济地位之争不是一个单纯的法律和经济问题,而是美国赖以制衡中国的政治手段。参见孙昭《寸土必争的世贸争端》,知识产权出版社,2015,第 11~14 页。
② 参见时殷弘《"一带一路":祈愿审慎》,《世界经济与政治》2015 年第 7 期。
③ 何志鹏认为,针对从实力本位向规则本位转型发展的当代国际制度,中国可以另辟蹊径,开启公平本位的导向。笔者认为,这是对规则本位的一种更高的要求,其实,公平是规则导向的应有之义。参见何志鹏《"一带一路"与国际制度的中国贡献》,《学习与探索》2016 年第 9 期。

改革传统的全球治理模式,绝不意味着抛弃那些已被实践证明行之有效的国际法原则和规则,这些原则和规则是建立在科学基础之上的人类文明遗产,"一带一路"法治化体系构建应充分发掘和利用这些国际贸易投资法律制度中的宝贵资源。[1] 在此基础之上,建立一整套由条约、协定、合同、章程等法律文件构成的"一带一路"规则体系。[2]《联合国货物买卖合同公约》《承认及执行外国仲裁裁决的公约》(即《纽约公约》)等国际商事条约为"一带一路"商事活动提供了规则范本。沿线各国属于不同的法系和法律文明,但平等保护原则、诚信原则、正当程序原则等均为其所尊崇,这些公认的基本法律原则亦应成为"一带一路"法治化体系中必不可少的普遍性法律原则。[3]

不断完善和创新现代国际法规则,同样是"一带一路"规则导向原则的重要要求。当前,新一轮 WTO 多边回合谈判举步维艰,环境保护、气候变化、互联网经济等新生事物亟待新的国际法规则予以规制。[4] "一带一路"应通过不断的规则创新,推动相关国际法规则进步。

规则导向原则还要求"一带一路"建立适合于自身特点的争端解决体系,及时、公正地解决沿线国家之间、东道国与投资者之间、商事主体之间可能产生的各种争端和纠纷。

第三,可持续发展原则。这是"一带一路"长期健康发展的根基,也是提升"一带一路"品质和国际形象的关键。

自 1992 年联合国环境与发展大会通过的《21 世纪议程》提出"进一步发展国际可持续发展法"的要求以来,国际可持续发展法有了令人瞩目

---

[1] 中国是现行国际秩序的受益者,改革传统治理模式并不意味着全部推倒重来。参见李鸣《国际法与"一带一路"研究》,《法学杂志》2016 年第 1 期。

[2] "'一带一路'战略的推进必须坚持规则导向,以实现国际区域法治的方式进行。我国要从贸易大国走向贸易强国,构建新型的国际合作发展空间和秩序,必须以规则和区域国际法治引领区域的合作和共同发展繁荣。"张晓君:《"一带一路"战略下自由贸易区网络构建的挑战与对策》,《法学杂志》2016 年第 1 期。

[3] 有学者主张,应从更大的国际法角度研究"一带一路"体系构建,参见李鸣《国际法与"一带一路"研究》,《法学杂志》2016 年第 1 期。

[4] 参见张乃根《"一带一路"倡议下的国际经贸规则之重构》,《法学》2016 年第 5 期。

的发展。① 现如今，可持续发展不仅是人类社会发展的总体目标，更是各国肩负的重要法律责任。作为国际合作的新形式，"一带一路"建设应坚持可持续发展原则，并将这一原则落实为实际行动。②

在"一带一路"建设中，基础设施和能源始终是中国与沿线国家合作的优先领域，同时基础设施建设和能源开发又是生态环境风险的高发领域，面临着可持续发展的严峻考验。从地域上看，陆上丝绸之路经过欧亚大陆腹地，这里是全球生态问题突出地区之一，而海上丝绸之路沿岸国家大多是发展中国家，同中国一样正面临发展带来的环境污染困扰，"一带一路"沿线国家整体上分散在环境脆弱地区。③ 以上因素决定了可持续发展对"一带一路"建设具有特殊意义。

过去一段时期，"中国环境威胁论""中国生态倾销论"等在国际上颇有市场。这些论调固然反映了西方国家的偏见，但一些中国投资者不顾当地环境乱采乱挖的现象也确有发生，这不但严重破坏了中国的国际形象，也给中国企业造成了严重的经济损失。能否将可持续发展原则落实到贸易、投资、基础设施建设等具体项目中，不仅关乎"一带一路"品质和形象，更关乎"一带一路"建设能否长期健康发展。

近年来，国际经济法律制度已将可持续发展作为重要的转型要素。④

---

① 环境保护与经济发展相协调原则、行使主权权利不得损害境外环境原则、自然环境和环境的可持续利用原则、国际合作共谋可持续发展原则已成为可持续发展法的核心原则。参见赵建文《"一带一路"建设与"可持续发展法"》，《人民法治》2015 年第 11 期。
② 国家发展改革委、外交部和商务部 2015 年 3 月发布的《推动共建丝绸之路经济带和 21 世纪海上丝绸之路的愿景与行动》提出：在"投资贸易中突出生态文明理念，加强生态环境、生物多样性和应对气候变化合作，共建绿色丝绸之路"，"共建'一带一路'……实现沿线各国多元、自主、平衡、可持续的发展"。
③ 参见宁红玲、漆彤《"一带一路"倡议与可持续发展原则——国际投资法视角》，《武大国际法评论》第 19 卷第 1 期，武汉大学出版社，2016。
④ 以国际投资法为例，最近缔结的国际投资协定中（2008～2013 年）超过四分之三包含"可持续发展"的语言，2012 年和 2013 年缔结的所有的投资协定都包含此类规定。2014 年签署的 18 个国际投资协定大部分也都含有确保可持续发展目标的规制权条款。Gordon, K. J. Pohl and M. Bouchard (2014), Investment Treaty Law, Sustainable Development and Responsible Business Conduct: A Fact Finding Survey, OECD Working Papers on International Investment, 2014/01, OECD Publishing, p.5; UNCTAD, World Investment Report 2015, p.112，转引自宁红玲、漆彤《"一带一路"倡议与可持续发展原则——国际投资法视角》，《武大国际法评论》第 19 卷第 1 期，武汉大学出版社，2016。

在国际投资仲裁实践中，可持续发展相关问题越来越引起仲裁庭的关注。[①]"一带一路"对于上述发展态势不能忽视，应将环境保护、气候变化、劳工保护、反腐败等具有可持续发展内涵的国际法规则纳入法治化体系之中。

构建"一带一路"法治化体系，平等、互利是根本指导原则，这是由其宗旨所决定的，也是改革全球经济治理体系的要求；规则导向原则是法治化体系的核心，是稳定、可预见法律环境的必然选择；可持续发展原则是长期健康发展的根基，否则，"一带一路"将丧失正当性基础，最终"不可持续"。

指导原则确立后，制度内涵建设就成为关键。"一带一路"倡议的核心是推动中国与沿线国家之间开展经济贸易、投资、金融以及基础设施建设等领域的合作，国际贸易、投资、商事、海事规则等国际法律规则应成为"一带一路"法治化体系的制度内涵；"一带一路"建设涉及大量中国与沿线国家市场主体之间的民商事交往，中国与沿线各国的对外经贸法律制度建设以及涉外民商事法律制度亦不可或缺。因此，"一带一路"法治化体系的制度内涵应当包括国际法、国内法两大领域，通过国际法、国内法规则的良性互动，实现法治化的发展目标。

二 "一带一路"法治化体系的国际法内涵

"一带一路"法治化体系的国际法内涵不仅应包括中国与相关国家和地区签署的既有双边、区域性及多边贸易与投资条约、协定，还应当吸纳国际经贸规则发展的最新成果，以贸易便利化为核心构建国际贸易法规则，以推进沿线国家的基础设施建设为工作重心创新国际投资规则，构建"亚洲基础设施投资银行"及"丝路基金"等开发性金融机构的国际金融法律规则，将构建一个代表 21 世纪国际经济法发展成果的国际条约体系作为其法治化的重要目标。[②]

在国际贸易、投资法领域，中国应与"一带一路"沿线国家一道，共同梳理现有双边、多边贸易和投资协定，以贸易、投资便利化为核心，推

[①] 参见宁红玲、漆彤《"一带一路"倡议与可持续发展原则——国际投资法视角》，《武大国际法评论》第 19 卷第 1 期，武汉大学出版社，2016。

[②] 参见张乃根《"一带一路"倡议下的国际经贸规则之重构》，《法学》2016 年第 5 期。

动与沿线国家和地区签订不同层级、不同水平的贸易投资协定。① 在这一进程中，以下法律条款应重点加以考虑。②

1. 环境条款

可持续发展原则要求参与"一带一路"建设的各国政府及其海外投资者必须肩负起保护海外投资环境的法律义务。中国与"一带一路"沿线国家应借鉴公认的国际环境公约、气候变化公约等国际环境法规则，结合各国经济发展水平和特点，共同谈判设计和制定"一带一路"建设中的环境条款。"一带一路"沿线国家大多属于发展中国家，面临着经济发展与环境保护之间协调困境，这无疑是一项艰巨的任务。③

2. 劳工条款

近些年来，劳工标准被国际贸易投资协定接纳的趋势愈加明显，在"一带一路"贸易投资协定中确定基本劳工标准，不但符合国际经贸规则的发展趋势，对于沿线各国劳动者权益维护也是必要的。但在劳工条款制定过程中，不能忽视这些国家大多属于发展中国家的现实，不能超过各国经济社会发展水平而设置过高标准，且应根据各国不同情况区别对待，为此，中国与沿线国家应开展充分协商，绝不能强加于人。

3. 人权条款

当前，人权保护已逐渐渗透到国际贸易、投资法领域。④ 尽管可能存

---

① 现有"一带一路"沿线国家签署的自由贸易协定仍体现出碎片化、自由化便利化程度低、覆盖面窄等问题，参见张晓君《"一带一路"战略下自由贸易区网络构建的挑战与对策》，《法学杂志》2016年第1期。
② 我国应根据WTO的RTA规则，参考TPP的相关规定，在推进"一带一路"沿线国家或地区的RTA网络建设中逐步顺应国际经济法规则的新变化，根据不同国家或地区的特点，达成不同水平的RTA，尤其要充分考虑将投资、环境、劳工规则纳入RTA中。参见张乃根《"一带一路"倡议下的国际经贸规则之重构》，《法学》2016年第5期。
③ 现阶段我国签订的投资协定在环境保护方面的规定仍处于较低水平，目前从中国已签订的双边投资协定（BITs）来看，仅在与新加坡和东盟签订的BITs中提到了环境保护的条款，但仍较为笼统，并且缺乏监督机制；中国现有129项BITs中仅有极个别BITs在序言中涉及健康问题。这是"一带一路"法治化进程中必须特别关注的议题。参见竺彩华、李诺《全球投资政策发展趋势与构建一带一路投资合作条约网络》，《国际贸易》2016年第9期。
④ "国际贸易事务以及它影响我们赖以生存的社会的方式，特别是在过去几十年中已引发公众和政治家们的关注。"James Harrison, *The Human Rights Impact of the World Trade Organization*, Oxford and Portland, Oregon, Hart Publishing, 2007, p. 4.

在争议，但无论是缔结新的贸易投资协定，还是建立亚洲基础设施投资银行（以下简称"亚投行"）等新的国际金融组织，人权都是绕不开的一个问题。"一带一路"建设以促进各国经济发展为目标，本身就是对国际人权事业的重大贡献，因此，"一带一路"不仅不应回避人权话题，而且应理直气壮地阐释对人权原则的理解。中国应与沿线国家一道共同设计贸易投资领域中的人权条款，在贸易投资自由化与人权保护之间建立起法律上的平衡。①

4. 知识产权保护条款

高标准的知识产权保护成为新一代贸易投资协定的一个重要特征，包括延长著作权的保护时间、加强互联网知识产权保护、对临时性侵权行为的惩罚、降低侵犯知识产权行为的刑事门槛等。② 作为引领国际合作潮流的"一带一路"，应借鉴、吸纳新一代贸易投资协定中知识产权保护条款的相关内容。当然，考虑到"一带一路"沿线国家多为发展中国家的实际情况，中国应与沿线国家根据不同情况，确立多元化知识产权保护标准。

5. 贸易便利化条款

贸易便利化对于"一带一路"建设极为重要，"一带一路"的一项重要目标就是实现区域内商品和服务的互通有无，核心就是便利化。③ "一带一路"应特别关注货物通关、商品检验检疫、质量标准、电子商务规则等法律问题。通过程序和手续的简化、适用法律和规定的协调、基础设施的标准化和改善，创造一个协调的、透明的、可预见的营商环境。

除上述条款外，反腐败问题、国有企业问题、竞争法规则等也是新一

---

① 参见 Thomas Cottier, Joost Pauwelyn, and Elisabeth Burch, "Linking Trade Regulation and Human Rights in International Law: An Overview", *Human Rights and International Trade*, Edited by Thomas Cottier, Joost Pauwelyn and Elisabeth Burgi Bonanomi, Oxford University Press, 2005, p. 21.

② TPP 在知识产权规则方面的条款规定超出了 TRIPs 规定的义务，与先前的《反假冒贸易协定》（ACTA）相比，不仅覆盖面更广，而且涵盖了实体与程序两方面的规则。参见张乃根《"一带一路"倡议下的国际经贸规则之重构》，《法学》2016 年第 5 期。

③ 促进投资便利化已成为全球投资政策发展的重要趋势，参见竺彩华、李诺《全球投资政策发展趋势与构建一带一路投资合作条约网络》，《国际贸易》2016 年第 9 期。

代贸易投资协定中的重点规制领域,应引起中国与沿线国家高度重视,在这些领域设计具有自身特色的相应规则。①

在国际金融法领域,中国与参与各方就亚投行建立的宗旨和目的、份额、投票权分配、决策机制、投资导向及标准、成员方资格等充分协商,借鉴世界银行、亚洲开发银行等成功做法,吸取它们的教训,努力推动国际金融制度创新。②

亚投行决策机制设计应既考虑各国出资的份额大小,又考虑全体成员方的话语权,设计不同事项、不同类别的决策权分配方案,在投票权问题上真正做到实质平等。③ 公平、透明、廉洁、高效应成为亚投行奉行的基本原则。公平,是亚投行建立的基础,亚投行对所有成员无论大小均公平对待;透明,是亚投行决策和运行的特色,亚投行全部决策及其过程均应公开、透明;廉洁,是亚投行成功的保障,亚投行自身建设以及投融资项目必须保持廉洁;高效,这一原则要求亚投行及时回应成员方诉求,减少繁文缛节,高效地为成员方提供服务。

亚投行成立以来的成功运行,为"一带一路"建设作出了突出贡献,其制度设计应日臻完善,成为当今国际金融治理的典范。

三 "一带一路"法治化体系的国内法内涵

在国际治理中,国内法治和国际法治始终相互贯通、相互渗透、相互影响,共同为国际治理的推进提供坚实的法律制度保障。④ "一带一路"法

---

① 对于环境、劳工、人权保护、知识产权、反腐败等规则,应根据沿线各国的具体情况、逐步推进的做法缔结相关贸易投资协定。参见张晓君《"一带一路"战略下自由贸易区网络构建的挑战与对策》,《法学杂志》2016 年第 1 期;另参见张莉《"一带一路"战略应关注的问题及实施路径》,《中国经贸导刊》2014 年 9 月刊(下)。

② 亚投行的成立与运行以及其制定的法律规则对于国际货币金融规则以及治理体系重构是具有突破意义的实质进展。参见张乃根《"一带一路"倡议下的国际经贸规则之重构》,《法学》2016 年第 5 期。

③ IMF 的决策机制采用的是加权表决制,其缺陷是美国一家独大,有权否决 IMF 所有重要决策。WTO 采用的是"协商一致"原则,其好处在于,不论国家大小,一律平等,均有权否决 WTO 重要决策,但其弊端也十分明显——无法就国际贸易领域中的重要问题尽快作出决定,导致体制僵化。

④ 参见贺荣《论中国司法参与国际经济规则的制定》,《国际法研究》2016 年第 1 期。

治化要通过国内法治与国际法治的互动来实现，中国与沿线国家在充实"一带一路"国际法内涵的同时，应为"一带一路"营造良好的国内法律环境，平等保护各国商事主体的利益。为此，各国应在投资者保护、涉外民商事审判、国际仲裁裁决承认与执行以及司法协助等领域加强合作，在条件成熟时，推动形成国际法规则。

根据"一带一路"建设的特点，其国内法内涵应包括两方面内容：一是与"一带一路"密切相关的涉外经贸法律制度建设；二是中国与沿线国家的涉外民商事法律制度及司法运用。

在涉外经贸法律制度建设方面，中国与沿线各国应特别注重贸易、投资领域的开放以及涉及公平市场环境的国内法问题。在这方面，中国已经作出了巨大努力。自2013年上海自贸试验区设立以来，通过在自贸试验区内各项深化改革或扩大开放的制度试验，中国已初步建立了以准入前国民待遇和负面清单制度在内的贸易投资法律创新体系。① 2016年8月，中国政府决定在辽宁省、浙江省、河南省、湖北省、重庆市、四川省、陕西省新设立7个自贸试验区，在更广领域、更大范围形成各具特色、各有侧重的试点格局，推动全面深化改革扩大开放。②

中国不仅应将自贸试验区的成功经验适时转化为相关领域的国内立法，还应及时推广至中国与沿线国家签订的双边或区域性自贸协定之中，与此同时，将"一带一路"建设中形成的国际法规则及时反映到国内自贸试验区制度之中，实现国内自贸试验区与"一带一路"持续互动。③

"一带一路"体系国内法内涵中的另一个重要内容就是中国与沿线国家涉外民商事法律制度及其司法运用，这对于降低"一带一路"法律风

---

① 已在上海、天津、福建和广东设置的自贸试验区形成可复制推广的制度经验，主要包括以负面清单管理为核心的外商投资管理制度、以贸易便利化为重点的贸易监管制度、以资本项目可兑换和金融服务业开放为目标的金融创新制度、以政府职能转变为核心的事中事后监管制度。参见张乃根《"一带一路"倡议下的国际经贸规则之重构》，《法学》2016年第5期。

② 参见《国务院关于做好自由贸易试验区新一批改革试点经验复制推广工作的通知》（国发〔2016〕63号），http://www.gov.cn/zhengce/content/2016-11/10/content_5130918.htm，最后访问日期：2016年11月24日。

③ 参见张乃根《"一带一路"倡议下的国际经贸规则之重构》，《法学》2016年第5期。

险、增强投资者信心至关重要。近年来,中国在涉外民商事法律建设领域取得了重大进步,服务与保障"一带一路"的司法举措不断出台,展示了中国司法开放、包容的态度。

在涉外民商事领域,一方面,中国的司法机构创新现有涉外民商事法律制度,通过审理涉"一带一路"建设相关案件,维护各类市场主体的合法权益,平等保护中外当事人的利益;另一方面,大力开展"一带一路"沿线国家之间的司法合作,推动各国间的司法协助,解决司法管辖冲突、国际平行诉讼,以及司法判决、仲裁裁决的承认与执行问题。通过上述举措,形成了有利于"一带一路"建设的良好国内司法环境。

2015年6月16日,最高人民法院发布《最高人民法院关于人民法院为"一带一路"建设提供司法服务和保障的若干意见》(以下简称《意见》)。① 该意见紧密结合"一带一路"建设的特点和我国涉外商事海事审判工作实践,借鉴国际先进司法理念,在管辖权、司法互惠、适用国际条约和惯例、外国法查明、涉外仲裁裁决的司法审查等多方面作出了创新性规定。②

1. 管辖权制度

《意见》在管辖权方面的规定总结借鉴了其他国家相关立法和司法判例,科学合理地确定涉"一带一路"案件的连接因素,为积极行使我国法院的司法管辖权迈出了重要一步。同时,强调根据"意思自治"原则,充分尊重中外市场主体协议选择司法管辖的权利;通过与沿线国家的司法机构友好协商,减少涉外司法管辖的国际冲突,逐步与沿线国家建立司法合作渠道和机制,从而妥善解决国际间平行诉讼问题。③

2. 司法互惠

跨境送达、取证是国际民事诉讼必不可少的法律程序,承认与执行外

---

① 参见《最高人民法院关于人民法院为"一带一路"建设提供司法服务和保障的若干意见》(法发〔2015〕9号),《人民法院报》2015年7月8日,第2版。
② 参见《担当时代职责使命 依法护航国家战略——法学专家解读〈最高人民法院关于人民法院为"一带一路"建设提供司法服务和保障的若干意见〉》,《人民法院报》2015年7月8日,第5版。
③ 参见《最高人民法院关于人民法院为"一带一路"建设提供司法服务和保障的若干意见》(法发〔2015〕9号),《人民法院报》2015年7月8日,第2版。

国法院判决的重要性不必多言，如果得不到他国法院的承认与执行，当事人付出再高代价赢得的判决也只不过是一张废纸。《意见》提出在一定条件下中国法院将先行给予他国司法优惠，这对于沿线国家当事人而言是一个重大利好。①

2017 年 6 月 8 日，第二届中国—东盟大法官论坛通过了《南宁声明》，第七项规定反向推定互惠关系的共识，这标志着互惠原则在司法实践中取得了更大突破。② 尽管这仅是中国与东盟国家法院之间的重要共识，但中国推动"一带一路"沿线国家司法互惠的意愿进一步彰显。

3. 适用国际条约和外国法

《意见》提出，人民法院应严格依照《维也纳条约法公约》第 31 条和第 32 条规定的解释通则，根据条约用语通常所具有的含义按其上下文并参照条约的目的及宗旨对国际条约进行善意解释。③

这是我国第一次在国内重要司法文件中直接写入国际公认的条约解释通则，对于准确适用国际公约、提升国内民商事判决的国际公信力具有十分重要的意义。在国际商业交易中，已形成了大量各国普遍接受的国际惯例，准确适用这些国际惯例，对于案件裁判国际认可度提升无疑是非常积极的。④

根据《意见》规定，当相关案件涉及外国法律适用时，法院将依照我国《涉外民事关系法律适用法》等冲突规范的规定，全面综合考虑法律关

---

① 参见石静霞《司法助力"一带一路"战略的有效实施》，《人民法院报》2015 年 7 月 8 日，第 5 版。

② 《南宁声明》第七项规定："区域内的跨境交易和投资需要以各国适当的判决的相互承认和执行机制作为其司法保障。在本国国内法允许的范围内，与会各国法院将善意解释国内法，减少不必要的平行诉讼，考虑适当促进各国民商事判决的相互承认和执行。尚未缔结有关外国民商事判决承认和执行国际条约的国家，在承认与执行对方国家民商事判决的司法程序中，如对方国家的法院不存在以互惠为理由拒绝承认和执行本国民商事判决的先例，在本国国内法允许的范围内，即可推定与对方国家之间存在互惠关系。"参见张勇健《"一带一路"背景下互惠原则实践发展的新动向》，《人民法院报》2017 年 6 月 20 日。

③ 参见《最高人民法院关于人民法院为"一带一路"建设提供司法服务和保障的若干意见》（法发〔2015〕9 号），《人民法院报》2015 年 7 月 8 日，第 2 版。

④ 参见张晓君《司法护航"一带一路"建设》，《人民法院报》2015 年 7 月 8 日，第 5 版。

系的主体、客体、内容、法律事实等涉外因素，充分尊重当事人选择准据法的权利，积极查明和准确适用外国法，消除沿线各国中外当事人国际商事往来中的法律疑虑。①《意见》为"一带一路"建设参与者自由选择合同所适用的法律创造了良好条件，促使他们更愿意选择中国法院来解决民商事纠纷。

4. 司法支持国际仲裁

作为国际通行的跨国民商事领域纠纷解决方式，国际仲裁最终能否有效解决纠纷很大程度上依赖于主权国家对待仲裁的态度和司法立场。《意见》首次将支持仲裁作为一项法律原则纳入该司法文件。

在开展涉"一带一路"案件国际商事仲裁裁决司法审查工作时，人民法院将严格依照《纽约公约》，对于依法应当承认和执行的仲裁裁决，依法及时予以承认和执行。对于那些尚未参加《纽约公约》的沿线国家仲裁机构作出的仲裁裁决，将本着互惠的原则对依法应当承认和执行的仲裁裁决，及时予以承认和执行。通过审理"一带一路"建设相关仲裁司法审查案件，中国法院将不断强化仲裁司法审查报告制度，推广仲裁司法审查案件统一归口涉外审判庭审查的工作机制，确保仲裁司法审查规范统一、公正高效。②

除以上创新外，《意见》特别提出，要研究"一带一路"建设中的国际经贸争端解决机制，探索司法支持贸易、投资等国际争端解决机制充分发挥作用的方法与途径，保障沿线各国双边投资保护协定、自由贸易区协定等协定义务的履行。③这表明，中国司法机关将积极支持国际争端解决机制在"一带一路"建设中发挥作用，进一步保障中外投资者的合法权益。④

---

① 参见《最高人民法院关于人民法院为"一带一路"建设提供司法服务和保障的若干意见》（法发〔2015〕9号），《人民法院报》2015年7月8日，第2版。
② 参见《最高人民法院关于人民法院为"一带一路"建设提供司法服务和保障的若干意见》（法发〔2015〕9号），《人民法院报》2015年7月8日，第2版。
③ 参见《最高人民法院关于人民法院为"一带一路"建设提供司法服务和保障的若干意见》（法发〔2015〕9号），《人民法院报》2015年7月8日，第2版。
④ 参见韩秀丽《积极探索司法支持投资争端解决机制》，《人民法院报》2015年7月8日，第5版。

《意见》在涉外民商事法律领域作出的诸多创新彰显了中国将以包容、开放的态度推进"一带一路"法治化的决心和信心。为进一步落实这些举措,最高人民法院还应当深入研究国家主权豁免、"法庭之友"、法律援助、透明度等重要涉外民商事法律问题,及时推出相关司法政策。

除自身努力外,中国应通过各种渠道向"一带一路"沿线国家宣传中国涉外民商事法律及司法制度所取得的进步,还应与"一带一路"沿线国家充分利用现有司法合作平台,适时建立"一带一路"司法论坛,就涉"一带一路"民商事案件面临的法律问题以及司法协助问题进行协商,共同丰富"一带一路"国内法内涵。[①]

四 "一带一路"法治化体系中的争端解决机制

争端解决机制是法治化进程中必不可少的环节,缺少公正、高效的争端解决机制,"一带一路"将无法保持长期、稳定发展。构建"一带一路"争端解决机制需要从国际、国内两个层面深思谋虑,需要国际争端解决机制与国内司法机制之间的有机结合。结合"一带一路"的特点,"一带一路"争端解决机制应遵循以下指导原则。[②]

第一,通过平等协商、谈判解决争端。

坚持各国共商、共建、共享的宗旨,要求"一带一路"建设中一旦发生争端,当事各方应尽最大努力通过协商、谈判的方式加以解决,这应成为"一带一路"争端解决机制构建的首要原则。[③] 在这方面,WTO 争端解决机制可资借鉴。磋商是 WTO 案件进入实质审理之前的法定前置程序,使得成员方之间的大量贸易争端在磋商阶段就已妥善解决,并未进入实质审理。[④] 此外,案件无论在专家组阶段、上诉审阶段还是在执行阶段,

---

[①] 现有"上海合作组织"最高法院院长会议、亚太首席大法官会议、中国—东盟大法官论坛、金砖国家大法官会议等机制。参见贺荣《论中国司法参与国际经济规则的制定》,《国际法研究》2016 年第 1 期。

[②] 参见蒋圣力《论"一带一路"战略背景下的国际贸易争端解决机制的建立》,《云南大学学报》(法学版) 2016 年第 1 期。

[③] 参见蒋圣力《论"一带一路"战略背景下的国际贸易争端解决机制的建立》,《云南大学学报》(法学版) 2016 年第 1 期。

[④] 参见 WTO《关于争端解决规则和程序的谅解》第 4 条规定。

WTO 均鼓励争端各方通过协商、谈判的方式解决,确保许多争端不致进入最终的强制执行程序。

中国与各沿线国家应鼓励并促使国家间、投资者与东道国间、商事主体之间友好协商解决争端,应充分利用中国与沿线各国已搭建的平台,如中国东盟 10+1 领导人会议机制、中国—中东欧国家合作机制、中国—阿拉伯国家合作论坛、中非论坛等多边合作机制协商解决相关经贸争端,创造团结友善、富有亲和力的合作氛围。

第二,尊重现代国际法规则及公认的国际商事规则。

"一带一路"争端解决机制应充分尊重并运用现代国际法规则,各类商事主体之间的争端解决也必须遵循国际商事交易规则,寻求可依据的共同法律基础。

这一原则还要求"一带一路"争端解决机制采取国际公认的仲裁、调解、斡旋等多元化纠纷解决方式,不仅应尊重 WTO 等国际机构作出的裁决以及国际投资仲裁裁决,还应当在其国内司法机构审理涉"一带一路"民商事案件中尊重并运用现代国际法规则和国际商事规则。[①]

第三,推动"一带一路"司法合作与协助。

成功的争端解决机制离不开高效、便利的司法合作与协助机制。"一带一路"沿线国家文化传统不同,法律制度各异,横跨大陆法系、普通法系、伊斯兰法系等世界几大法系,这就需要在"一带一路"沿线国家间开展并推动司法合作与协助,以确保争端解决的最终成果落到实处。高效、便捷的司法合作与协助机制对于营造"一带一路"法治化营商环境的意义非同小可,中国与"一带一路"沿线国家应为此相向而行。

构建"一带一路"争端解决机制是一项复杂而艰巨的系统工程,不仅

---

① 有的学者认为,"一带一路"争端解决机制不易照搬或直接诉诸既有的国际贸易争端解决机制,但笔者认为,这一观点有失偏颇,因为"一带一路"沿线许多国家都是 WTO 的成员以及《关于解决国家和他国国民之间投资争端公约》(《华盛顿公约》)缔约国,相关贸易或投资争端诉诸 WTO 争端解决机制或《华盛顿公约》项下的投资仲裁机制是这些国家必须履行的国际条约义务。正确的做法是,应当将现有国际贸易争端解决机制与"一带一路"争端解决机制相结合,形成有机统一,共同为"一带一路"服务。参见蒋圣力《论"一带一路"战略背景下的国际贸易争端解决机制的建立》,《云南大学学报》(法学版)2016 年第 1 期。

要依靠现有国际争端解决机制，还要依靠国内司法机制，只有将国际、国内两方面的机制有机结合、形成合力，才能真正实现公正、高效解决争端的最终目标。

中国与"一带一路"沿线许多国家是 WTO 成员，也与许多沿线国家同属《华盛顿公约》缔约国，WTO 争端解决机制、《华盛顿公约》项下的解决投资争端国际中心（ICSID）等为"一带一路"争端解决提供了有效的法律途径。此外，中国与"一带一路"沿线国家还签署了区域性自由贸易协定和双边投资保护协定，这些协定中含有诸多争端解决条款和解决机制，应充分运用。[1]

在各方面条件成熟时，特别是符合"一带一路"沿线国家共同意愿的情形下，可结合"一带一路"的特点，共同构建"一带一路"创新性争端解决机制。目前，中国应与沿线国家一道探讨推动在亚投行、丝路基金等合作框架下建立新的争端解决机制的可能性。[2]

内国司法机制对于"一带一路"民商事主体之间的争端以及国际商事仲裁及投资仲裁裁决的承认与执行而言至关重要，理应成为"一带一路"争端解决机制的重要组成部分，沿线国家应为此开展广泛而深入的司法协助与合作。在这方面，中国的涉外民商事司法审判勇于开拓，已作出表率，还应进一步探讨建立国际商事法庭、国际商事调解委员会、国际仲裁机构"三位一体"的创新性涉外民商事司法机制。可见，理想中的"一带一路"争端解决机制应当是一套多层次、立体化、国际机制与国内机制相互配合和良性互动的争端解决机制。

五　结论

"一带一路"是中国在新的历史时期根据国际国内形势的新发展、新变化提出的重大倡议，得到了世界上许多国家和国际组织的响应，现已成

---

[1] 我国与"一带一路"沿线国家签署的自由贸易协定情况，参见张晓君《"一带一路"战略下自由贸易区网络构建的挑战与对策》，《法学杂志》2016 年第 1 期。

[2] 参见蒋圣力《论"一带一路"战略背景下的国际贸易争端解决机制的建立》，《云南大学学报》（法学版）2016 年第 1 期。

为全球经济发展的重要推动力。只有构建科学的法治化体系，营造稳定的、可预见性的法治环境，才能确保"一带一路"建设的长期、稳定、健康发展。

平等和互利原则、规则导向原则、可持续发展原则是构建"一带一路"法治化体系应遵循的指导原则。这一体系应包括国际法和国内法两大内涵：在国际法方面，依靠中国与相关国家和地区签署的既有双边、多边贸易与投资合作机制，融入国际金融法、投资法和贸易法发展的最新成果，创新国际经贸规则，构建一个代表21世纪国际经济法发展成果的国际条约体系。在国内法方面，在对外经贸法律制度建设方面，中国与沿线各国应特别注重贸易、投资领域的开放，以及涉及公平市场环境的国内法问题，改革、完善现有涉外民商事法律制度及司法运用，降低"一带一路"建设中的法律风险，平等保护中外当事人的利益，为此，应推动沿线国家之间的司法合作，解决司法管辖冲突、国际平行诉讼，以及司法判决、仲裁裁决的承认与执行等问题。中国已在这方面迈出坚实的一步，充分展示了开放、包容的态度。

"一带一路"法治化体系离不开公平、高效的争端解决机制，应坚持通过平等协商、谈判解决争端，运用现代国际法规则及公认的国际商事规则解决争端，推动司法合作与协助，在此基础上构建"一带一路"争端解决机制。中国与沿线国家应立足于现有国际争端解决机制，协商建立创新性争端解决机制，充分运用国内司法机制，形成一套多层次、立体化、国际机制与国内机制相互配合和良性互动的争端解决格局。

"一带一路"倡议的法治化构想*

"一带一路"倡议是中国根据国内、国际形势的发展、变化作出的具有划时代意义的重要决策,不仅是中国实施"走出去"对外经济战略发展的必然,更彰显了中国日益增强的国际影响力和承担更多国际责任的大国风范,但这一倡议必须建立在法治化的基础之上,通过与相关国家和地区签订一系列贸易和投资协定、成立国际组织、制定国际组织章程等法律方式来实现。只有实现法治化,才能确保"一带一路"倡议的最终实现和长期、稳定发展。"一带一路"倡议的法治化,不仅是自身发展的需要,也是中国提升国际规则话语权的需要,必将对21世纪国际贸易法、国际投资法和国际金融法等现代国际法产生重要而积极的影响。

"一带一路"倡议法治化的基本内涵是,充分依靠中国与相关国家和地区签署的既有双边、多边贸易与投资合作机制,融入国际金融法、投资法和贸易法发展的新成果,构建亚洲基础设施投资银行(以下简称"亚投行")及丝路基金等开发性金融机构的法律规则;以推进沿线国家的基础设施建设为工作重心,构建国际投资规则,以贸易便利化为核心,通过降低关税、简化通关手续、简化商品检验检疫程序、制定统一质量标准等构建国际贸易法规则,促进本地区产品与服务的互联互通。"一带一路"倡议法治化的目标应当是,构建一个以国际贸易规则、投资规则和争端解决规则为核心内容的、代表21世纪最新国际经济法发展成果的国际条约体系,使其成为国际贸易、投资法规则的集大成者。

"一带一路"倡议法治化的基本路径是,贸易与金融"两条腿"走路,

---

* 此文原载于新华社《经济参考报》2015年4月28日第8版,收入本书时有部分改动。

在贸易领域，中国与相关国家或地区梳理现有双边、多边贸易协定，以贸易便利化为核心，增加新内容、新举措，并借鉴国际贸易法最新发展成果，待时机成熟时推动建立与相关国家和地区的自由贸易协定；在金融领域，以建立亚投行为核心，与参与各方就亚投行建立的宗旨和目的、份额、投票权分配、决策机制、投资导向及标准、成员方资格等展开谈判，充分借鉴国际货币基金组织、世界银行、亚洲开发银行等现有国际金融机构的管理经验和成功做法，认真总结、吸取它们的教训和不足，将国际投资法、国际金融法的最新发展成果纳入亚投行章程和运营规则之中，使其成为 21 世纪国际投资法、国际金融法的典范。

在国际金融领域，由于现行国际金融体系未能适应国际经济形势的发展和变化，暴露出诸多缺陷和不足，难以满足经济全球化的新需求，为了更好地适应时代要求，作为"一带一路"重要内容之一的亚投行，应充分借鉴国际金融法发展的最新成果，明确以下几个主要原则。

第一，亚投行是对现有国际金融体系的补充。

亚投行的建立，必将改变全球金融治理格局，但并非取代国际货币基金组织和世界银行等现有国际金融机构，而应当是对现有国际金融体系的补充。从亚投行的规模、性质以及影响范围来看，亚投行在短期内还难以成为全球性货币金融组织，但完全可以弥补现有国际金融组织的不足，促进全球货币金融秩序的稳定，更好地为全球实体经济服务。

第二，亚投行与现有国际货币金融机构之间是合作关系。

亚投行与现有国际金融机构之间应当建立合作关系，而非相互排斥关系，应当在合作基础上开展竞争，共同为全球经济发展作出贡献。尽管现有国际货币金融机构存在诸多不足和缺陷，但依然发挥着稳定全球货币金融秩序、促进全球经济恢复的作用，因此，亚投行建立后，应当与这些组织开展广泛合作，并发挥各自优势开展竞争，就全球性或地区性国际货币金融问题展开磋商、共同应对。在长期的运营过程中，现有国际货币金融组织积累了许多管理方面的经验，也有一些失败的教训，对此，亚投行均可在与之合作的过程中借鉴和吸取。

第三，亚投行应当建立科学、合理的决策机制。

当前，国际经济组织的决策机制主要有股份制、加权表决制、协商一致等。IMF的决策机制采用的是加权表决制，其缺陷是美国一家独大，有权否决IMF所有重要决策。WTO采用的是"协商一致"原则，其好处在于，不论国家大小，一律平等，均有权否决WTO的重要决策，但其弊端也十分明显：WTO无法就国际贸易领域中的重要问题作出决定，体制僵化，多哈回合谈判至今停滞不前与WTO现有决策机制的缺陷不无关系。亚投行应当建立何种决策机制，关乎亚投行的成功与否。应当借鉴现有国际经济组织决策机制的成功经验、吸取这些组织决策机制运行过程中的失败教训，建立科学、合理的决策机制，这种机制应既考虑各国出资的份额大小，又考虑全体成员方在决策中的话语权，区分不同事项、不同类别的决策权分配方案。

第四，亚投行应奉行的基本法律原则。

公平、透明、廉洁、高效应成为亚投行奉行的基本原则。应当围绕这四项基本法律原则，协商制定亚投行章程条款。公平，是亚投行建立的基础和指导性原则，要求亚投行对所有成员无论大小均公平对待；透明，是亚投行决策和运行的基本特点，要求亚投行全部决策及其过程均应公开、透明；廉洁，是亚投行成功的保障，要求亚投行自身以及投融资项目必须保持廉洁、防止腐败现象发生；高效，这一原则要求亚投行及时回应成员方诉求，减少繁文缛节，高效地为成员方提供服务，这一原则是亚投行获得广泛认可、成为21世纪国际金融组织典范的必然要求。

在国际投资领域，"一带一路"倡议应通过补充、完善现有双边、多边投资协定或签订新的投资协定确立国际投资法律规则。开展大规模基础设施国际投资是实现"一带一路"倡议的核心内容，对"一带一路"沿线国家的基础设施建设开发必将带来巨大影响，无疑会促进这些国家或地区的基础设施建设获得飞跃式发展。以下法律问题是"一带一路"建设应当加以考虑的。

第一，环境条款。随着国际环境法的发展和可持续发展原则的日益深入，国际投资法中的环境保护问题凸显。各国政府及其海外投资者有保护海外投资环境的法律义务。加强对海外投资环境的保护，最终将有利于海外投资和东道国的可持续发展，有助于经济、外交和政治利益的实现。设计和制定环境保护条款和标准，应成为"一带一路"倡议法治化的一项重要工作。

第二，劳工标准条款。随着国际社会对人权的关注程度增加，劳工标准作为工作中的人权，在国际公约中被广泛规定；劳工权保护成为国家的义务、企业的社会责任。当前，国际社会对于劳工标准和投资、贸易问题关注较多，而对于投资与劳工保护问题仍在研究阶段，双边或区域投资协定对劳工保护的立法规定仍不完善。但劳工标准已成为现代国际贸易投资法发展的一项重要内容，如何确立劳工标准，可能成为"一带一路"倡议法治化中的一个难点问题。

第三，人权保护条款。人权保护是现代国际法的一个重要宗旨和特征。随着国际人权法的发展，人权保护已逐渐渗透到国际投资法、国际贸易法等国际经济法领域。无论是"一带一路"倡议，还是建立亚投行等新的国际金融组织，人权保护都是绕不开的一个法律问题。尽管中国一向奉行不干涉内政的外交原则，反对以人权为借口干涉他国内政，但国际贸易、投资法的发展趋势告诉我们，人权保护已成为国际贸易、投资领域中一个不可回避的话题。如何在促进投资自由化、贸易自由化的同时，促进东道国和相关国家的人权，避免严重侵犯人权现象的发生，在贸易、投资自由化与人权保护之间建立起法律上的平衡是"一带一路"倡议法治化的重要课题。

第四，知识产权条款。当前，国际投资法发展的一个重要特征是高标准的知识产权保护，这方面的规定将比WTO《与贸易有关的知识产权协议》的要求更高，这要求一些国家对其现有的知识产权法规进行调整。一些高标准的条款包括：延长著作权的保护时间、加强互联网知识产权保护、规范临时性的侵权行为。中国实施"一带一路"倡议必然涉及国际投资法中的知识产权保护标准问题，如何确立这一标准？是仿效TPP做法，还是另行设立一套严格的知识产权保护条款？这是实现"一带一路"倡议法治化的重要研究课题。

第五，政治风险防范以及争端解决机制。防范"一带一路"倡议实施中的政治风险，是法治化体系中的重要内容，特别是"一带一路"倡议涉及的国家和地区大多属于发展中国家，一些地方仍处于世界热点地区，政治、安全形势依然严峻。

从国际法角度讲，防范政治风险，一般采取的方法有：签订投资条约或协定，将资本输入国和资本输出国的权利和义务法定化；建立、完善投资风险防范机制。在实施"一带一路"倡议过程中，应当与相关国家或地区磋商建立共同的投资风险防范体系；建立相关国家合作对话机制。开展国家间领导人或者多国领导人会议交流沟通，是另一种效益更大的国际间防御政治风险的举措。

另外，对于因东道国政府违反投资协定而致使投资者遭受损失的情况，现代国际法中主要包括以下几种救济机制。

一是根据《关于解决国家和他国国民之间投资争端公约》建立的投资争端解决机制。解决投资争端国际中心（ICSID），作为解决缔约国与其他缔约国国民投资争议的常设机构，具有独立的国际法人地位，但仍然保持着与世界银行的密切关系。该中心现已成为国际投资争端解决的重要机构，世界上许多双边、地区性投资协定均选择该中心作为争端解决的机构。

二是根据《多边投资担保机构公约》建立的政治风险保险机制。20世纪80年代初，许多发展中国家面临严重的债务危机，无力还债，导致国际债务纠纷频起。流向发展中国家的外国直接投资出于对东道国征用等政治风险的担心，在全球国际直接投资流动总额中的比重急剧下降，在这种背景下，世界银行重新制定了《多边投资担保机构公约》草案，于1985年10月在世界银行汉城年会上正式通过，简称《汉城公约》或《MIGA公约》。1988年《MIGA公约》生效，多边投资担保机构组建成立，中国于1988年4月28日签署《MIGA公约》，两天后即交存了批准书。

由于国家投资保险制度往往有着这样那样的限制性要求，使得许多跨国投资无法获得担保。《MIGA公约》在规定担保业务方面所体现出的种种灵活性，为实现其填补国际投资保险市场空白的目标提供了可能。

三是根据WTO协定建立的贸易争端解决机制。尽管WTO是全球性贸易组织，但其涵盖协定亦包括《与贸易有关的投资措施协定》，这就为WTO争端解决机制管辖WTO成员方之间的投资争端提供了法律上的依据。

"一带一路"倡议的法治化，亦要求相关条约和协定建立争端解决机制，是借用上述国际投资解决争端机制，还是自行设立一套投资争端解决机制以化解不同国家或地区之间可能产生的投资争端，需要各方认真研究、分析利弊，并就此展开磋商以取得共识。

在国际贸易法领域，"一带一路"倡议法治化的目标在于，实现区域内商品和服务的互通有无，核心是贸易便利化。"一带一路"倡议中的贸易便利化，应特别关注货物通关、商品检验检疫、质量标准、电子商务规则等方面法律问题。

贸易便利化是国际贸易法发展的重要成果，也是21世纪国际贸易法发展的趋势，"一带一路"倡议法治化应当将贸易便利化作为核心目标。贸易便利化的核心在于，通过程序和手续的简化、适用法律和规定的协调、基础设施的标准化和改善，为国际贸易创造一个协调的、透明的、可预见的环境。

贸易便利化，是实施"一带一路"倡议法治化的重要内容，如何建立科学、合理的程序，确立何种标准，是"一带一路"倡议法治化面临的重大课题。除贸易便利化之外，国际贸易法中的环境保护、劳工标准、人权以及知识产权保护等也应当考虑。

总之，为了顺利实现"一带一路"倡议，保证"一带一路"建设的长期稳定发展，必须走法治化的道路，这应当成为中国及"一带一路"沿线国家或地区的共识。应当相信，在中国与相关国家和地区的共同努力下，"一带一路"倡议必将推动全球经济治理水平的提升，必将推动国际金融、投资和贸易法律的创新和完善，成为现代国际法的典范。

"一带一路"倡议下我国对外国仲裁裁决承认与执行的实证研究[*]

党的十九大报告指出,"要以'一带一路'建设为重点,坚持引进来和走出去并重,推动形成全面开放新格局"。作为国际公认的跨境商事纠纷解决方式,国际仲裁将在"一带一路"建设中发挥不可或缺的独特作用。我国早在1986年就加入了《承认及执行外国仲裁裁决公约》(以下简称《纽约公约》),并从1987年4月开始执行该公约,迄今已三十多年。我国法院作为承认与执行外国仲裁裁决案件的受理和执行机构,承担着正确解释与适用《纽约公约》的国际义务。在最高人民法院的指导下,全国各地相关法院严格依据《纽约公约》开展承认与执行外国仲裁裁决的司法审查工作,为此付出了巨大努力。

应强调的是,正确解释与适用《纽约公约》、及时承认与执行外国仲裁裁决也是保护外国投资者利益的重要环节,对于保护中资企业在外合法权益以及我国大量吸引外国投资的作用不可小觑。晚近的国际投资仲裁案例(如 *Saipem v. Bangladesh*,*Romak v. Uzbekistan* 等)表明,一国有可能因其国内法院对《纽约公约》的非法解释而承担违反相关国际投资协定的国际责任。[①] 作为拥有110个生效的国际投资协定的大国,[②] 如果法院偏离

---

[*] 本文系笔者与对外经济贸易大学国际法学博士生王路路合作完成,原载于《法律适用》2018年第8期。

[①] 参见 W. Michael Reisman and Brian Richardson, "The Present-Commercial Arbitration as a Transnational System of Justice: Tribunals and Courts: An Interpretation of the Architecture of International Commercial Arbitration", in Albert Jan van den Berg (ed.), Arbitration: The Next Fifty Years, ICCA Congress Series, Vol. 16, Kluwer Law International, 2012, pp. 17 – 65。

[②] 数据来源:http://investmentpolicyhub.unctad.org/IIA/CountryBits/42#iiaInnerMenu,最后访问日期:2017年12月12日。

《纽约公约》作出裁决,我国就会面临在国际投资仲裁庭被诉并承担国际责任的风险。同时,我国"走出去"的企业亦有权以东道国法院违反《纽约公约》为由向相关国家提起投资仲裁,从而维护自身合法权益。在"一带一路"建设进程中,我国企业走出去与国外企业引进来的规模空前扩大,跨国商事纠纷的产生将不可避免。在《纽约公约》的护佑下,国际商事仲裁因具有中立性、一裁终局性、可执行性和保密性等特点,在"一带一路"国际商事纠纷解决中的作用无疑将更加令人瞩目。因此,正确解释与适用《纽约公约》、及时承认与执行外国仲裁裁决,有助于尽快化解国际商事纠纷,提高"一带一路"建设争端解决的效率。

为服务与保障"一带一路"建设,最高人民法院出台一系列重大举措支持国际仲裁事业发展,受到了国际上广泛好评。2015 年 6 月 16 日,最高人民法院发布《最高人民法院关于人民法院为"一带一路"建设提供司法服务和保障的若干意见》(法发〔2015〕9 号),意见明确指出:"要正确理解和适用《承认及执行外国仲裁裁决公约》,依法及时承认和执行与'一带一路'建设相关的外国商事海事仲裁裁决……要探索完善撤销、不予执行我国涉外、涉港澳台仲裁裁决以及拒绝承认和执行外国仲裁裁决的司法审查程序制度,统一司法尺度,支持仲裁发展。"随后,《最高人民法院关于人民法院进一步深化多元化纠纷解决机制改革的意见》(法发〔2016〕14 号)、《最高人民法院关于为自由贸易试验区建设提供司法保障的意见》(法发〔2016〕34 号)也先后表示支持仲裁制度改革、支持仲裁机构的创新发展,"提升我国纠纷解决机制的国际竞争力和公信力"。

最高人民法院颁布实施的这一系列重要司法文件表明,中国最高司法机关已充分意识到统一承认与执行外国仲裁裁决的司法尺度的重要性。那么,这些文件的实施效果如何?促进了我国法院涉外仲裁裁决司法审查工作的哪些转变?本文通过对所能收集到的 2015 ~ 2017 年我国法院作出裁决的 81 个承认与执行外国仲裁裁决案件的实证研究,[①] 以 2015 年之前最高

[①] 虽然在 6 个最高人民法院批复案件中笔者没有找到对应的中级人民法院作出的裁定,但是由于可以预知这些案件的结果,所以笔者也将这些案件归为 2015 ~ 2017 年作出裁决的案件。

人民法院对下级法院关于是否承认与执行外国仲裁裁决的请示的批复为参照，来总结归纳我国在解释和适用《纽约公约》方面取得的进步与存在的不足，为未来发展和完善我国涉外仲裁司法审查制度提供实证研究基础。

截至 2017 年 12 月，笔者在中国裁判文书网和北大法宝数据库共检索到 81 例案件，其中包括最高人民法院 2015～2017 年作出的 9 个针对下级法院关于是否承认与执行外国仲裁裁决的请示的批复，各中级人民法院在 2015～2017 年作出裁决的承认与执行外国仲裁裁决的 75 例案件（由于其中有 3 个案件与最高人民法院批复案件是重复的，故未计算在收集的案件总数中）。在参照样本方面，共收集到 35 个最高人民法院在 2015 年之前作出的针对下级法院关于是否承认与执行外国仲裁裁决的请示的批复。

在收集到的 81 例案件研究样本中，从裁决结果来看，有 3 例案件被拒绝承认和执行，有 4 例案件因仲裁庭超裁被拒绝承认与执行超裁部分，有 61 例案件得到法院承认与（或）执行，8 例案件因申请人撤诉而结案，1 例案件因申请人提供材料不符合认证规定被驳回请求，1 例案件被移送管辖，3 例案件因管辖问题而被裁定驳回起诉或不予受理。上述数据充分表明，绝大多数外国仲裁裁决得到了中国法院的承认与执行，这是中国严格履行《纽约公约》所赋予的条约义务的有力证明。本文的主要目的是考察我国法院对《纽约公约》赋予承认和执行地法院的司法审查权的运用情况。考虑到《纽约公约》第 1 条规定了《纽约公约》的适用范围，《纽约公约》第 5 条集中规定了承认与执行地法院的审查权能，因而下文将通过案例来重点考察我国法院对《纽约公约》第 1 条和第 5 条的适用情况。

一 《纽约公约》适用范围与中国的司法实践

在我国法律制度框架下，《纽约公约》的适用范围问题一直存在争议。首先，争议最大的是外国仲裁裁决的国籍判断标准问题。由于我国在加入《纽约公约》时作出了"互惠保留"，所以我国只对在另一缔约国领土内作出的仲裁裁决适用该公约。但是，由于我国《民事诉讼法》以及《仲裁法》的规定，长期以来，我国一直以仲裁机构所在地来判断仲裁裁决的国籍属性，人民法院只能通过识别作出仲裁裁决的机构所属国是否为《纽约公约》缔约国，进而判断是否对该裁决的承认与执行适用《纽约公约》。①这一实践明显与《纽约公约》第1条规定的裁决作出地标准（"仲裁地标准"）相悖，也与国际商事仲裁的通行实践不符。那么，在"一带一路"倡议实施之后，尤其是在上述一系列改革性或支持性的文件出台之后，我国法院对《纽约公约》的适用范围又作何解释呢？

在笔者收集到的我国法院于2015~2017年作出裁决的81例案件中，除12例案件（由于撤诉、被驳回请求等原因）信息不详外，50例案件的审理法院采用了仲裁地标准来识别外国仲裁裁决的国籍，16例案件的审理法院则仍然采用仲裁机构所在国标准，另有3例案件的审理法院疑似采用了申请人国籍标准。②

得出这一结论的主要判断标准是，审理法院所作出的裁定在判断是否适用《纽约公约》时强调的是裁决地还是仲裁机构所在地。采用仲裁地标准的法院运用的基本逻辑是：本案所涉外国仲裁裁决系在某国领土内作出，某国是《纽约公约》的缔约国，因而本案应适用《纽约公约》来审查是否承认与执行该仲裁裁决。例如，《最高人民法院关于申请人保罗·赖因哈特公司与被申请人湖北清河纺织股份有限公司申请承认和执行外国仲裁裁决一案请示的答复》中提及："案涉仲裁裁决在《承认及执行外国仲裁裁决公约》（以下简称《纽约公约》）缔约国英国领土内作出，故本案审查应当适用《纽约公约》的规定。"③ 在有些案件的裁定书中，法院虽未完全表达上述逻辑，但是其明确甚至多次提及外国裁决的仲裁地，笔者也认为其采用了仲裁地标准。例如，在"来宝资源有限公司与凯瑞德控股股份有限公司申请承认与执行仲裁裁决案"中，山东省德州市中级人民法院多次在其裁定书中强调，"我国仅对在另一缔约国领土内作出的仲裁裁决的承认和执行适用该公约（《纽约公约》）"④，并继而说明中国和英国均为

---

① 参见〔2004〕民四他字第6号、〔2009〕民四他字第46号、〔2011〕民四他字第21号和〔2012〕民四他字第54号。
② 本处的统计结果均以相应的中级人民法院的观点为准，6个未找到裁决的最高人民法院批复案件除外（以最高人民法院观点为准）。
③ 〔2016〕最高法民他11号。
④ 〔2015〕德中民初字第3号。

《纽约公约》的缔约国。据此，笔者认为，德州市中级人民法院采用了仲裁地标准。

而采用仲裁机构所在地标准的法院运用的基本逻辑是：本案所涉外国仲裁裁决是由某仲裁机构作出，某仲裁机构系位于某国境内，某国是《纽约公约》的缔约国，因而本案应适用《纽约公约》。在"SPS 欧化公司与盘锦和运实业集团有限公司申请承认和执行仲裁裁决"一案中，辽宁省大连市中级人民法院的表述就是这一逻辑的经典表达："斯德哥尔摩商会仲裁院所在国瑞典是该公约的缔约国之一……因此，是否'承认和执行斯德哥尔摩商会仲裁院作出的仲裁 V（2014/143）终局性仲裁裁决'应适用 1958 年《纽约公约》及我国《民事诉讼法》的相关规定进行审查。"[1] 此外，这一逻辑还有一种较为"隐蔽"的表达方式，一些审理法院在裁决中既不看重裁决地，也不特别强调作出仲裁裁决的机构，而是直接指出仲裁机构所在国是《纽约公约》的缔约国。天津市第二中级人民法院在"Xcoal 能源和资源有限合伙企业与中能滨海电力燃料天津有限公司"系列案件中所作出的裁决是这一表达方式的代表。[2]《最高人民法院关于西特福船运公司申请承认英国伦敦仲裁庭作出的"HULL XXK06 - 039"号仲裁裁决案件请示的复函》也采用了此种方式，其具体表述为："本案系申请承认英国伦敦仲裁庭作出的仲裁裁决的案件。我国和英国都是《承认和执行外国仲裁裁决公约》的成员国，涉案仲裁裁决应否予以承认，应当根据该公约的规定进行审查。"[3]

而在另外 3 起案件中，审理法院既没采用仲裁地标准，也没采用仲裁机构所在地标准，而是疑似采用了申请人国籍标准。例如，在"哥伦比亚谷物贸易有限公司、山东神鹰煤炭贸易有限公司申请承认和执行外国仲裁裁决案"中，当事双方在合同中约定，一旦发生争议，双方将按照国际油、油籽和油脂协会的仲裁规则在伦敦仲裁，国际油、油籽和油脂协会也位于伦敦。但是，山东省日照市中级人民法院在判断是否适用《纽约公

---

[1] 〔2016〕辽 02 协外认 12 号。
[2] 〔2016〕津 02 协外认 4 - 10 号。
[3] 〔2015〕民四他字第 48 号。

约》时强调,"中华人民共和国和美国均为《承认及执行外国仲裁裁决公约》的缔约国",① 而该案中唯一与美国有联系的因素就是申请人的国籍是美国。"ADM 亚太贸易有限公司、山东雅禾农业有限公司申请承认和执行外国仲裁裁决案"② 和 "Minaj Holdings Limited 诉日照奇晗国际进出口贸易有限公司仲裁裁决案"③ 的情况与此如出一辙。故可以推断,作出上述裁决的相关法院采取了申请人国籍的标准来判断仲裁裁决的国籍属性,进而作出了适用《纽约公约》的决定。

在 2016 年发布的《最高人民法院关于不予执行国际商会仲裁院第 18295/CYK 号仲裁裁决一案请示的复函》④ 的内容特别值得关注。在请示中,江苏省高级人民法院和泰州市中级人民法院均认为,"申请人 Wicor 申请承认与执行国际商会仲裁院第 18295/CYK 号仲裁裁决一案",应适用《纽约公约》,因为"涉案仲裁裁决的仲裁地虽然在香港,但作出该仲裁裁决的仲裁机构系国际商会仲裁院,故该仲裁裁决应视为法国仲裁裁决。法国和我国均为《纽约公约》的缔约国,因此承认和执行该仲裁裁决应适用《纽约公约》"。这一观点与 2004 年《最高人民法院关于不予执行国际商会仲裁院 10334/AMW/BWD/TE 最终裁决一案的请示的复函》⑤ 中的意见一致。但是,最高人民法院在 2016 年的复函中明确改变了这一看法。最高人民法院认为,涉案仲裁裁决是在香港特别行政区作出的仲裁裁决,因而应当适用《最高人民法院关于香港仲裁裁决在内地执行的有关问题的通知》,而非适用《纽约公约》对该裁决进行审查。考虑到长期以来我国法院在判断《纽约公约》的适用范围时会随意选择裁决地标准和仲裁机构所在地标准的混乱局面,最高人民法院这一复函的重大意义在于确立了这样一条规

---

① 〔2017〕鲁 11 协外认 1 号。
② 〔2017〕鲁 11 协外认 2 号。
③ 〔2014〕日民三初字第 10 号。
④ 〔2016〕最高法民他 8 号。
⑤ 最高人民法院在该复函(〔2004〕民四他字第 6 号)中认为:"本案所涉裁决是国际商会仲裁院根据当事人之间达成的仲裁协议及申请作出的一份机构仲裁裁决,由于国际商会仲裁院系在法国设立的仲裁机构,而我国和法国均为《承认及执行外国仲裁裁决公约》的成员国,因此审查本案裁决的承认和执行,应适用该公约的规定,而不应适用《最高人民法院关于内地与香港特别行政区相互承认和执行仲裁裁决的安排》的规定。"

则：当适用仲裁地标准和适用仲裁机构所在地标准将会导致法律（包括《纽约公约》）适用的不一致时，法院应优先采用仲裁地标准而不是仲裁机构所在地标准来判断仲裁裁决的国籍属性。

综合上述实证考察，可以得出以下结论：在"一带一路"倡议的大背景下，我国大部分法院在判断《纽约公约》的适用范围时已逐渐放弃仲裁机构所在地标准，转而采用《纽约公约》第1条规定的裁决地标准；最高人民法院通过复函形式明确，人民法院应采用仲裁地标准而不是仲裁机构所在地标准来确定一项外国仲裁裁决的国籍属性，这表明中国法院在仲裁司法审查方面取得了明显进步。当然，值得注意的是，目前仍有个别中级人民法院对《纽约公约》适用范围的理解存有偏差，这需要最高人民法院采取措施及时予以纠正。

涉及《纽约公约》适用范围的另一个重要问题是仲裁事项。我国在加入《纽约公约》时，对于仲裁事项作出了商事保留。《最高人民法院关于执行我国加入的〈承认及执行外国仲裁裁决公约〉的通知》规定："根据我国加入该公约时所作的商事保留声明，我国仅对按照我国法律属于契约性和非契约性商事法律关系所引起的争议适用该公约。"[①] 在笔者收集到的2015年以前的44个最高人民法院的批复案件中，最高人民法院没有发布与"商事保留"相关的意见。在2015~2017年的81例案件中，笔者仅发现在一例案件——"特艾科股份有限公司与严岩申请承认和执行外国仲裁裁决纠纷案"中，被申请人提出了关于"商事保留"的抗辩。被申请人严岩提出，引起涉案外国仲裁裁决的争议不是商事争议。沈阳市中级人民法院经审查认为："本案属于由于双方签订的委任总经理合同而产生的经济上的权利义务关系，属于《最高人民法院关于执行我国加入的〈承认及执行外国仲裁裁决公约〉的通知》中的商事法律关系。"[②] 可见，我国法院对

[①] 所谓"契约性和非契约性商事法律关系"，具体是指由于合同、侵权或者根据有关法律规定而产生的经济上的权利义务关系，如货物买卖、财产租赁、工程承包、加工承揽、技术转让、合资经营、合作经营、勘探开发自然资源、保险、信贷、劳务、代理、咨询服务、海上、民用航空、铁路、公路的客货运输，以及产品责任、环境污染、海上事故和所有权争议等，但不包括外国投资者与东道国政府之间的争端。

[②]〔2015〕沈中民四特字第29号。

商事保留坚持从严解释的原则,有利于外国仲裁裁决的承认与执行。

二 《纽约公约》规定的审查权能与中国的司法实践

《纽约公约》第 5 条规定了承认和执行地法院得拒绝承认与执行外国仲裁裁决的情形,并且区分了法院得依申请进行审查和依职权进行审查的情形。《纽约公约》第 5 条第 1 款规定的 5 种情形,只有在当事人提出申请时,法院才能进行审查;而第 5 条第 2 款规定的情形,法院可以依职权主动进行审查。早在 2001 年,最高人民法院就在相关批复中明确指出,《纽约公约》第 5 条第 1 款的情形非依当事人申请,相关法院不应主动审查并拒绝承认和执行。那么,在"一带一路"倡议实施的大背景下,我国法院在司法实践中又是如何操作的呢?

在笔者收集到的 20 例被申请人未提出任何异议的案件中(其中包含 18 例中级人民法院作出裁定的案件和 2 例最高人民法院批复的案件),[①] 除 1 例案件因管辖问题被驳回申请外,[②] 7 例案件的审理法院遵从了《纽约公约》第 5 条第 1 款的规定,在其裁定中明确提及,由于当事人未提出关于《纽约公约》第 5 条第 1 款的抗辩,因而其不对涉案外国仲裁裁决进行相关审查。有 1 例案件,审理法院在其裁定书中声称:"本案经听证程序,未发现符合《承认和执行外国仲裁裁决公约》第 5 条第 1、2 项所列情形",[③] 因其未主动对涉案仲裁裁决是否具有《纽约公约》第 5 条第 1 款的情形进行审查,也可认为是对其审查权进行了自我克制。而另外 11 例案件的审理法院,则主动依据《纽约公约》第 5 条第 1 款对涉案外国仲裁裁决进行了审查。在法院依职权进行《纽约公约》第 5 条第 1 款相关审查的案件中,有的法院对涉案外国仲裁裁决逐一审查是否具有《纽约公约》第 5 条第 1 款所列的 5 种情形,[④] 有的法院仅审查了仲裁条款的有效性、仲裁

---

① 对于最高人民法院批复案件,本段的统计是以负责审理的中级人民法院的第一次处理意见为准。
② 〔2014〕广海法他字第 2 号。
③ 〔2016〕陕 04 协外认 1 号。
④ 如〔2016〕鄂 72 协外认 2 号、〔2015〕德中民初字第 3 号等。

程序是否符合当事人约定等个别情形,① 而有的法院未在裁定书中具体说明其审查《纽约公约》第 5 条第 1 款的过程,仅说明了其审查的结果。②

由于最高人民法院建立了拟拒绝承认与执行外国仲裁裁决案件的"逐级上报"制度,因此,在笔者收集到的 81 例案件中,尚不存在因法院依职权主动发起《纽约公约》第 5 条第 1 款的审查而拒绝承认与执行外国仲裁裁决的案件。例如,在两个最高人民法院批复案件中,审理法院主动进行《纽约公约》第 5 条第 1 款的相关审查,并拟以"超裁"为由拒绝承认与执行相关外国仲裁裁决。最高人民法院在对其请示的批复中,明确纠正了审理法院主动审查《纽约公约》第 5 条第 1 款的行为。最高人民法院指出:"人民法院对仲裁裁决是否存在《纽约公约》第五条第一款拒绝承认和执行情形,必须依当事人的请求进行审查,当事人未请求的,人民法院不予审查……你院依职权审查并拟依照《纽约公约》第五条第一款的规定不予承认和执行裁决,缺乏相应的法律依据。"③

由此可见,在司法实践中,一些法院对主动审查权没有很好地进行自我克制。值得注意的是,在最高人民法院的最新批复发布之后,2017 年仍有法院依职权审查仲裁裁决是否具有《纽约公约》第 5 条第 1 款的情形。④ 各地方法院应当高度重视主动审查权的自我克制,切实贯彻最高人民法院的批复精神,为仲裁这一国际公认的纠纷解决方式提供更好的司法氛围。

三 《纽约公约》规定的有效仲裁协议与中国的司法实践

根据《纽约公约》第 5 条第 1 款甲项的规定,⑤ 当不存在《纽约公约》第 2 条规定的有效仲裁协议时,依据当事人的申请,被请求法院得拒绝承认和执行外国仲裁裁决。

---

① 如〔2015〕锡商外仲审字第 4 号。
② 如北京市第四中级人民法院〔2015〕四中民(商)特字第 00195 号。
③ 〔2016〕最高法民他 11 号、〔2016〕最高法民他 12 号。
④ 〔2016〕鄂 72 协外认 2 号。
⑤ 该项规定:"第二条所述的协议的双方当事人,根据对他们适用的法律,当时是处于某种无行为能力的情况之下;或者根据双方当事人选定适用的法律,或在没有这种选定的时候,根据作出裁决的国家的法律,下述协议是无效的。"

具体来说，该条规定又可分为两种情形：一是《纽约公约》第 2 条规定的仲裁协议的当事人的行为能力问题。由于《纽约公约》未规定认定当事人行为能力的准据法，所以各成员国对此应拥有立法和司法方面的自主权。在认定当事人行为能力方面，我国采取的是属人主义原则。例如，《最高人民法院关于英国嘉能可有限公司申请承认和执行英国伦敦金属交易所仲裁裁决一案请示的复函》[1] 中指出，对当事人行为能力的认定应依照属人主义原则。二是仲裁协议无效的情形。对此，《纽约公约》规定了认定仲裁协议无效应当依据的准据法：优先适用双方当事人约定的法律，其次适用仲裁地法律。此外，在我国司法实践中，如果当事人之间不存在《纽约公约》第 2 条规定的仲裁协议，法院也可依据《纽约公约》第 5 条第 1 款甲项拒绝承认与执行。[2] 这类问题被最高人民法院认定为事实问题，负责审理的中级人民法院可依据事实自行认定。[3] 而且，在 2013 年的《最高人民法院关于申请人瑞尔玛食品有限公司与被申请人湛江冠亚食品有限公司申请承认和执行外国仲裁裁决请示案的复函》中，最高人民法院认为，被申请人应当承担不存在仲裁协议的举证责任。[4] 这一解释符合《纽约公约》有利于仲裁裁决执行的精神，体现了我国对仲裁庭自裁管辖权的尊重。

笔者共收集到 24 例 2015~2017 年发生的与《纽约公约》第 5 条第 1 款甲项相关的案件，其中包含 2 例最高人民法院批复案件。在《最高人民法院关于对山东省高级人民法院就丰岛株式会社与山东省昌邑琨福纺织有限公司申请承认与执行外国仲裁裁决一案的请示的复函》中，最高人民法院认为，在当事人未约定适用法律的情况下，应依据裁决作出地法律认定案涉仲裁协议的效力，而不应依据我国法律认定仲裁协议效力，[5] 并对潍坊市中级人民法院的观点予以纠正。在《最高人民法院关于对山东省高级

---

[1] 〔2001〕民四他字第 2 号。
[2] 如〔2013〕民四他字第 28 号。
[3] 参见〔2013〕民四他字第 40 号、〔2013〕民四他字第 28 号。
[4] 但是在较早的一个批复中，最高人民法院似也让申请人承担了举证责任，参见〔2005〕民四他字第 53 号。
[5] 〔2015〕民四他字第 31 号。

人民法院就 ECOM AGROINDUSTRIAL ASIA PTE LTD 申请承认和执行国际棉花协会仲裁裁决案的请示的复函》中,最高人民法院认为,案涉当事人之间是否签订了仲裁协议属于事实问题,应由受理案件的人民法院进行审理后自行认定,"如可以确认案涉当事人之间未签订仲裁协议这一事实,则根据《纽约公约》的有关规定,应拒绝承认和执行案涉仲裁裁决"。① 由此可见,最高人民法院在这两个批复中的观点与其 2015 年之前发布的批复中的观点保持了一致。

从上述有关仲裁协议效力的三类情形来看,17 例案件涉及事实问题。其中,7 例案件的审理法院认为事实问题属实体问题而不予审查;② 3 例案件的审理法院声称,应依据裁决地法律进行审查,但实际上是通过双方举证情况来判断(其中 2 例案件中的申请人承担了举证责任);③ 1 例案件的审理法院依据《纽约公约》第 4 条进行了审查;④ 2 例案件的审理法院依据《纽约公约》第 2 条进行了审查;⑤ 1 例案件的审理法院以被申请人参与了仲裁为由认可存在仲裁协议;⑥ 1 例案件的审理法院在当事人约定了仲裁地的情况下声称按照法院地法即我国法律进行审查,实际是通过双方举证情况来判断;⑦ 2 例案件的审理法院根据证据认定存在仲裁协议。⑧

在以上收集的案件中,8 例案件涉及仲裁协议无效问题,其中,4 例案件的审理法院依据当事人约定的法律认定仲裁协议有效,2 例案件的审理法院依据仲裁地法认定仲裁协议有效(当事人无约定),另有 2 例案件的审理法院依据法院地法律即我国法律认定仲裁协议有效;3 例案件涉及当事人的行为能力问题,其中 2 例案件的审理法院依据裁决地法律认定一方当事人在缔约时不存在行为能力;另外 1 例案件的审理法院依据属人主

---

① 〔2015〕民四他字第 29 号。
② 〔2016〕津 02 协外认 4 – 10 号。
③ 〔2013〕锡商外仲审字第 0009 号、〔2013〕锡商外仲审字第 0003 号。
④ 〔2014〕佛中法民二初字第 125 号。
⑤ 〔2014〕烟民涉初字第 15 号、〔2016〕沪 01 协外认 12 号。
⑥ 〔2015〕淄民特字第 1 号。
⑦ 〔2015〕浙甬仲确字第 4 号。
⑧ 〔2015〕济商外初字第 7 号、〔2015〕合民特字第 00004 号。

义认定当事人在缔约时具有行为能力。①

综上所述,我们认为,最高人民法院对《纽约公约》第 5 条第 1 款甲项的理解始终保持一致。当然,实践中有个别审理法院在对案涉当事人行为能力的认定上,未按照最高人民法院的意见适用属人主义,在认定仲裁协议无效的准据法方面,仍然存在未按照当事人约定的法律以及仲裁地法律予以审查的个别情形;在举证责任的分配上,一些法院存在随意分配的情形。② 本文开头所提及的 3 例被拒绝承认与执行的案件,审理法院均判定申请人承担"举证不能"的后果从而认定不存在仲裁协议。

四 《纽约公约》仲裁程序规定与中国的司法实践

(一) 关于被申请人未被给予适当通知或申辩不能的程序问题

根据《纽约公约》第 5 条第 1 款乙项的规定,当审理法院可以确定存在被申请人未被给予关于指定仲裁员或仲裁程序的适当通知或未能对案件提出意见的情形时,得拒绝承认或执行相关仲裁裁决。由于该项规定用语的宽泛性,成员国在解释和适用该项规定时具有很大的自主权。最高人民法院在实践中对此项规定的看法是:①在当事人对仲裁规则有约定的情况下,应依据该仲裁规则来认定被申请人是否被给予了关于指定仲裁员或仲裁程序的适当通知;只要仲裁庭按照该仲裁规则进行了相应通知,即使被申请人实际并未收到该通知,也不应据此拒绝承认和执行相关裁决。③ 但在一例案件中,申请人采取通过案外人进行通知的方式,最高人民法院要求申请人应当提供被申请人收到该通知的证据。④ ②当有证据证明被申请人没有被给予相关仲裁程序的通知时,人民法院应拒绝承认和执行相关仲裁裁决。⑤ 此外,在较早的一个批复中,最高人民法院审

---

① 本文的统计结果均以相关中级人民法院的第一次处理意见为准。
② 上述认为事实问题属实体问题的 7 例案件的审理法院为同一法院。
③ 〔2011〕民四他字第 21 号、〔2007〕民四他字第 26 号、〔2006〕民四他字第 36 号。
④ 〔2006〕民四他字第 34 号。
⑤ 〔2009〕民四他字第 46 号。

查了相关通知是否符合当事人约定的仲裁规则和相关仲裁裁决国籍国法律。①

在笔者收集到的 2015~2017 年的 81 例案件中，有 29 例案件中的被申请人提出了《纽约公约》第 5 条第 1 款乙项的拒绝承认和执行抗辩，无一例得到人民法院支持。从法院的裁判逻辑来看，10 例案件的审理法院依据双方当事人的举证作出判断，17 例案件的审理法院依据当事人约定的仲裁规则进行审查，1 例案件的审理法院同时依据当事人约定的仲裁规则和仲裁地法律进行审查。② 另有 1 例案件的审理法院认为"被申请人的意见未被仲裁庭采纳"属实体问题而不属《纽约公约》第 5 条第 1 款乙项的问题。③

综上可以看出，地方法院在对《纽约公约》第 5 条第 1 款乙项的理解和适用上，与最高人民法院的观点保持了高度一致。但是值得注意的是，个别案件中相关法院同时依据当事人约定的仲裁规则和仲裁地法律进行《纽约公约》第 5 条第 1 款乙项的审查，这种做法似乎过于严苛，应当引起重视。

（二）关于超越仲裁权限的程序性问题

根据《纽约公约》第 5 条第 1 款丙项的规定，仲裁庭超越仲裁协议授权范围作出裁决的，法院可拒绝承认与执行超裁裁决的内容。在 2015 年之前，最高人民法院曾在两个批复中依据当事人之间的仲裁协议确认相关仲裁裁决超出了仲裁协议的授权范围，并拒绝承认与执行超裁裁决。④

在笔者收集到的 2015~2017 年的 81 例案件中，有 6 例案件中的被申请人提出了仲裁庭超裁的抗辩，其中包括 3 例最高人民法院批复案件。从审理结果来看，4 例案件被认为存在仲裁庭超裁的情形。⑤ 4 例案件的审理法院依据当事人的仲裁协议进行了审查（包括 2 例最高人民法院批复案

---

① 〔2005〕民四他字第 46 号。
② 〔2014〕深中法涉外初字第 60 号。
③ 〔2015〕穗中法民四初字第 4 号。
④ 〔2008〕民四他字第 11 号、〔2003〕民四他字第 12 号。
⑤ 最高人民法院批复案件以最高人民法院的意见为准。

件), 1 例案件的审理法院根据当事人的仲裁请求进行了审查。另有 1 例最高人民法院批复案件,最高人民法院在依据仲裁协议确认仲裁庭拥有相关权限的同时,以仲裁庭在仲裁程序中未对相关事项进行实体审理为由,认为仲裁庭对该事项的裁决构成《纽约公约》第 5 条第 1 款丙项的情形并拒绝承认和执行该部分裁决。①

以上情况表明,最高人民法院对《纽约公约》第 5 条第 1 款丙项的解释与适用,倾向于对仲裁庭的管辖权范围进行严格审查,总体上支持仲裁庭的管辖权。值得注意的是,对仲裁庭管辖权范围的审查,由于涉及对仲裁庭裁决实质内容的审查,极易侵犯仲裁庭的自裁管辖权。因此,相关法院还应当进行自我克制,采取审慎立场,避免对仲裁裁决进行实体审查。

(三) 关于仲裁庭组成及相关程序问题

根据《纽约公约》第 5 条第 1 款丁项的规定,当仲裁庭组成或仲裁程序与当事人的约定或仲裁地法律不符时,法院可拒绝承认与执行该裁决。该项明确规定,应优先适用当事人之间的约定来判断仲裁庭组成和仲裁程序的情况。

在 2015 年之前的司法实践中,最高人民法院严格适用这一规定,在多个批复中强调应依据当事人的约定认定是否存在《纽约公约》第 5 条第 1 款丁项的情形。② 在 2015 ~ 2017 年作出裁决的 81 例实证案件中,有 10 例案件被申请人提出了《纽约公约》第 5 条第 1 款丁项的抗辩,其中,包括 2 例最高人民法院批复的案件。在这 2 例案件中,最高人民法院延续了以往的观点,严格依照当事人约定的仲裁规则或法律进行了审查,认为不存在《纽约公约》第 5 条第 1 款丁项的情形。③ 而在 8 个中级人民法院的裁定中,2 例案件的审理法院依照当事人的约定进行了审查,④ 3 例案件的审

---

① 〔2015〕民四他字第 34 号。
② 〔2012〕民四他字第 54 号、〔2008〕民四他字第 18 号、〔2007〕民四他字第 35 号和〔2006〕民四他字第 41 号。
③ 〔2015〕民四他字第 30 号、〔2015〕民四他字第 48 号。
④ 〔2014〕浙甬仲确字第 1 号、〔2015〕新中民三初字第 53 号。

理法院在当事人不存在相关约定的情况下依据仲裁地法律进行了审查。① 1 例案件的审理法院径直以仲裁期限不属于当事人约定范畴而认为不存在《纽约公约》第 5 条第 1 款丁项的情形。② 在另外 2 例案件中,审理法院认为,在不存在相关异议的情况下,应当推定当事人真实的意思表示是约定签订合同时有效的相关仲裁规则,并依据该规则对是否存在《纽约公约》第 5 条第 1 款丁项的情形进行审查。③ 这一解释符合《纽约公约》有利于裁决执行的精神。

综上所述,对于《纽约公约》第 5 条第 1 款丁项的规定,最高人民法院始终严格遵行,各地方中级人民法院能够贯彻落实最高人民法院的批复精神,依据《纽约公约》创造性地解释和适用《纽约公约》第 5 条第 1 款丁项,作出有利于承认和执行仲裁裁决的裁定。

(四) 关于仲裁裁决未生效的程序性问题

根据《纽约公约》第 5 条第 1 款戊项的规定,仲裁裁决未生效或被裁决地当局撤销、停止执行时,法院可拒绝承认相关仲裁裁决。在 2015 年之前,我国最高人民法院未发布关于此项规定的复函。

在 2015~2017 年的 8 例案件中,仅有 1 例案件,当事人提出其未收到仲裁裁决,因而提出仲裁裁决对其未生效的抗辩,审理法院根据当事人约定的仲裁规则认定该抗辩不成立。④ 这一裁决符合最高人民法院的裁判思路,即尊重当事人意思自治,在当事人有约定的情况下,依据当事人约定的仲裁规则或准据法进行相关审查。

五 《纽约公约》规定的不可仲裁性与中国的司法实践

《纽约公约》第 5 条第 2 款甲项规定,当争议事项依法院地法律不可

---

① 参见〔2013〕锡商外仲审字第 0005 号、〔2015〕淄民特字第 1 号和"大宇造船海洋株式会社申请承认外国仲裁裁决案"。
② 参见〔2015〕沈中民四特字第 29 号。这一观点似与《最高人民法院关于不予承认日本商事仲裁协会东京 04-05 号仲裁裁决的报告》的意见相左。
③ 〔2015〕浙甬仲确字第 3 号、〔2016〕沪 01 协外认 12 号。
④ 〔2017〕鲁 02 协外认 4 号。

仲裁时，法院可拒绝承认与执行相关仲裁裁决。我国《仲裁法》规定，婚姻、收养、监护、扶养、继承纠纷和依法应当由行政机关处理的行政争议不得仲裁。截至 2017 年，在我国司法实践中，只有 1 例案件因涉案仲裁裁决系由继承纠纷引起，而被法院依据《纽约公约》第 5 条第 2 款甲项拒绝承认与执行。①

2015～2017 年，最高人民法院未发布关于此项规定的复函。在 1 例案件中，被申请人提出劳动争议不可进行商事仲裁的抗辩，针对这一抗辩，审理法院以"根据我国《仲裁法》第 3 条和第 77 条的规定，劳动争议不属于不能仲裁的纠纷"②为由予以驳回。应该说，这一解释较为准确地反映了我国《仲裁法》相关规定的真实含义，善意地履行了《纽约公约》的条约义务。

六 《纽约公约》规定的公共政策与中国的司法实践

《纽约公约》第 5 条第 2 款乙项规定，当承认或执行某个仲裁裁决会与本国公共秩序相抵触时，法院可拒绝承认与执行。最高人民法院一直以来对公共秩序采取从严解释的态度，即只有在承认或执行仲裁裁决将违反我国基本法律制度、损害我国社会公共利益或基本法律原则时，法院才能以公共秩序为由拒绝承认或执行。③ 在司法实践中，仅有 1 例案件中的外国仲裁裁决因侵犯我国司法主权和司法管辖权而被我国法院认定违反公共秩序而不予承认和执行。④

在笔者收集到的 2015～2017 年作出裁决的 81 例案件中，有 11 例案件的被申请人以违反我国公共秩序为由进行抗辩，但无一仲裁裁决被我国法院认定违反公共秩序。有 2 例案件，下级法院拟以违反公共秩序为由拒绝承认和执行案涉仲裁裁决，但是被最高人民法院予以纠正。⑤ 综上可以看

---

① 参见刘贵祥、沈红雨《我国承认和执行外国仲裁裁决的司法实践述评》，《北京仲裁》第 79 辑。
② 〔2015〕沈中民四特字第 29 号。
③ 参见〔2013〕民四他字第 46 号、〔2010〕民四他字第 32 号、〔2008〕民四他字第 48 号。
④ 〔2008〕民四他字第 11 号。
⑤ 〔2015〕民四他字第 48 号、〔2015〕民四他字第 5 号。

出，我国各级人民法院在关于公共秩序的理解和适用方面严格遵行了《纽约公约》的规定和精神，坚定奉行从严解释的立场。

七　结论

通过上述实证研究可知，在"一带一路"倡议的大背景之下，从 2015 年到 2017 年，我国法院在对《纽约公约》规定的司法审查权的理解和适用方面取得了显著成绩，突出体现在以下几个方面。第一，严格遵守《纽约公约》第 1 条规定的仲裁地标准来审查《纽约公约》的适用范围，在这方面，各相关法院的司法审查工作比以往取得明显进步；第二，法院能正确解释和适用《纽约公约》第 5 条第 1 款乙项和丁项的规定，以此作出有利于承认和执行外国仲裁裁决的相关裁定；第三，最高人民法院与地方相关法院在关于公共政策的解释方面始终采取从严解释的态度，坚决贯彻支持国际仲裁的精神。当然，实证研究也发现，在涉外仲裁裁决的司法审查方面，一些地方法院的工作还存在需要改进的地方，一是还有一些法院没有严格遵行《纽约公约》第 5 条第 1 款的规定做到自我克制，主动对相关情形依法院职权进行审查；二是在审查是否存在有效仲裁协议的认定方面，一些法院在准据法的适用上尚存在较大任意性；三是在关于超裁的认定上，一些法院对仲裁庭管辖权的审查标准过于严格。

从实证研究的结论中，我们不难看出，在"一带一路"建设的大背景下，最高人民法院近年来采取的支持国际仲裁的包容性司法态度得以贯彻、落实，仲裁友好型司法氛围已经形成。在国际上，中国司法已成为执行《纽约公约》的典范。当然，实证研究也发现一些不足，需要各级人民法院在最高人民法院指导下改进对外国仲裁裁决的司法审查工作，为国际仲裁在"一带一路"建设中发挥更大作用作出进一步的努力和贡献。

"一带一路"建设的法治化：
人民法院的职责与使命[*]

"一带一路"的推进离不开法治的保障，不仅需要国内法治，也需要国际法治。在"一带一路"的法治保障方面，我国人民法院的角色非常重要。人民法院要做好与此相关的审判工作、国际商事仲裁审查工作以及审判公开和信息化建设，加强国际司法协助和国际司法交流合作。

"一带一路"建设既是国家治理的重要举措，也是全球治理的重要组成部分。法治是人类文明的共同成果，广泛运用于各国治理和全球治理的实践之中。尽管各国对于法治内涵的认识存在不小的差异，但对于法治在国家治理和全球治理中的效用有一定共识。习近平总书记在纪念和平共处五项原则发表60周年纪念大会上发言时曾指出："我们应该共同推动国际关系法治化。推动各方在国际关系中遵守国际法和公认的国际关系基本原则，用统一适用的规则来明是非、促和平、谋发展。'法者，天下之准绳也。'在国际社会中，法律应该是共同的准绳，没有只适用他人、不适用自己的法律，也没有只适用自己、不适用他人的法律。适用法律不能有双重标准。"

全球治理法治既包括管理国内事务的国内法治，也包括管理国际事务、解决各国面临的全球性问题的国际法治。全球治理的法治化，是通过国内法治与国际法治的互动来实现的。一是在形式上双向对流，国内法治需要借鉴国际法治的经验，并依据国际法规则开展国内立法、司法和行政等活动；各国通过参加国际组织、谈判和签署国际条约、制定国际规则、

---

[*] 本文原载于《中国法律》2015年第6期。

解决国际争端等参与国际法治，不断将自身的诉求、国内法治经验输往国际法律制度。二是在趋势上不断深化发展。实践表明，二者之间的互动并非一个简单的结合，而是一个系统性、复杂性工程，有时会被外力阻断，但总体上呈上升趋势，二者之间互动的水平不断提高，互动的范围不断扩大。国内法治与国际法治互动的特点和趋势要求"一带一路"建设必须走法治化道路，不仅需要沿线各国加强国内法治建设，营造公平、公正的国内法治环境，而且还需要沿线各国共同打造适应"一带一路"建设特点的国际条约体系，加强立法、司法等法律部门合作，构建"一带一路"建设的国际法治基础。

人民法院在"一带一路"建设中的作用是独特的，在实现"一带一路"法治化进程中，肩负重要职责和使命。人民法院应从国内法治与国际法治互动的战略高度，探索和把握二者间互动的特点和规律，找准自身定位，充分发挥司法保障和服务职能，积极推动"一带一路"建设国内法治与国际法治的互动。为实现这一目标，在国内，人民法院应通过审理涉"一带一路"建设相关案件，维护参与"一带一路"建设的各类市场主体的合法权益，根据"一带一路"建设需求，加强司法保障工作，营造公平、公正的国内市场环境。在国际上，人民法院应通过与沿线其他国家法院开展司法合作，交流司法经验，推动各国间的司法协助，解决司法管辖冲突、国际平行诉讼，以及司法判决、仲裁裁决的承认与执行问题，为构建"一带一路"建设的国际规则体系提供可借鉴之经验，打造安全、稳定、具有可预见性的国际市场环境。

"一带一路"建设布局十分宏大，地域上横跨亚非欧，时间上预计延续到21世纪中叶，内容上涵盖各国基础设施、经贸、金融、产业投资、能源资源、环境生态、海洋、人文等各方面的交流合作，要实现政策沟通、道路联通、贸易畅通、货币流通、民心相通的"五通"蓝图，打造政治互信、经济融合、文化包容的利益共同体、命运共同体和责任共同体，但全面实现"五通"目标将面临沿线地区错综复杂的地缘政治关系和许多潜在的经济、法律风险，人民法院要密切关注形势发展，不断创新司法服务方式，增强司法保障能力，促进"一带一路"建设顺利推进。

第一，人民法院应不断满足"一带一路"建设对涉外刑事、民商事和海事审判工作的新要求。

"一带一路"建设离不开安全、稳定的地区环境。近些年来，"一带一路"沿线一些国家或地区安全形势严峻，以国际恐怖势力、民族分裂势力和宗教极端势力为代表的"三股势力"甚嚣尘上，此外，海盗、走私等犯罪行为对"一带一路"建设构成严重威胁，随着"一带一路"建设的开展，此类犯罪活动有可能更加活跃，涉外刑事案件将呈上升趋势。因此，人民法院应加强与沿线各国司法机构之间的合作，依法严厉打击恐怖主义、海盗、走私等犯罪活动，为"一带一路"建设营造安全、稳定的发展环境。

"一带一路"建设的重点合作内容是促进"一带一路"沿线各国的基础设施互联互通、提升经贸合作水平、大力拓展产业投资、深化能源资源合作、拓展金融合作领域等。随着这些领域建设工作的推进和开展，我国与"一带一路"沿线各国之间的资金、货物、人员流动量将会大幅增加，流动频率将不断攀升，与之相关的涉外民商事纠纷和海事争议也在不断增多。

此外，"一带一路"建设涵盖的内容非常丰富，涉及的国际条约、协定和区域性国际组织规则众多，这就给人民法院涉外审判工作带来了一些新的挑战。再者，由于"一带一路"沿线各国经济社会发展程度不同，文化背景不同，法律制度和法律传统各异，我国法院开展涉沿线国家的民商事和海事案件审判工作势必面临不少的困难。

涉"一带一路"建设相关案件数量的上升、审理难度的增加，对人民法院来说既是挑战，又是机遇，人民法院应当密切跟踪、精心谋划，高质量地做好相关案件的审判工作，同时，要以改革的精神创新民商事审判和海事审判体制机制，全力保障"一带一路"建设大局。

第二，人民法院应不断满足"一带一路"建设对司法协助工作的新要求。

截至2015年3月，我国对外签署刑事司法协助条约共计48项、民商事司法协助条约共计36项，涵盖了新加坡、泰国、老挝、哈萨克斯坦以及俄罗斯、罗马尼亚、保加利亚等亚洲、欧洲"一带一路"沿线国家。

在受理涉"一带一路"建设相关案件时，人民法院应严格依据与沿线国家签订的司法协助条约办理送达、取证、司法判决的承认与执行等项工作。对于我国与沿线国家共同签署的有关司法协助事项的国际公约，人民法院应认真研究、准确理解，与这些国家司法机构一道遵守公约规定办理司法协助，加大对跨国犯罪活动的打击力度，在民商事海事案件中主动、热情地为中外当事人提供司法便利，切实维护他们的合法权益。

目前，仍有一些沿线国家尚未与我国签订刑事或民商事司法协助条约，对此，人民法院应当积极支持和推动有关部门与这些国家商签司法协助条约；受理涉及这些国家的相关案件时，应本着协商、互惠原则，妥善解决司法机构之间的司法协助问题。

第三，人民法院应不断满足"一带一路"建设对国际商事仲裁审查工作的新要求。

"一带一路"建设涉及不同地区、不同国家，涵盖金融、贸易、投资、基础设施建设、能源资源开发利用、海上运输保险等众多领域，纠纷争议解决方式势必呈现多元化特点，国际商事仲裁是其中一种重要的纠纷争议解决方式。我国虽已签署《承认及执行外国仲裁裁决公约》，但沿线一些国家尚未签署该公约，这就对我国法院承认和执行这些国家的仲裁机构作出的裁决带来了困难。

此外，我国与沿线一些发展中国家的仲裁机构之间的合作交流偏少，对各自制定的仲裁法律和仲裁规则尚不熟悉，人民法院对这些国家仲裁机构裁决开展审查工作将十分艰难。为了做好涉"一带一路"建设国际商事仲裁案件的司法审查工作，人民法院应当积极面对新的挑战，与相关国家主动开展国际商事仲裁审查方面的合作与磋商，努力解决该领域可能存在的问题，依法、高效做好国际商事仲裁司法审查工作。

第四，人民法院应不断满足"一带一路"建设对审判公开和信息化建设的新要求。

涉"一带一路"建设的相关案件，无论是涉外刑事案件，还是涉外民商事、海事案件，无论是司法判决承认和执行，还是国际商事仲裁审查与执行，均涉及面广、影响力大，国内外对相关案件的审理和执行工作的关注度高，这就需要人民法院在审理和执行相关案件时加大公开力度，拓展公开渠道，进一步提升法院审判公开工作的能力和水平。

人民法院应加强信息化建设，积极采用先进技术和高科技手段，充分保护中外当事人的案件知情权，加大法院审判工作的宣传力度，及时向沿线各国传播中国法治"好声音"，为"一带一路"建设营造良好的法治氛围。

第五，人民法院应不断满足"一带一路"建设对国际司法交流合作的新要求。

由于各国经济发展程度和水平不同，接受国际经济法规则、运用国际经济法规则的需求和能力也不尽一致，这就需要各国根据自身的国情逐步接受并运用国际规则处理国际经济交往关系，需要沿线各国开展广泛的国际合作，加强彼此之间的法律交流，共同制定和实施相关规则、建立相关法律机制，确保"一带一路"实现法治化。

为此，我们应充分依靠上海合作组织最高法院院长会议、中国—东盟大法官论坛、金砖国家大法官会议等现有多边合作机制，为"一带一路"建设提供有力的司法支持；还应进一步与其他沿线国家开展多种形式的司法交流，创新合作方式，构建新的合作平台，与沿线各国携手打造稳定透明、公平公正的"一带一路"国际法治环境。

根据"一带一路"建设提出的新要求，人民法院应统一思想认识，增强服务和保障"一带一路"建设的责任感和使命感，妥善应对"一带一路"建设给司法工作带来的新问题、新挑战，抓住、利用推进"一带一路"建设的重要战略机遇，加强和改进涉外刑事、民商事和海事审判工作，切实提高我国司法国际公信力，向国际社会展示我国以法治引领和保障"一带一路"建设的良好形象。

"一带一路"建设相关案件涉及面广、影响力大，能否高水平、高质量地审理这些案件关乎"一带一路"建设司法保障工作的成败，人民法院应当及时探索和总结审理"一带一路"相关案件的经验，全面深化涉外民商事和海事审判改革，强化涉外案件审判公开制度。

通过审理相关案件，在涉外民商事和海事审判中积极探索主审法官、合议庭办案责任制，探索将相关新类型案件集中到涉外民商事和海事审判部门审理，进一步发挥专业化审判的优势，提高"一带一路"建设司法保障的质量。通过审理相关海事案件，及时总结海事审判管辖制度改革试点经验，推广将海事行政案件纳入海事法院专门管辖，积极探索海事法院刑事司法管辖制度，有效保护海洋经济和海洋生态文明，不断巩固我国亚太海事司法中心地位。

人民法院在"一带一路"建设中应当充分发挥涉外司法的国际窗口作用，利用各种先进的信息化手段丰富司法的国际公开渠道，不断满足中外当事人的知情权。为了更好地贯彻审判公开原则，应研究制定人民法院接受外国公民申请旁听案件庭审的具体办法，为外国公民旁听案件提供便利条件；积极邀请沿线各国国家驻华使节、国际合作交流人员旁听典型案件庭审，回应国际社会关切，不断增强我国涉外民商事和海事案件审判的国际影响力。

此外，人民法院应尽快建立涉外商事海事审判英文网站等对外窗口，面向包括沿线国家在内的国际社会提供全面、翔实的法治信息，充分运用微博、微信等新媒体技术进行"一带一路"建设相关案件的庭审直播，通过新形式的公开审判，全面展示我国法治建设成就，传播中国法治"好声音"。

为推动"一带一路"建设的法治化进程，人民法院应主动与国家有关部门合作，共同研究"一带一路"建设中的法律规则，积极参与相关规则的协商、制定，及时将"一带一路"建设相关案件审理中发现的问题和风险反馈给有关部门，以供有关部门在与沿线各国谈判商签"一带一路"建设的法律规则时参考。

完成"一带一路"建设司法保障工作，人才是核心因素。法院应加强专题专项培训，抓紧制定"一带一路"建设法律人才培养规划，加快建立专门人才队伍，重点培养一批具有国际视野的外向型、通晓国际经济运行规则、掌握国际法准则、熟悉沿线国家法律法规的复合型法律人才，努力造就一批能够站在国际法律理论前沿、在国际民商事海事审判领域具有国际影响的法官。

由于"一带一路"建设参与国家众多、涵盖领域广泛、合作内容丰富，涉及大量金融、投资、贸易等领域的国际法规则以及沿线各国民商事、海事、仲裁等法律制度，这就决定了人民法院的司法保障工作将是一项极为复杂的系统工程。应当看到，"一带一路"建设对人民法院涉外民商事和海事案件审判工作带来了巨大的发展机遇，同时，也对人民法院各方面能力建设提出了不小的挑战。人民法院应当抓住机遇，勇于面对挑战，努力做好以上几个方面工作，高质量地完成司法保障任务，为最终实现"一带一路"建设的伟大目标作出应有的贡献。

第三编

中国涉外民商事审判制度创新

大国司法：中国国际民事诉讼制度之重构*

从国家的政治、军事和经济实力以及国际影响力来看，21世纪的中国已成为毫无争议的世界大国，在全球经济领域，中国扮演着极为重要的角色。法治是一个国家成功的标志，也是大国软实力的重要组成部分。大国在国际法形成过程中处于直接推动者地位，大国的法治建设成功与否关乎其能否在世界上发挥与其大国地位相匹配的作用；同时，也直接影响现代国际法发展及国际法治进程。① 国际法治与国内法治是法治建设的"两翼"，考察一国法治建设是否成功，国际法治因素不可或缺。对于大国而言，参与国际法治的能力和水平更应成为考察其法治是否成功的核心指标。② 国际民事诉讼涉及外国政府、组织、企业或个人，横跨国内法、国际法两大领域，是一国参与国际法治建设的重要途径。由于经济实力雄厚以及对世界经济的影响力巨大，大国国际民商事审判已成为国际法的重要法律渊源和实践，关乎全球经济安全和国际经济交往的整体稳定与健康发展，是全球治理的重要组成部分。③ 中国自实施改革开放以来，仅用30多年的时间，就从一个国际民商事领域立法几乎空白的国家，走向一个符合现代法治理念和法治标准、国际民商事法律制度基本完备的国家，国际民事诉讼受案量名列世界前茅。仅2014年，我国法院审结各类涉外民商事案

---

* 本文原载于《法学》2016年第7期。

① 在现代国际法体系形成过程中，大国发挥了主导作用，相应地，国际法较多地反映了大国的法律理念和法律实践。参见蔡从燕《国际法上的大国问题》，《法学研究》2012年第6期。

② 参见赵骏《全球治理视野下的国际法治与国内法治》，《中国社会科学》2014年第10期。

③ 内国司法审判对于国际法原则、规则的解释和运用已成为习惯国际法、国际法一般法律原则的重要渊源，参见贺荣《论中国司法参与国际经济规则的制定》，《国际法研究》2016年第1期。

件已达 15780 件，审结各类海事海商案件达 11678 件，涉港澳台案件 13999 件。2015 年，我国已成为全球审理海事海商案件数量最多的国家，国际民事司法影响力大幅提升。① 尽管如此，与世界发达国家，特别是西方大国相比，无论是从司法理念还是从制度设计方面，我国国际民事诉讼制度尚显落后，与中国的大国地位不相匹配。如何以大国司法之理念推动我国国际民事诉讼制度重构，是当前我国法治建设中一项极为重要的课题。

一　大国司法的理念与司法制度设计中的核心要素

何为"大国司法"？国际上并没有一个统一的定义，但是，对于"大国司法"所应具备的理念、核心要素和内涵，还是可以从其他大国的司法实践中加以总结和提炼的。除司法制度本身应具备公正、效率等基本特点外，充分尊重并广泛接受现代国际法，通过内国司法审判维护诚实信用原则、平等保护各方当事人利益，推动国际法原则、规则发展，为国际经济交往创造稳定和可预见的法治环境，构成了"大国司法"理念。

大国与小国、强国与弱国并存是国际社会结构的常态，尽管国际法应当反映全世界各国的共同利益，不应以国家的大小、强弱而有所区别，但国际法形成与发展的历史表明，大国所发挥的作用和影响往往是决定性的，"国际法的产生与发展显示着大国问题的烙印，大国之间以政治争夺利益，小国在政治的夹缝中生存，在法律的边缘处寻找空间"。② 在国际法领域，国家实力的博弈随处可见，大国之间的妥协往往是国际法规则形成的基础和前提，这种长期存在于国际社会的现实并非理想主义者所能改变。③ 大国对于国际法的态度、对国际法的运用，以及大国司法奉行的司法理念，很大程度上决定了国际法的发展进程，是考察大国与国际法关系

---

① 以上数据来源于《人民法院工作年度报告》（2014 年），法律出版社，2015，第 26~27 页；周强在第十二届全国人大四次会议上所作《最高人民法院工作报告》，2016 年 3 月 13 日。
② 赵骏：《国际法视角下新型大国关系的法律框架》，《法学》2015 年第 8 期。
③ 随着中小发展中国家的崛起，这一情况似有所转变，但远未达到可与大国相抗衡的程度。许多国际法学者曾长期呼吁改变这一局面，甚至对现代国际治理的合法性提出质疑，但国家实力因素对于国际法的形成和发展所具有的特殊意义，没有也不可能被削弱，中、小发展中国家形成利益共同体与大国抗衡是其参与国际治理的唯一路径。

的重要视角，构成大国国际法的重要实践。

从根本上讲，"大国司法"理念应体现在以下两方面：首先，大国司法应充分尊重现代国际法原则和规则。尽管国际法具有大国的强烈烙印，但并非仅体现大国利益，更不可能只体现一个大国的利益，真正的大国应当充分、全面地尊重国际法，对于反映全世界共同利益的国际法原则和规则，不应根据自身利益有所取舍。大国司法对国际法原则和规则的尊重，更能彰显大国的地位和尊严，是大国司法的应有之义。其次，大国司法应普遍运用国际法原则和规则解决涉外争议案件。遵行国际法不仅应体现在大国处理国际关系方面，还应当体现在涉及他国及其企业、国民利益的涉外争议案件的审判中。除了公平、公正等全人类普遍遵循的法律原则外，最惠国待遇、国民待遇等国际经济法原则，以及属人主义、属地主义、"不方便法院"、正当程序等国际私法原则，这些已为国际法律实践所充分证明为科学的法律原则，是人类共同的法治文明，大国司法应充分体现出对上述法律原则的尊重，并在国际民事诉讼中加以运用，实现维护诚信原则、平等保护各方当事人利益的法律目标。

如果说大国司法理念是大国司法制度建设的指导思想，那么，大国司法应具备的核心要素就是大国司法制度设计中的重要参数。在国际民事诉讼领域，大国司法的核心要素应表现为司法制度的先进性、包容性、能动性和透明性四个方面。

第一，司法制度的先进性。国际民事诉讼涉及外国政府、企业或个人的经济利益，也会对本国政府、企业和个人在国外的利益产生实质性影响。民商事活动应遵循市场经济原则是国际社会的普遍共识，充分尊重当事人意思自治、维护诚实信用、保护公平竞争等已成为公认的国际经济交往法律准则，由此而产生了解决司法冲突和法律适用的程序性国际私法规则，以及符合市场经济规律的国际贸易、国际金融、国际航运和国际投资等国际经济法制度。

作为一个大国，其司法制度应对上述国际法原则和规则予以充分体现，并根据国际法的发展，及时作出适当的国内法调整。很难想象，一个号称大国的国家，其司法制度对符合市场经济规律和国际经济交往准则的国际法原则、规则毫无反应，或者仅仅根据自身利益选择性接受，或者不愿根据国际法规则的发展对其国内法进行及时调整。司法制度的先进性，是大国司法的核心要素，缺少这样的核心要素，大国司法之"大"则无从谈起，不但不能在国际上树立自身的司法权威，更遑论与国际法治的互动和参与全球治理。

第二，司法制度的包容性。司法的包容性不仅要求一国对于国际法原则和规则尊重和普遍适用，还要求该国司法对不同法系或外国法律的尊重和接纳。在充分尊重当事人意愿基础上，在内国司法活动中准确适用外国法，除非该外国法明显违反本国的公共利益，这是一个国家司法制度开放、包容的标志，在这方面，大国司法应作表率。司法制度的包容性还体现在一国司法机构对外国司法判决、非本国作出的仲裁裁决的普遍承认和执行，对与本国不同的法系文明、他国立法、司法的先进技术以及成功判例的学习与借鉴。

大国司法的开放和包容，是大国拥有巨大经济实力和国际影响力所决定的。如果大国一味强调本国法律的"优越"，而对其他法系、他国法律和法治文明视而不见，就会形成严重的法律单边主义，原本普通的民商事争议将上升为国家间政治、外交冲突，对建立国际经济交往的正常秩序十分有害。历史上，美国多次拒绝尊重他国主权和法律，奉行美国法"优先适用"原则处理对外经济交往，动辄对他国实施司法制裁。这种缺乏包容性的法律单边主义不但侵犯他国利益，对美国也同样造成经济利益损失，对国际经济关系产生过巨大破坏作用，应被大国司法彻底抛弃。大国司法制度的开放、包容，不但对其吸收和借鉴他国法治文明、推动本国法治进步不可或缺，更是全球经济保持稳定、发展的重要前提，是大国参与国际法治建设和全球经济治理必不可少的要素。

第三，司法制度的能动性。关于司法制度应当奉行积极、能动原则还是消极、被动原则，是法学界长期争论的一个话题，各种学说汗牛充栋，不同学派各执一词。但就涉外司法而言，笔者认为，能动性应作为大国奉行的司法原则。所谓司法的能动性，是指内国司法机构应在遵守国际法的基础上积极行使本国的管辖权，对于涉及人类共同利益的重大法律问题，运用自身所具有的司法资源和司法能力予以解决，体现大国的国际责任和担当。在这方面，国际公法领域已有诸多成功实践，例如，对于战争罪、反人类罪、海盗、恐怖主义等国际罪行，国际法要求各国必须行使普遍管辖权。但在国际经济领域，对于国内司法的能动性管辖尚存在不少质疑，特别是发展中国家对于某些大国司法制度中的"长臂管辖权"抱有很深的积怨和反感，认为这种司法"能动性"是对他国司法主权的侵犯。这种看法有一定道理，但并不全面，是对大国司法能动性的误读。

一国司法管辖只要不违反国际法向外延伸并依法正当行使，就不应受到指责。对于那些因管辖权消极冲突而造成的管辖权空白，内国司法也负有及时解决国际民商事争议的职责，这一点对于大国而言更应如此。大国在国际经济交往中的地位和作用是中、小国家不可比的，具有超强的司法资源和能力，在涉及各国普遍利益的问题上，如维护国际消费者利益、保护诚信交易、制止不正当竞争等，运用大国司法资源和能力加以解决是大国的责任。大国的对外投资是全球经济增长的支柱，在遵守国际法的前提下，利用内国司法资源维护对外投资利益亦无不当之处。但需要强调的是，大国司法必须遵守国际法，那种罔顾他国司法主权和公认的国际法原则、强推"过度管辖权"的做法是不可取的。妥善处理管辖权冲突也是大国能动司法的重要一面，当管辖权发生冲突时，大国司法应根据公认的国际法规则，与相关国家平等协商、合理解决，积极推动有关民事管辖权方面的国际统一法进程，以合作的精神解决国际间管辖权冲突。

第四，司法制度的透明性。透明是公平、公正司法制度的必然要求，大国司法涉及的国际民事案件数量众多、影响力巨大，国际社会对其司法透明性的要求更高。司法透明性要求大国在国际民事诉讼中始终贯彻公开原则，保证民事诉讼符合"正当程序"，为外国当事人及时送达诉讼文书、提供全面的诉讼信息，充分尊重并保障外国当事人的诉讼权利，对于庭审资料和判决结果应以各种方式向社会披露，应使用国际通用语言建立涉外案件查询系统，最大程度方便外国当事人查询案件资料和法律文书。透明性还要求大国应对国外投资者、交易者等市场主体提供全面的司法制度介绍，使之更为方便地了解该国司法制度及其特点，从而运用该国司法机制维护自身合法利益。①

二 大国国际民事诉讼的制度内涵

尽管大国司法涉及刑事、行政诉讼等领域,但国际民事诉讼无疑是大国司法中最为重要的内容,每时每刻进行的国际民商事交往意味着国际民商事诉讼可能随时发生,其数量和规模显然是刑事、行政案件所无法比拟的。在国际民事诉讼领域,大国司法应当具有更为先进而完备的制度内涵。

(一) 符合国际法的积极管辖权制度

在国际民商事诉讼中,司法管辖权的确立具有重大意义,一方面,国际民商事案件管辖权的存在是一国法院审理有关国际民商事案件的前提;另一方面,国际民商事管辖权的确定常常会影响实体法的适用,从而直接影响有关案件的审理结果,并最终影响到当事人的权利义务关系。所以,国际间争夺管辖权的斗争十分复杂和激烈。在管辖权领域,各国一方面力图扩大本国的管辖权,另一方面对其他国家的"过度管辖权"予以防范。②

关于管辖权确立的国际私法理论十分丰富,属人说、属地说、最密切联系原则等均可成为确立涉外民商事管辖权立法所依据的理论学说,近些年来,"最低联系说"也为一些法学家所热衷。根据主权原则,各国有权依据上述管辖权理论自主确立本国适用的管辖权原则,进而导致各国管辖权立法迥异,管辖权冲突由此而生。为解决冲突,又产生了"不方便法院

---

① 在这方面,一些发达国家已有成功经验值得借鉴。在国际民事诉讼方面,英国政府认为,良好的法律服务和成熟的争议解决机制可以帮助伦敦维护其全球商业中心的地位。2007年,英格兰和威尔士法学会出版了《英格兰和威尔士:管辖权的选择》(England and Wales: The Jurisdiction of Choice) 宣传手册,向全世界投资者宣传英国司法制度及其优势,以吸引投资者选择英国作为民商事案件的管辖地,这一举措取得了良好效果。该宣传手册详细介绍了英国司法制度的优势:法官的独立性、法官具有较高的专业素养和解决跨国争议案件的丰富经验、专门的商业法院处理跨国商业纠纷、英国法院判决在欧盟和英联邦国家承认与执行的便利性、案件管理上的高效、审理的快捷性、适用外国法的能力等。参见 The Law Society of England and Wales: The Jurisdiction of Choice, November 19, 2007。
② 参见郭玉军、甘勇《美国法院的"长臂管辖权"——兼论确立国际民事案件管辖权的合理性原则》,《比较法研究》2000年第3期。

原则"、"平行诉讼规则"以及"禁诉令"等拒绝他国行使管辖权的冲突法理论。

长期以来,为解决各国的管辖权冲突,国际上作出诸多努力以期统一司法管辖权确立原则的国际法规则,但遗憾的是,这些努力并不十分成功。① 最为著名的海牙国际私法会议早在 1992 年就将起草一个全面规范民商事管辖权和判决执行的公约列入日程,历经 10 年形成《民商事管辖权和外国判决的承认执行公约》草案,力图从根本上解决国际民商事案件管辖权冲突等问题,这是一次受到国际社会广泛关注、令国际私法学者最为期待的尝试,可惜该草案至今未成为一项广为接受的国际公约。② 海牙国际私法会议第 20 次外交大会通过的《协议选择法院公约》于 2015 年生效,这不能不说是国际私法界在统一管辖权适用方面取得的难得进步,但该公约条款的规定比较原则,同时又赋予签约国很大的灵活性,实施后的最终效果如何尚有待观察。③

统一管辖权原则的国际努力效果不佳导致目前国际民商事案件管辖权的规则仍主要以各国国内立法为主,各国之间的管辖权冲突时有发生。某些大国"过度"行使管辖权加剧了冲突,在这方面,美国的"长臂管辖权"可谓"功不可没"。④ 由于严重侵犯他国司法主权,美国的"长臂管

---

① 20 世纪以来,国际上就以制定法典的形式开展这项工作,比较重要的多边条约有:1928 年订立于哈瓦那的《布斯塔曼特法典》(第 4 卷即国际民事诉讼法)、1954 年海牙《民事诉讼程序公约》、1965 年海牙《协议选择法院公约》等。上述法律统一的努力均因签署或参加的国家不多已告失败。参见黄进、宋连斌《国际民商事争议解决机制的几个重要问题》,《政法论坛》2009 年第 4 期。
② 参见黄进、宋连斌《国际民商事争议解决机制的几个重要问题》,《政法论坛》2009 年第 4 期。
③ 参见徐国建《建立国际统一的管辖权和判决承认与执行制度——海牙〈选择法院协议公约〉述评》,《时代法学》2005 年第 5 期。
④ 在近期有关管辖权专业术语中,这种管辖权又被称为"特别管辖权"(special jurisdiction),是相对于一般管辖权(general jurisdiction)而言的。这种划分最初是在 Helicopteros Nactionale de Colombia, S. A. V. Hall (466 U. S. 408) (1984) 案中由美国联邦最高法院采用的,在该案中法院以"特别管辖权"代表"长臂管辖权"。参见郭玉军、甘勇《美国法院的"长臂管辖权"——兼论确立国际民事案件管辖权的合理性原则》,《比较法研究》2000 年第 3 期;另参见 Peter Hay, Conflict of Laws, 2nd ed., West Publishing Co., 1994, p. 48。

辖"制度广受诟病。但近年来，一些学者指出，大多数人对"长臂管辖权"制度本身产生了误解，实际上"长臂管辖权"在许多方面发展了属人管辖权，特别是在侵权行为方面，它改变了传统普通法有关管辖权的规则，使管辖权规则更富有弹性和更加灵活，适应了现代社会生活的发展。涉嫌侵犯他国主权的"过境管辖权"等"过度管辖权"其实只是真正的"长臂管辖权"中很小一部分，当事人合意管辖、出庭应诉管辖等美国"长臂管辖"主要部分已为各国所普遍承认，而侵权行为地的"长臂管辖权"在其他国家也普遍存在，有利于保护被侵权人，特别是有利于在产品责任案件中维护消费者权益。[1] 不仅如此，"长臂管辖权"对于填补管辖权消极冲突导致的管辖权空白也是有益的。

社会生产力的发展、科学技术的进步，促进了世界各国交往越来越密切，不同国家间人员、资本、货物以及服务流动性大为增长，由此而引发的交易、合同、家庭、亲子关系变得十分复杂，跨国民事侵权行为发生频率显著提升，只有适应以上全球经济、社会的发展变化建立新的管辖权理论，才能适应国际社会的法治需求。不同于美国的"长臂管辖权"，积极管辖权原则应遵循公认的国际法，尊重当事人意思自治，以"最低联系"和方便当事人诉讼为基础，并运用国际礼让、"不方便法院"、"未决诉讼"等规则妥善解决国际民事诉讼竞合、冲突等问题。可以预见，积极管辖权主要来自大国，这是大国实力在法治领域的必然反映。积极管辖权倾向于使原告获得当地的保护与救济，从而有利于原告合法权益的实现。[2] 国家实力的增强、经济地位的提高，使其在国际民事诉讼中也有能力"以效果原则和自愿服从原则"主张管辖权，这也是美国法院的国际管辖权更为广泛的原因之一。[3]

主权平等原则是国际法基本原则，积极管辖权的行使不应破坏这一原

---

[1] 参见郭玉军、甘勇《美国法院的"长臂管辖权"——兼论确立国际民事案件管辖权的合理性原则》，《比较法研究》2000年第3期。
[2] 参见郭玉军、甘勇《美国法院的"长臂管辖权"——兼论确立国际民事案件管辖权的合理性原则》，《比较法研究》2000年第3期。
[3] 转引自郭玉军、甘勇《美国法院的"长臂管辖权"——兼论确立国际民事案件管辖权的合理性原则》，《比较法研究》2000年第3期。

则。一味强调本国法律的域外效力，而不顾其他主权国家的法律规定，动辄运用自身实力强迫他国执行本国法律的做法无疑违反了国家主权平等原则，尤其要强调的是大国应模范遵守本国签订的相关国际条约和协定，不得以本国法为由拒绝遵守和执行。

当事人意思自治是民事法律关系的基础，积极管辖权制度应充分尊重当事人的自愿，尊重其选择解决纠纷可适用的法律和解决纠纷的法院，除非这种选择违反了专属管辖等国内法或其国内公共秩序原则。当民事主体未作出选择时，可以以"最低联系"原则和方便当事人诉讼为基础确立案件管辖权。与"最密切联系"原则不同，"最低联系"原则只要求民事法律关系与法院所在地有一定连接因素即可，其中，当事人的住所，法律关系发生、变更、消灭所在地，以及可执行财产所在地等，均可成为"最低联系"的连接因素。① 方便当事人诉讼也是一个重要标准，如因管辖权造成当事人参与案件审理或执行法院裁决困难，则应考虑管辖权的行使是否适当。管辖权确立必须保证国际民事主体的"正当程序"权利，而方便当事人诉讼应被视为最为基本的前提。考察是否"方便"，要求法院综合考量送达、取证、开庭等程序是否方便，是否有利于保护善意一方，以及是否有利于执行裁决等多重因素。在发生民事管辖权竞合或冲突时，大国应遵循"不方便法院"原则，促使当事人诉诸对于审理案件更为"方便"的法院。②

---

① "最低联系"起源于美国司法判例，也是美国"长臂管辖权"制度的依据。在1945年国际鞋业公司诉华盛顿州上诉案中美国联邦最高法院确立了"最低联系标准"（test of minimum contacts），认为"被告须与一州有某种'最低联系'，使该州法院能够行使管辖权并不违背传统的公平与实质正义观念"。此后，美国联邦最高法院在一系列判例法中发展了"最低联系"标准。参见 John J. Cownd, *Civil Procedure Cases and Materials*, 3nd ed., West Publishing Co., 1980, pp. 119 – 120, 转引自郭玉军、甘勇《美国法院的"长臂管辖权"——兼论确立国际民事案件管辖权的合理性原则》，《比较法研究》2000年第3期。

② "不方便法院"（forum non convenience）原则是指一国法院根据其国内法或有关国际条约的规定对国际民事案件有管辖权，但从当事人与诉因的关系及当事人、证人、法院的方便或费用方面来看审理案件是极不方便的，而由同样具有管辖权的外国法院审理更为合适时，放弃管辖权的一种制度。该原则起源于苏格兰法院，之后在美国法院得到了更广泛的适用。不方便法院原则有利于缓和各国管辖权之间的冲突。参见李旺《美国联邦法院关于国际诉讼竞合的法律规制》，《清华大学学报》（哲学社会科学版）2001年第6期。

国际礼让也是解决管辖权冲突时应遵循的一项法律原则，它要求一国注意其国际义务、方便本国国民及在本国法保护之下的其他人的权利，承认其他国家的立法、行政及司法行为。① 以国际礼让为依据的管辖权自制，一般以外国法院就本案作出判决为前提终结已进行的诉讼，与"不方便法院"原则产生撤销诉讼的后果不同。② 此外，"未决诉讼"原则亦可被用于解决冲突，赋予一国法院可以以案件在他国诉讼过程中为由中止发生在本国的诉讼。③ 该原则与"不方便法院""国际礼让"一起，都应成为大国在行使积极管辖权的同时解决国际民事诉讼管辖冲突的法律原则。

"禁诉令"是一国法院向当事人发出的、禁止其到他国就同一事项提起诉讼的禁止令。该制度起源于英国，也是美国法律解决各州之间管辖权冲突的一项国内制度。在国际民事诉讼管辖权冲突情形下，如一国法院向案件当事人单方发出"禁诉令"，则有侵犯外国司法主权之嫌。按照美国国内法，法院不仅有权发出"禁诉令"，还可对违反"禁诉令"的当事人作出藐视法庭及怠慢判决的裁决，据此对当事人处以巨额罚金。"禁诉令"仅是一种临时性措施，不属于国际法意义上可被他国承认和执行的判决和裁定，如当事人在其国内无财产，其执行效果就未必理想，加之很可能侵犯他国司法主权，就连美国不同法院之间对于国际民事诉讼中"禁诉令"的合理性也存在巨大争论。④ 尽管表面上"禁诉令"只是一国针对当事人而非他国法院作出的，但其效果是限制当事人申请他国法院行使管辖权，这与直接对他国法院发出的效果并无二致，无疑是对国家主权平等原则的破坏。如果大国不断发出"禁诉令"，则会导致其在国际司法领域泛滥，

---

① 参见李旺《美国联邦法院关于国际诉讼竞合的法律规制》，《清华大学学报》（哲学社会科学版）2001年第6期。

② 美国第11巡回区上诉法院在 Turner Entertainment Co. V. Degeto Film Gmbh 案（25 F. 3d. 1512，11th Cir. 1994）中适用国际礼让原则，裁定终止在美国的诉讼，对德国法院的判决给予谦让。参见李旺《美国联邦法院关于国际诉讼竞合的法律规制》，《清华大学学报》（哲学社会科学版）2001年第6期。

③ 但法院在以"未决诉讼"为由中止本国诉讼时一般会附有一定条件，并会对他国法院判决是否存在偏见和欺诈进行审查。参见李旺《美国联邦法院关于国际诉讼竞合的法律规制》，《清华大学学报》（哲学社会科学版）2001年第6期。

④ 参见李旺《美国联邦法院关于国际诉讼竞合的法律规制》，《清华大学学报》（哲学社会科学版）2001年第6期。

催生国际争端,因此,"禁诉令"不应成为大国司法中的常态,必须予以节制。

(二) 有利于保护国际民事主体利益的程序制度

大国的国际民事诉讼程序必须围绕有利于保护国际民事主体利益、维护程序正义这个核心建构。① 为实现这一目的,在国际民事诉讼程序中,大国司法应贯彻以下法律原则。

1. 国民待遇以及平等保护原则

国民待遇原则,要求一国的国际民事诉讼法律应赋予内外民事主体相同的诉讼权利和地位,不得内外有别,更不能对外国民事主体加以任何歧视。平等保护原则要求一国法院必须在实体审判中坚持公平、公正原则保护内外当事人利益,不对本国当事人有任何偏倚。特别是对外国当事人而言,面临着对当地法律环境、法律文化、法律制度不熟悉以及语言不通等诸多困难,为实现平等保护,法院就应创造条件帮助外国当事人克服上述困难,使其真正体会到法律的公平、正义。

2. 充分尊重当事人意思自治

民事活动的基础是当事人意思自治,大国司法应充分予以尊重。这种尊重不仅应当体现在民事管辖权的确立上,还应当体现在当事人对解决争议方式的选择、对适用法律的选择等民事诉讼的各个方面。从全球范围看,当事人解决纠纷的可选择方式主要有司法和仲裁两种,近年来,国际商事调解作为替代性纠纷解决方式(ADR,Alternative Dispute Resolution)得到了国际社会的广泛认可,这种符合自治原则的纠纷解决方式因其具有自愿性、非正式性、复合性等特点,对国际民事诉讼的最终解决有益。②

---

① 何其生曾指出:在国际民商事交往中,司法能够化解争议,避免上升到国际政治和外交的层面,从而在维护国际关系的同时,还能够促进国际民商事交往。这并不是说司法在社会和政治体系中享有至高无上的地位,或者说法律万能。但在大国全球战略中,其所具有的价值和功用无疑值得关注。何其生:《大国司法与中国国际民事诉讼法之发展》,《中国国际私法学会 2015 年年会论文集》(下册),第 204 页。

② 参见黄进、宋连斌《国际民商事争议解决机制的几个重要问题》,《政法论坛》2009 年第 4 期。

对于这些纠纷解决的方式,只要国际民事主体作出选择,大国法院就应充分尊重,并在内国司法实践中采取具体举措予以支持。例如,大国司法应以承认和执行国际商事仲裁裁决为一般原则,严格限定本国法院拒绝承认与执行的条件,通过立法、司法活动鼓励当事人选择调解等替代性纠纷解决方式,对以此达成的协议给予可在内国执行的法律效力等。

当事人选择适用法律是国际民事法律关系的一大特点,法院在审理此类案件时理应予以尊重,适用当事人自愿选择的法律审理案件。大国法院具备信息、人才、资金等方面优势,理应在查明和适用当事人选择的法律方面作出更多努力,严格限制以无法查明或查明困难等原因拒绝外国法适用的情形,即便经最大努力和多种渠道后未能查明,或因查明时间、环节过多而造成显著诉讼浪费而排除适用当事人选择的外国法,也应优先选择与该案件具有最密切联系的国家法律,而非动辄适用法院地法。①

3. 突出保护私人当事人利益

国际民商事活动大多产生于私人之间,个案主要体现为私人之间的权益冲突,很少体现为个体利益与国家利益之间的冲突,即便发生个体利益与国家利益之间的冲突,大国也应以国际合作利益为考量尽量保护私人当事人利益。实践表明,私人当事人利益如处理不好也有可能上升为国家间争端,有损国家间合作利益。"在国际关系处理上,合作利益不仅应成为国家利益维护的应有之义,也是大国战略决策的首选。"②

突出保护私人当事人利益,具体应表现为以下两个方面。第一,对运用公共秩序原则的节制。公共秩序原则是各国法律普遍采纳的拒绝外国法院管辖权、拒绝外国法适用、拒绝承认和执行外国法院判决的法律依据,这项原则对于维护内国主权以及国家利益无疑是必要的,但在具体适用时应予以适当节制,大国应通过立法或判例对"公共秩序"原则作出具体而明确规定。过多过滥地在国际民事诉讼中适用该原则不但对私人当事人利益来说是灭顶之灾,而且会严重损害该国的国际合作利益,反而不利于该

---

① 参见邵明《我国涉外民事诉讼程序之完善》,《中国人民大学学报》2012年第4期。
② 何其生:《大国司法与中国国际民事诉讼法之发展》,《中国国际私法学会2015年年会论文集》(下册),第204页。

国利益的实现。① 第二，对国家豁免主义原则的限制。绝对豁免主义往往导致以国家或政府为一方当事人的国际民事诉讼陷入无法开展或无法执行的境地，对私人当事人一方利益保护极为不利。目前，世界上许多国家采取了将民商事行为排除在国家豁免之外的限制豁免政策，特别是英国、美国、法国、德国等大国均采取了限制豁免原则。2004年12月2日，第59届联合国大会通过的《联合国国家及其财产管辖豁免公约》在尊重国家豁免这一国际法原则的前提下，对于国家的民商事行为规定了不得援引豁免。尽管该公约尚未生效，但代表了国家豁免原则向限制豁免发展的主流趋势。② 大国实行限制豁免原则，有利于保护国际民事诉讼私人当事人权益，有利于扩大国家间合作权益，应成为大国在司法制度中的理性选择。③

（三）合理高效的国际司法协助制度

国际民事诉讼的"国际性"决定了一国法院审理和执行国际民商事案件需要必要的国际司法协助；民事送达、取证、判决承认与执行等程序的顺利进行，需要他国司法机构的有效配合。

送达、取证是民事诉讼必不可少的法律程序，对案件的审判以及最终结果具有重要意义。在国际民事诉讼的语境下，这两种程序则面临特殊困难，各国在这方面开展司法协助显得十分必要。在送达方面，经过多年努力，国际上已达成了有关这方面的公约。例如，1969年生效的《关于向国外送达民事或商事司法文书和司法外文书的公约》（简称《海牙送达公约》），截至2016年已有65个国家签署，中国、美国、德国、英国等大国均为公约缔约方，尽管还存在一些执行中的具体问题，但该公约在送达方面制定的规范对国际民事诉讼的作用显著。在取证方面，1972年10月7日生效的《关于从国外调取民事或商事证据的公约》影响力最大，对国际

---

① 参见何其生《国际商事仲裁司法审查中的公共政策》，《中国社会科学》2014年第7期。
② 该公约规定，一国在因下列事项而引发的诉讼中，不得向另一国原应管辖的法院援引管辖豁免：（1）商业交易；（2）雇用合同；（3）人身伤害和财产损失；（4）财产的所有、占有和使用；（5）知识产权和工业产权；（6）参加公司或其他集体机构；（7）国家拥有或经营的船舶。参见《联合国国家及其财产管辖豁免公约》第10条至第16条。
③ 参见黄进、杜焕芳《国家及其财产管辖豁免立法的新发展》，《法学家》2005年第6期。

民事诉讼的取证进行了国际协调和规范，截至2016年已有中国、俄罗斯、法国、德国等大国在内的近40个国家签署。大国不仅应积极参与这些得到国际社会广泛认可的国际公约，还应当在国内通过立法或司法措施将公约义务加以落实，并推动这些公约随着科学技术的发展（如互联网送达、互联网取证等）进一步完善。

承认与执行外国法院判决对于国际民事诉讼的重要性不必多言，如果得不到一国法院的承认与执行，当事人付出再高代价赢得的判决也只不过是一张废纸。为推动国家间相互承认执行法院判决，国际社会不断尝试，但至今尚没有一项国际公约得到广泛认可，目前主要还是通过各国之间签订双边司法协助条约来解决外国法院判决的承认与执行问题。[1] 大国应当在这方面作出更多努力，对于那些不违反本国公共利益和未有明显歧视性的他国法院判决，应及时予以承认和执行，以提升各国法院判决的国际流动性。

---

[1] 目前，国际上有关承认和执行外国法院判决的国际条约或公约为数也不少。早期的有1928年拉丁美洲国家制定的《布斯塔曼特法典》，其中专门对外国法院判决的承认和执行作了规定。1932年，斯堪的纳维亚国家签订了相互承认和执行判决的哥本哈根公约。1940年在蒙得维的亚签订了国际诉讼法条约。1958年签订了阿拉伯联盟执行判决的公约。1961年，荷兰、比利时、卢森堡三国签订了有关执行判决的公约。1966年通过了关于承认和执行外国民事和贸易案件判决的海牙公约，这个公约现在还没有生效。有的公约只适用于特定的范围。比如，1958年在海牙签订的《关于承认和执行儿童抚养费的公约》，它只涉及儿童抚养费的问题。1977年国际海事协会于里约热内卢签订的关于碰撞案件民事管辖、法律选择、判决的承认和执行的统一规则的国际公约，现在虽然还没有生效，但也是这方面的专门国际公约。当前国际上比较重要的，还有1968年在欧洲经济共同体范围内缔结的《关于国际管辖权和执行法院判决的公约》。这个公约适用的范围比较广泛，但也只是在欧洲经济共同体内部各国之间适用，而且只限于相互承认和执行彼此的民商事案件的判决。由于是共同体内部的条约，承认和执行的程序规定比较简便。但是，承认和执行也不是无条件的，例如，判决违反承认国的公共秩序，债务人没有合理地得到参加诉讼的通知，等等，都不可能被承认。另外，还有一些专门性的国际条约规定了承认和执行外国判决的专门条款。例如，1956年欧洲《国际公路货物运输合同公约》、1969年《国际油污损害民事责任公约》、1970年《国际铁路货物运输合同公约》等，都规定有承认和执行外国判决的条款。这些条款主要是确认缔约国之间实行互惠原则，并简化缔约国之间承认和执行法院判决的程序。目前，国际上规定承认和执行外国判决的条约多数是双边条约。特别是在西欧国家之间，订立的这类双边条约是很多的。这些条约的主要内容，就是确认彼此相互承认和执行对方国家的法院判决，同时规定了不少限制的条件。苏联、东欧国家之间签订了很多有关承认和执行外国判决的双边条约，例如，1958年苏联和匈牙利签订了《关于民事、家庭和刑事案件提供司法协助的条约》，http://bjgy.chinacourt.org/article/detail/2012/10/id/887752.shtml，最后访问日期：2016年3月5日。

大国在与他国之间尚未签订司法协助条约的情形下,应适用互惠原则并先行给惠于他国。互惠原则是国际司法协助的一项重要原则,但贯彻这一原则总要有一方先迈出一步,才能期待他国给予互惠。在这方面,大国应责无旁贷迈出第一步。大国拥有的国际地位及肩负的国际责任决定了大国司法制度对于国际经济交往的特殊意义,建立符合国际法的积极管辖权制度、有利于保护国际民事主体权益的程序制度,构筑合理、高效的国际司法协助体系,摒弃那种消极的、保守的、封闭的、歧视性的国际民事诉讼体制,是大国司法必不可少的制度内涵。

三 中国国际民事诉讼制度之重构

中国的国际民事诉讼制度主要由《民事诉讼法》中的"涉外民事诉讼程序的特别规定"、《涉外民事法律关系适用法》等法律,以及最高人民法院颁布的相关司法解释、中国参加或签署的相关国际民事诉讼公约和民事司法协助条约等组成。在立法方面,2012 年修订的《民事诉讼法》在涉外民事诉讼程序条文上比之前的《民事诉讼法》由 33 条减少至 25 条(第 259 条至第 283 条)。从整体上看,现有国际民事诉讼制度基本上保留了 1982 年《民事诉讼法(试行)》的架构,无论是基本原则还是具体内容,都没有较大的变化,而该法诞生于中国改革开放之初,市场保守封闭、涉外案件很少,与今天的市场开放程度不可同日而语。在司法方面,最高人民法院为满足司法实践需要颁布实施了一批涉外司法政策和司法解释,一定程度上缓解了由于立法滞后给国际民事诉讼带来的困局。但总体上讲,我国现行立法、司法在国际民事诉讼管辖权确立、送达、取证、外国法查明、外国法院判决承认与执行等诸多方面已不适应时代需求和中国的大国地位。[1] 究其原因,既有司法理念问题,又有司法经验问题,核心是对于"大国司法"的重要性认识不足。现阶段,我们应充分借鉴大国司法的特点,以大国司法的理念和核心要素为指导,吸纳大国国际民事诉讼制度内

---

[1] 参见何其生《构建具有国际竞争力的国际民事诉讼制度》,《法制与社会发展》2015 年第 5 期;另参见刘懿彤《我国涉外民事诉讼管辖权制度存在的问题及完善》,《法治研究》2015 年第 3 期。

涵，着重从以下几方面来推动中国国际民事诉讼制度重构。

(一) 构建积极的管辖权制度，打造全球性国际民商事纠纷解决中心

2012年《民事诉讼法》修改的主要内容之一就是完善管辖权方面的规定，尤其是在涉外管辖权方面进行了立法调整，试图实现国内与涉外管辖权规定的统一。这种做法贯彻了"国民待遇"原则，产生了一定的积极影响。但我国在国际民事诉讼管辖权方面的规定相对保守，最突出的问题就是，新法固守"实际联系"管辖原则，未能确立积极的管辖权原则。

2012年《民事诉讼法》第265条将"合同在中华人民共和国领域内签订或者履行，或者诉讼标的物在中华人民共和国领域内，或者被告在中华人民共和国领域内有可供扣押的财产，或者被告在中华人民共和国领域内设有代表机构"作为人民法院受理被告在中国领域内没有住所的涉外案件的法定连接因素。该法第266条将"因在中华人民共和国履行中外合资经营企业合同、中外合作经营企业合同、中外合作勘探开发自然资源合同发生纠纷提起的诉讼"作为人民法院专属管辖的法定事项。这两条规定都蕴含着人民法院受理的国际民事诉讼必须与我国有"实际联系"的立法观念。在协议管辖方面，2012年《民事诉讼法》规定，国际民事诉讼适用与国内民事诉讼相同的规定，即《民事诉讼法》第一编总则第二章第34条规定，当事人应选择与争议有实际联系的地点的人民法院管辖。① 根据这一规定，与我国没有"实际联系"或仅有"最低联系"的国际民事诉讼，即便当事人选择我国法院，人民法院仍无权管辖。

与改革开放初期相比，我国企业从事国际投资或商事交易的形式已呈多元态势，商业合同订立、商业行为及后果均可发生在国外，一些商业合同也未必与我国有太多的"实际联系"（例如，中国企业以离岸公司名义在海外开展的商业活动等），如果我国法院对上述交易引发的纠纷没有管

---

① 该条规定："合同或者其他财产权益纠纷的当事人可以书面协议选择被告住所地、合同履行地、合同签订地、原告住所地、标的物所在地等与争议有实际联系的地点的人民法院管辖，但不得违反本法对级别管辖和专属管辖的规定。"

辖权，显然不利于保护中国企业的海外投资利益。此外，"实际联系"的要求不仅有干预当事人意思自治之嫌，也不利于保证选择法院的"中立性"和"公正性"。①世界上一些大国，如英国、美国以及瑞士等发达国家均不再以协议管辖法院与争议之间存在实际联系作为协议管辖的前提条件，如果我国一味坚持"实际联系"的管辖权原则，无疑是作茧自缚。此外，跨国环境污染引发的民事赔偿、国际商品流通带来的消费者权益保护、知识产权国际保护以及互联网交易引发的各类民商事纠纷均需要大国运用自身具有的司法资源和优势妥善解决，而"实际联系"原则显然不能满足上述案件对管辖权的需求。

鉴于此，我国《民事诉讼法》应尽快摒弃"实际联系"原则，实行"最低联系"基础上的积极管辖权原则，规定"对当事人在中国境内没有住所的涉外民事诉讼，只要该诉讼与中国存在一定法律上的联系，或当事人自愿选择，人民法院均有权管辖"。对运用"最低联系"原则造成的"不方便"情形，人民法院可以根据个案具体情况适用"不方便法院"原则拒绝管辖。②

此外，我国对"专属管辖"的现有立法未采用国际上关于"专属管辖"的普遍做法，限制了国际民商事主体的意思自治，早已不合时宜。③

---

① 参见刘力《我国国际民事诉讼协议管辖中"实际联系"辨析》，《法律适用》2008年第12期。著名学者李浩培就曾指出："订立契约以进行国际贸易的法律主体，不论是自然人或法人，通常属于不同国籍的国家。这些法律主体通常倾向于维护其各该本国的司法制度的威望，而对于对方的司法制度未免抱有不信任感。要求选择与争议有实际联系的法院管辖就是排除选择中立法院的可能性，其结果可能是双方当事人因此不能达成国际贸易的契约，而对国际经济往来的发展不利。"李浩培：《国际民事程序法概论》，法律出版社，1996，第64页。

② 参见刘力《我国国际民事诉讼协议管辖中"实际联系"辨析》，《法律适用》2008年第12期。

③ 1999年海牙《国际民事管辖权和外国判决公约（草案）》第12条规定将以下事项作为"专属管辖"事项：（1）以不动产物权为标的的诉讼，由该不动产所在地的国家法院专属管辖；（2）以法人的有效、无效、解散，或其机构决定的有效、无效为标的的诉讼，由支配该法人的法律所属国家法院管辖；（3）以公共登记项目的有效、无效为标的的诉讼，由登记保存地国家法院管辖；（4）以专利、商标、外观设计或其他要求注册或登记的类似权利的登记、有效、无效、撤销或侵权为标的的诉讼，由注册或登记申请地、注册或登记地，或根据国际公约被视为注册或登记地的国家法院专属管辖。尽管这一公约尚未生效，但反映了国际上对"专属管辖"的立法趋势，我国立法应予以借鉴。

现行法"专属管辖"的中外合资经营企业合同、中外合作经营企业合同、中外合作勘探开发自然资源合同与其他民商事合同相比，并没有更多特殊性，与国家利益之间的联系也没有更加紧密。在改革开放初期，出于对维护本国企业利益的考虑，将上述三类合同作为我国法院的专属管辖似有道理，但在中外经济合作形式已发生巨大变化的今天，仍将这三类合同置于专属管辖之下，不利于贯彻平等保护民商事交易当事人原则，未体现对国际民商事主体选择权的尊重。①

我国国际民事诉讼管辖权制度重构，一方面，应以"最低联系"原则为基础建立积极管辖权制度；另一方面，立法上应减少专属管辖的强制规定，尊重当事人"意思自治"，以此为基础修改现行法，积极行使管辖权。在依法保护中国海外投资利益的同时，肩负起大国责任，打造全球性国际民商事纠纷解决中心。

（二）借鉴国际先进经验，改进和完善我国涉外民事程序制度

与大国司法应具有的制度内涵相比，我国现行涉外民事程序制度尚需进一步完善，特别是在以下几个方面。

第一，应尽快制定《国家及其财产豁免法》，改变长期以来坚持的绝对豁免法律原则。我国长期奉行国家绝对豁免原则，这对于维护我国国家利益、防止外国对华滥诉曾起到十分积极的作用，但随着我国国际经济交往的空前活跃，这一原则反而变成束缚中外企业维护自身合法权益的法律障碍，这一点在国际投资领域表现得尤为突出。

在国际投资领域，中国于1990年2月签署《关于解决国家和他国国民之间投资争端公约》（简称《华盛顿公约》），但中国交存批准书时声明，交付该公约下属国际投资争端解决中心（ICSID）仲裁解决的范围仅限于征收、国有化的赔偿金额争议，不包括投资者与东道国之间因其他原因产生的争端。但在1998年中国和巴巴多斯双边投资协定中，中国首次同意纳入新一代的综合性投资仲裁条款，将国际仲裁范围扩大至宽泛的投资争

---

① 参见刘懿彤《我国涉外民事诉讼管辖权制度存在的问题及完善》，《法治研究》2015年第3期。

议，不再仅限于征收赔偿金额争议，且不再将"用尽当地行政及司法救济"作为投资者提起国际仲裁的前置条件；同时，将投资仲裁机制扩大至 ICSID 以外的其他仲裁机制。新一代投资仲裁条款成为近年来我国对外签订双边投资保护协定的主流条款。

我国虽然已接受了以主权国家为仲裁对象的国际投资仲裁机制，但立法和司法上仍一贯坚持绝对豁免原则，这就造成中国法院无法执行中国投资者针对外国政府的国际投资裁决，而外国投资者针对中国政府的国际投资裁决则可以在实行有限豁免原则的国家得到执行，令中国企业处于豁免待遇中的不对等地位，对保护中国的巨额海外投资极为不利。此外，绝对豁免原则也令外国投资者对中国的营商环境产生顾虑，担心利益受损后得不到有效法律保护。

及时通过立法改变原有的绝对豁免主义、确立符合国际发展趋势的民商事限制豁免原则，尽早制定《国家及其财产豁免法》，不但是改变中外投资利益保护失衡的必要前提，也是吸引外国投资者优先选择中国法院审理国际民商事争端、执行国际司法和仲裁裁决的基础。

第二，完善涉外送达、取证、外国法查明机制以及外国判决承认与执行制度。在涉外送达方面，2012 年《民事诉讼法》规定了八种送达方式，已基本覆盖国际上通常采用的送达方式，并将互联网科技成果运用于法定送达之中。① 但司法实践中仍存在涉外送达难的问题，导致一些涉外案件久拖不决。我国应当吸纳英美法系的先进做法，通过立法允许公民、法人和社团组织在符合法定条件的情况下作为送达主体，并将当事人协议送达

---

① 《民事诉讼法》第 267 条规定："人民法院对在中华人民共和国领域内没有住所的当事人送达诉讼文书，可以采用下列方式：（一）依照受送达人所在国与中华人民共和国缔结或者共同参加的国际条约中规定的方式送达；（二）通过外交途径送达；（三）对具有中华人民共和国国籍的受送达人，可以委托中华人民共和国驻受送达人所在国的使领馆代为送达；（四）向受送达人委托的有权代其接受送达的诉讼代理人送达；（五）向受送达人在中华人民共和国领域内设立的代表机构或者有权接受送达的分支机构、业务代办人送达；（六）受送达人所在国的法律允许邮寄送达的，可以邮寄送达，自邮寄之日起满三个月，送达回证没有退回，但根据各种情况足以认定已经送达的，期间届满之日视为送达；（七）采用传真、电子邮件等能够确认受送达人收悉的方式送达；（八）不能用上述方式送达的，公告送达，自公告之日起满三个月，即视为送达。"

列为有效的送达方式。

由于英美法系未将送达视为一种"公权力",仅将其作为与国家主权无关的"私权利",所以送达主体多为公民、法人或社团组织,并且允许当事人协商送达方式。这样做不但能缓解送达机关的压力,还能方便当事人以自行选择的方式接受送达。[1] 因此,可在《民事诉讼法》第 267 条规定的八种送达方式的基础上,增加"采用受送达人所在国法律允许的其他送达方式或当事人自行选择的送达方式送达"。为了防止受送达人不履行人民法院送达的司法文书签收手续,可立法规定以下情形视为送达:(1)受送达人书面向人民法院提及了所送达诉讼文书的内容;(2)受送达人已按照所送达诉讼文书内容履行;(3)其他可视为已经送达的情形。[2] 实践证明,在保障外国当事人诉讼权利的前提下,送达方式越是便捷、多样,司法管辖权越能有效行使。

在涉外取证方面,我国法律目前不允许外国当事人及其诉讼代理人在我国领域内自行取证。[3] 在民事诉讼中,当事人负有举证责任或享有诉讼证明权,为此,不论内国当事人还是外国当事人在与诉讼证据有关的地方均享有平等收集证据的权利,单纯限制一方当事人收集证据的权利则会导致程序上不公平。[4] 如果我国与相关国家未签订民事取证方面的国际条约或司法协助协定,该外国即可对我国当事人采取对等方式,禁止我国当事人在该国境内取证,这对于我国当事人在海外维护自身权益也是不利的。因此,我国应在《民事诉讼法》中规定"人民法院可根据互惠原则允许外国当事人及其诉讼代理人在我国领域内自行收集证据,但不得违反我国法律、公共利益且不得采取强制方法"。

在外国法(港澳台法律视为域外法)查明方面,我国法院适用当事人

---

[1] 美国法律规定,对外国国家的代理人或代理处、对外国国家或政治实体的送达,可以依诉讼双方当事人间协商的办法进行;英国法甚至规定,合同当事人可以在其合同中规定接受送达的方式。
[2] 参见邵明《我国涉外民事诉讼程序之完善》,《中国人民大学学报》2012 年第 4 期。
[3] 我国 2012 年《民事诉讼法》第 277 条规定:"未经中华人民共和国主管机关准许,任何外国机关或者个人不得在中华人民共和国领域内送达文书、调查取证。"
[4] 参见邵明《我国涉外民事诉讼程序之完善》,《中国人民大学学报》2012 年第 4 期。

选择法律裁判案件的数量逐年上升，有效地维护了国际民事诉讼主体对适用法律的选择权。但目前仍存在查明渠道少、专业力量不足导致外国法查明困难等实际问题，致使一些法院最终适用我国法律，有违当事人的意愿，影响了裁判质量。对此，最高人民法院不断通过个案予以纠正。例如，2013 年香港广晟诉香港恒基等公司借款、担保纠纷案，该案一审判决未能适用当事人选择的香港地区法律，导致错误认定可转换债协议的有效性，最高人民法院二审予以改判，体现了对当事人选择的尊重以及准确适用、正确解读域外法的严谨态度。① 自 2015 年至 2016 年，最高人民法院已在中国政法大学、西南政法大学和深圳市蓝海现代法律服务发展中心等科研机构设立了三家港澳台和外国法查明中心，为外国法查明创造条件。最高人民法院应就查明程序、委托事项、查明费用、异议解决等方面进行细化，及时发布外国法查明相关司法解释。除与国内机构合作外，中国法院还可以与外国著名法律院校、科研机构、非政府组织等开展合作，提升外国法查明的准确性和查明效率，增强外国法查明的公信力和权威性。②

在外国法院判决承认与执行方面，现行《民事诉讼法》在"司法协助"一章作出了规定，但条款规定简单且比较原则，影响了法院判决的国际流动性。将"不违反中华人民共和国法律的基本原则或者国家主权、安全、社会公共利益"作为拒绝承认与执行的法律依据，缺乏具体规则，容易导致实践中扩大拒绝承认与执行的范围。《民事诉讼法》第 281 条虽然规定了我国法院可依据互惠原则承认与执行外国法院判决，但法院往往以不存在互惠或无法查明互惠为由拒绝承认与执行，导致相关国家司法报复。例如，1995 年在日本国民五味晃申请承认与执行日本国法院作出的生效判决案中，最高人民法院以我国与日本之间不存在互惠关系为由拒绝承认与执行该判决，而 2003 年日本大阪高等法院以同样理由拒绝承认与执行

---

① 该案案号为最高人民法院〔2013〕民四终字第 32 号。
② 参见《最高人民法院关于人民法院为"一带一路"建设提供司法服务和保障的若干意见》（法发〔2015〕9 号），http://www.court.gov.cn/zixun-xiangqing-14899.html，最后访问日期：2016 年 3 月 11 日。

中国法院判决。① 近年来，我国与美国、德国等发达国家之间相互承认与执行彼此法院判决的情况时有发生，但仍以个案为主，缺少相应制度安排。②

此外，现行《民事诉讼法》未能涵盖拒绝承认与执行外国法院判决的全部情形。对于内容不确定的外国法院判决、依据该外国与我国共同参加的国际条约或我国法律关于专属管辖的规定该外国法院无管辖权的、明显侵犯一方当事人"正当程序"权利、对同一案件我国已作出发生法律效力裁判的，这些情形也应成为我国拒绝承认与执行外国法院判决的法定理由，应当在《民事诉讼法》修改时增加上述内容。立法上还应细化可请求人民法院承认与执行外国裁判的种类，对外国法院作出的临时裁决、调解书、支付令、具有财产内容的刑事判决、公证文书等也应作出可予承认和执行的明确规定。

为体现大国司法理念，我国应在互惠方面展现更为积极的姿态，对于尚未与我国一道参加相关国际条约、亦未与我国签订司法协助条约的国家法院判决，按照互惠原则办理并可视情况先行给惠。互惠原则的落实总要一方先行一步，否则往往容易陷入谁先谁后的司法僵局。中国应主动采取逆向调查方式，即法院可以以相关国家无拒绝承认和执行中国法院判决的先例为由，以先行给惠的方式承认和执行该外国法院判决。

第三，对涉外案件的审限作出合理限定，提高涉外案件审判效率。我

---

① 参见《最高人民法院关于我国人民法院应否承认和执行日本国法院具有债权债务内容裁判的复函》。在日本国民五味晃申请承认和执行日本国法院作出的生效债务判决案被我国法院拒绝后，日本大阪高等法院就认为中日之间不存在互惠关系，从而拒绝承认与执行我国法院的一项判决。参见 Osaka High Court, Judgment 9, April, 2003, Hanrei Jiho No. 1841, at 111; Hanrei Taimuzu No. 1141, at 270。另参见 Nozomi Tada: Enforcement of Foreign Judgments in Japan Regarding Business Activities, 46 *Japanese Annual of International Law* 75-94（2003）。转引自何其生《大国司法与中国国际民事诉讼法之发展》，载《中国国际私法学会 2015 年年会论文集》（下册），第 209 页。

② 2006 年德国柏林高等法院首次承认了无锡市中级人民法院的判决；2011 年美国东区第九巡回法庭承认了湖北省高级人民法院判决，后当事人自动履行了 650 万美元的判决；2014 年，新加坡法院承认了苏州市中级人民法院的一项民事判决。转引自何其生《大国司法与中国国际民事诉讼法之发展》，载《中国国际私法学会 2015 年年会论文集》（下册），第 209 页。

国现行《民事诉讼法》对国内民事案件作出了审限要求，却未对涉外案件作审限方面的法律规定。① 这一做法不但不符合国民待遇原则的要求，而且也不利于提升国际民事诉讼案件的审判效率。对涉外案件审限不作规定，固然是考虑到涉外案件的送达、取证以及当事人参与诉讼相对于国内案件而言有着时间长、距离远、不方便等特点，不宜规定与国内案件同样的审限，但完全不作规定则会导致案件审理的周期过长、久拖不决，不利于保护各方当事人利益。可比照国内案件的法定审限适当延长国际民事诉讼的审限，实现国际民事审判实质上的"国民待遇"，从根本上保障法院审理国际民事案件的效率。

突出保护当事人利益是大国司法的重要特点，在国家豁免、涉外送达、取证以及外国法院判决承认与执行方面，这一特点尤为明显。我国现行国际民事诉讼程序应进一步强化保护当事人利益的指导思想，从以上各方面改进和完善我国国际民事诉讼制度，使之尽快适应中国的大国地位。

（三）大力培养具有全球视野法律人才，拓展宣传中国司法制度优势的国际渠道

中国国际民事诉讼制度重构离不开一大批不仅具有大国司法理念和全球视野而且对中国特色的司法制度充满信心的法律人才。法官在国际民事诉讼中的重要性自不必言，法官的高尚品格、法律素养和语言能力至关重要。自改革开放以来，中国法官的国际民事诉讼审判水平不断提高，审理了大量的涉外海事商事案件，许多案例判决已成为公认的法律精品。② 但

---

① 2012年《民事诉讼法》第149条规定："人民法院适用普通程序审理的案件，应当在立案之日起六个月内审结。有特殊情况需要延长的，由本院院长批准，可以延长六个月；还需要延长的，报请上级人民法院批准。"第176条规定："人民法院审理对判决的上诉案件，应当在第二审立案之日起三个月内审结。有特殊情况需要延长的，由本院院长批准。人民法院审理对裁定的上诉案件，应当在第二审立案之日起三十日内作出终审裁定。"但在第四编"涉外民事诉讼程序的特别规定"中的第270条规定："人民法院审理涉外民事案件的期间，不受本法第一百四十九条、第一百七十六条规定的限制。"

② 贺荣主编《涉外商事海事审判指导》（2014年第2辑，总第29辑），人民法院出版社，2015，第21页。截至2016年，最高人民法院已出版30辑《涉外商事海事审判指导》，以此发布涉外商事海事司法解释以及精品案例、裁判文书等。

与大国司法的实际需求相比，中国法官的法律素养和语言能力还有进一步提升的空间。

加入 WTO 以来，中国已参与大量 WTO 争端解决，领教了 WTO 上诉机构法官们的高超法律推理技术、以文字正常含义为基础运用《维也纳条约法公约》第 31、32 条解释通则开展整体解释的能力，切身体会到国际先进的法律文化和法律文明。国内法官应不断学习和借鉴 WTO 等国际机构的司法经验，并将其运用到我国的国际民事诉讼审判中，增强判决的说理性、逻辑性和国际性，树立中国法官的良好形象和国际声誉。①

应将建立审理国际民事诉讼的专门法院（如国际贸易法院或国际投资法院）尽早提上司法改革日程，探讨并推动法官运用英语等国际通行语言审判国际民事诉讼，增强中国判决的国际化。2010 年 5 月，德国议会建议建立专门的法院可以使用英语来处理跨国商事争议，德国的汉堡、波恩、科隆、亚琛等地的法院都有使用英文审判的经历。在法国，巴黎商事法院在一起案件中也曾安排懂英语、西班牙语及德语的法官审理案件，当事人可以以自己的语言提交证据，并进行答辩，但判决是以法语作出。在英国，司法制度改进的目标之一就是，法院结构和法官配置适合诉讼当事人的需要。②我国应予借鉴，适时推动中国法官运用国际通用语言审理国际民事诉讼。

大国司法同样需要一大批具有全球视野的高水平的律师、法律学者。律师与法官同属法律职业共同体，律师的国际法理论和实践水平对于国际民事诉讼亦至关重要。近年来，我国律师队伍已涌现出许多精通国际法、具有熟练外语水平的专业律师，但数量尚难以满足我国对外经济交往的实际需求。国际民事诉讼理论的提升以及人才培养有赖于高水平的国际法研究和教学水平，我国目前尚缺乏具有国际影响力的国际法学者，对于大国司法理论研究明显落后，这种局面应尽快改变。③

---

① 参见杨国华《亲历法治——WTO 对中国法治建设的影响》，《国际法研究》2015 年第 5 期。
② 参见何其生《大国司法与中国国际民事诉讼法之发展》，载《中国国际私法学会 2015 年年会论文集》（下册），第 204 页。
③ 我国国际私法学者坦承，在学术研究领域，国际民事诉讼改革和整体理念设计的研究一直是我国法学界研究的弱点。参见何其生《大国司法与中国国际民事诉讼法之发展》，载《中国国际私法学会 2015 年年会论文集》（下册），第 204 页。

向国际社会广泛宣传本国司法制度的特点和优势,展现其开放性、中立性和国际性,树立本国司法公正、高效与透明形象,打造良好的投资营商环境,吸引国际民事主体更多地选择该国法院解决争议,这是世界大国的普遍做法。2007 年,英国英格兰和威尔士法学会出版了《英格兰和威尔士:管辖权的选择》突出宣传英国诉讼程序的优势、高素质法官以及该国法院判决的全球可执行性。此外,德国律师协会、德国法官协会和德国公证员协会为宣传德国法律的优越性,专门出版了《法律——德国制造》(*Law-Made in Germany*)宣传册,突出强调了德国法律制度对于跨国贸易和商业具有如下优势:稳定和透明;法典化方式带来的法律稳定性;契约自由带来的灵活性;在德国法院诉讼具有独立、快捷和高效的程序;可预期的法律责任制度;权利的快捷执行。2012 年该宣传册出版第二版《法律——德国制造:全球化·效率高·费用低》,特别强调德国的各部法典都公平地平衡着不同利益,并促成案件公正解决,德国的法律之门对每一个人敞开。对于争议解决程序,该宣传册强调:"在德国,企业家与投资商受益于高效率的法律制度。法院和私人仲裁机构从而可以将精力集中于其核心任务。高效率的程序法促使作出迅速、有权威的以及可预见的裁判。"①

以上成功经验为我国提供了很好的借鉴,建议由中国法学会等团体组织用英语、法语等国际通行语言编写《中国司法制度》宣传册,着重宣传中国改革开放以来法治建设,特别是涉外法律制度建设取得的成就,宣传司法改革给民事审判领域带来的巨大变化,突出立案登记制、注重调解、支持并广泛承认国际仲裁、巨大的司法合作资源以确保判决被他国承认与执行等方面的优势,强调中国法官独立审判和平等保护中外当事人利益的司法理念以及法院信息化建设带来的中国司法空前透明度。此类宣传册应更多地进入国际场合,并在海关等出入境口岸以及投资者集中的招商机构放置或散发,吸引更多的国际民商事主体选择中国法院解决争议。

---

① 转引自何其生《大国司法与中国国际民事诉讼法之发展》,载《中国国际私法学会 2015 年年会论文集》(下册),第 211 页。

（四）参与并引领国际民事诉讼立法活动，贡献中国法律智慧

第二次世界大战后，随着国际经济交往的大规模开展，国际民事诉讼立法活动十分活跃。海牙国际私法会议是国际民事诉讼领域的专门性机构，目前已达成大量的国际民事诉讼公约，包括 1965 年《海牙送达公约》、1970 年《海牙取证公约》、1961 年海牙《取消要求外国公文书的认证公约》、2005 年《协议选择法院公约》等。此外，罗马统一私法协会在国际民事诉讼领域也开展了大量工作，如 2003 年该机构联合美国法学会发布了《跨国民事诉讼原则和规则》（Principle and Rules of Transnational Civil Procedure），产生了广泛影响。中国均不同程度地参与了上述国际立法活动。

在参与国际民事诉讼立法方面，中国近年来的表现更为积极，不但签署了《海牙送达公约》、《海牙取证公约》以及《承认及执行外国仲裁裁决公约》等重要国际公约，而且与世界上 36 个国家签署了双边民商事司法协助协定，政府官员、法官和学者日益活跃在国际统一私法立法的各种会议、谈判和磋商场合。中国在国际民事诉讼方面已拥有许多独特而成功的经验，理应引领国际民事诉讼立法，推动国际民事诉讼统一化进程。

通过内国司法审判积极影响国际规则的制定，通过案件审理对国际条约解释和适用产生影响，从而推动国际习惯以及国际法基本原则的形成和发展，甚至填补国际法领域的法律空白，应该成为中国对国际民事诉讼法治发展贡献中国智慧的重要途径。[①] 我国的人民法院尤其是最高人民法院在这一方面任重而道远，责无旁贷，只要我们高度重视并不断努力，在推动国际法发展与完善方面就一定会有所成就。

四 结语

研究大国司法理念、核心要素以及应具有的制度内涵是建立大国司法的前提。我国的大国地位决定了司法制度必须贯彻大国司法理念、借鉴大

[①] 贺荣：《论中国司法参与国际经济规则的制定》，《国际法研究》2016 年第 1 期。

国司法核心要素，并运用大国司法的制度内涵完善我国的国际民事诉讼体制。这是中国实施"一带一路"、海洋强国等新时期开放战略的必然要求，是中国提升全球影响力和竞争力的法治保障，是全球经济治理赋予中国的使命和责任。实践表明，充分尊重并广泛接受现代国际法，通过内国司法审判维护诚实信用原则、平等保护各方当事人利益，推动国际法原则、规则发展，为国际经济交往创造稳定和可预见的法治环境，是大国司法的核心理念。在国际民事诉讼领域，内国司法制度的先进性、包容性、能动性和透明性是大国司法的核心要素。除司法制度本身应具备的公正、高效、透明等特点外，符合国际法发展趋势的积极管辖权制度，有利于保护国际民事主体利益的诉讼制度，合理、高效的国际司法协助体系，理应成为大国司法的制度内涵。改革开放以来，中国的国际民事诉讼制度已取得显著进步，随着中国国力的提升而发展，但仍与中国的大国地位不相称。应认真研究和借鉴大国司法的特点和经验，以大国司法的理念和核心要素为指导，吸纳大国国际民事诉讼制度内涵，着重从以下几方面来推动中国现阶段国际民事诉讼制度重构：第一，构建积极的管辖权制度，打造全球性国际民事诉讼中心；第二，借鉴国际先进经验，改进和完善我国涉外民事诉讼程序制度；第三，大力培养具有全球视野法律人才，拓展宣传中国司法制度优势的国际渠道；第四，参与并引领国际民事诉讼立法活动，贡献中国法律智慧。

国际商事法庭的时代意义与使命[*]

  2018 年 1 月，中央全面深化改革领导小组第二次会议通过了《关于建立"一带一路"国际商事争端解决机制和机构的意见》（以下简称《意见》）。《意见》强调，建立"一带一路"国际商事争端解决机制和机构，要坚持共商共建共享原则，依托我国现有司法、仲裁和调解机构，吸收、整合国内外法律服务资源，建立诉讼、调解、仲裁有效衔接的多元化纠纷解决机制，依法妥善化解"一带一路"商贸和投资争端，平等保护中外当事人合法权益，营造稳定、公平、透明的法治化营商环境。最高人民法院院长周强在 2018 年 3 月召开的第十三届全国人大第一次会议上所作的《最高人民法院工作报告》中对此项工作作出重要部署，指出，人民法院在 2018 年工作中要"认真落实中央深改组通过的《关于建立'一带一路'国际商事争端解决机制和机构的意见》，加强涉外商事、海事和知识产权审判，设立最高人民法院国际商事审判庭，推进'一带一路'多元化纠纷解决机制建设"。2018 年 6 月底，中共中央办公厅、国务院办公厅印发了《意见》，并发出通知，要求各地区各部门结合实际认真贯彻落实。《意见》面向国内外正式发布，标志着《意见》已进入全面实施阶段。为贯彻落实《意见》要求，最高人民法院充分论证、深入研究，并在吸纳各方面意见基础上提出了建立国际商事法庭的具体方案，中国历史上第一个国际商事法庭正式诞生！

  "一带一路"倡议是习近平总书记在我国改革开放新的历史时期，着眼于国际、国内两个大局作出的重大决策。实施以来，已有 140 多个国家

---

[*] 此文原载于《人民法院报》2018 年 7 月 5 日第 2 版。

和国际组织参与其中，取得了令世人瞩目的巨大成就。随着"一带一路"建设的不断推进和逐步深化，营造稳定、公平、透明、可预期的法治化营商环境，为"一带一路"建设提供法治保障的任务十分紧迫和繁重，最高人民法院国际商事法庭正是深刻把握时代背景、适应"一带一路"建设法治化进程需求的时代产物，具有重要的历史意义，必将对"一带一路"建设的顺利推进产生重大而深远的影响。

一　国际商事法庭的时代背景

"一带一路"传承和发扬古代丝绸之路"和平合作、开放包容、互学互鉴、互利共赢"精神，遵循共商、共建、共享原则，开创了国际经贸关系的新局面。法治是人类和平与发展的保障，"一带一路"建设的深入推进必将伴随法治化进程的不断发展，这是"一带一路"长期、稳定发展的基础和前提，而公正高效便利的争端解决机制是"一带一路"法治化建设中不可或缺的组成部分。

"一带一路"建设中涉及大量平等的商事主体间跨国性贸易、投资、金融交易、交通运输、基础设施建设等民商事活动，难免产生各种纠纷或争端，而可能发生的纠纷或争端将呈现国际性、复杂性、多样性特点。因此，除了参与国司法机构根据其国内法解决涉"一带一路"商事主体之间的争端、国际仲裁机构根据当事人意思自治通过仲裁解决争端外，有必要成立一个具有高度国际性的"一带一路"国际商事争端解决机构，对于那些涉及"一带一路"建设平等主体自愿提交的跨国性商事争端案件进行管辖并及时作出裁决，切实而充分地保障参与"一带一路"建设的商事主体合法权益，为"一带一路"建设顺利推进创造更加良好的法治环境。

在借鉴现行国际争端解决机制成功经验的基础上，建立一套适应"一带一路"参与国国情特点、为参与国家当事人广为接受的争端解决机制，用以解决参与"一带一路"建设不同国家商事主体之间跨国商事海事争端，为其提供优质高效的法律服务，这不仅是"一带一路"建设法治化发展的现实需求，也是建设开放性世界经济新格局的重要司法保障举措，充分体现了中国作为"一带一路"建设首倡者的使命担当。

二 国际商事法庭的时代意义

服务与保障"一带一路"建设顺利推进是人民法院的一项重要任务，因此，根据中央深改组的统一决策和部署，在完善我国现有涉外民商事审判体制的基础上，建立适合"一带一路"特点的国际商事法庭正逢其时，理应成为当前司法体制改革的一项重要内容。国际商事法庭的建立具有很强的时代意义，主要体现在以下方面。

第一，为"一带一路"建设创造良好的法治环境。争端解决机制是法律体系构建中必不可少的重要环节，缺少争端解决机制的保障，"一带一路"建设法治化体系将失去生机和活力。构建公正、高效的争端解决机制，需要从国际、国内两个层面深思谋虑，需要国际争端解决机制与国内司法机制之间的有机结合。在借鉴国际经贸争端解决机制成功经验的同时，"一带一路"争端解决机制必须符合"一带一路"建设的特点，获得广大"一带一路"参与国商事主体的信任，真正成为定分止争的有效机制。而国际商事法庭的建立将为及时化解"一带一路"建设中产生的民商事纠纷提供一个高质量、高效率的司法服务平台。

第二，满足参与"一带一路"建设的各国商事主体维护自身合法权益的现实需求。在"一带一路"建设过程中，参与国众多商事主体开展了对"一带一路"大量的贸易与投资活动，广大投身于"一带一路"建设的参与国商事主体对于建立一个公平、公正、高质量、高效率的商事争端解决机构的呼声十分强烈。参与"一带一路"建设的国家法治发展环境各异、司法体制各异，给各国企业开展跨国性商务活动带来了极大的法律方面的困难和挑战，建立一个统一、公正、高效的争端解决机构对于他们克服上述法律困难、防范巨大的法律风险、避免重大经济损失、有效地维护自身合法权益具有十分重要的现实意义。

第三，促进"一带一路"建设法治化进程，提升全球经济治理法治化水平。作为中国首倡的全球经贸发展新路径，"一带一路"的制度建设和发展模式对于21世纪全球经济治理最终能否成功将产生巨大影响。只有构建一套法治化体系，选择一条法治化的发展路径，实现国内法治与国际法治的良性互动,"一带一路"才能确保长期稳定健康发展,全球经济治理的法治化水平才能得以提升。

法治化体系离不开公平、高效的争端解决机制,在共商共建共享的基础上,应通过平等协商和谈判解决争端、运用现代国际法规则及公认的国际商事规则解决争端、推动司法合作与协助等原则构建"一带一路"国际商事争端解决机制。中国应与广大"一带一路"参与国协商建立创新性国际商事争端解决机制,充分发挥各自的司法优势,运用各国司法机制广泛开展司法协助和司法合作,形成一套多层次、立体化、国际机制与国内机制相互配合和良性互动的"一带一路"商事争端解决格局。中国国际商事法庭的建立正是"一带一路"法治化不断推进的重要标志,是中国为全球经济治理法治化水平提升作出的又一重大贡献。

三 国际商事法庭的时代使命

国际商事法庭应以公平、公正、高效、便利为宗旨,在完善我国现有涉外民商事审判体制的基础上,借鉴现有国际争端解决机制以及其他国家建立的国际商事法庭的成功经验,结合"一带一路"建设的特点和实际需求,充分展现中国涉外司法的时代风貌。

国际商事法庭应充分体现国际性特点,具体表现为其受案范围的国际性、适用法律的国际性、机构人员组成的国际性等方面。第一,受案范围包括参与"一带一路"建设各国商事主体自愿选择国际商事法庭管辖的民商事争端等。第二,适用的法律规则应具有广泛包容性,包括国际公认的国际法规则,例如国际贸易、投资、金融法律规则,国际商事规则,国际海事海商规则,以及国际法一般法律原则和国际惯例,也适用当事人选择的内国法以及联合国示范法规则。第三,国际商事法庭建立的国际商事专家委员会具有广泛的国际代表性,应聘请"一带一路"参与国具有高超民商事法律、国际贸易法律、国际投资法律理论水平的仲裁员、法律专家,以及具备丰富司法实践经验、品德高尚的资深法官组成。

国际商事法庭的任务应主要包括,专门受理"一带一路"建设参与国平等民商事主体的企业、个人自愿提交的国际商事、贸易与投资纠纷并作出判决，确认、承认国际商事专家委员会及著名国际商事调解机构出具的调解协议、著名国际仲裁机构作出的仲裁裁决。国际商事法庭还应当在推进中国与参与国家之间民商事司法协助、彼此之间法院判决及仲裁裁决的承认与执行等方面开展积极而有成效的合作，促进"一带一路"参与国之间的商事判决、商事仲裁裁决及商事调解书的国际流动性，让"一带一路"参与国商事主体享受到更多的司法服务获得感，以此营造"一带一路"法治化营商环境和氛围。

国际商事法庭是"一带一路"商事争端解决机制和机构的重要组成部分，建立国际商事法庭是最高人民法院服务党和国家大局的一项重大举措，是中国法院服务和保障"一带一路"建设的重要司法创新，是中国涉外商事审判体制与时俱进的重要时代标志。我们有理由相信，在中国对外开放已进入全新时期的今天，中国的国际商事法庭一定会在不远的未来成为具有广泛国际影响的跨国性商事争端解决机构，为"一带一路"建设的顺利推进作出重要而独特的贡献。

自贸试验区战略司法保障问题研究[*]

自贸试验区战略是以习近平同志为核心的党中央总揽国内、国际两个大局提出的新时期我国深化改革、扩大开放的重大战略举措。这一战略实施以来取得了举世瞩目的成就，各项制度和发展模式日臻成熟和完善，覆盖范围也由起初上海自贸试验区一家拓展为目前包括广东、天津、福建，以及辽宁、浙江、河南、湖北、重庆、四川、陕西等11个自贸试验区，自贸试验区战略现已进入新的发展阶段。[①]

法治化是自贸试验区战略的核心要求和目标之一。习近平同志强调，凡属重大改革都要于法有据。在整个改革过程中，要高度重视运用法治思维和法治方式，加强对相关立法工作的协调。[②] 建设自贸试验区的过程，在法律层面，是以全国人大常委会的决定、国务院的批复和决定为主线，自上而下渐次展开的。[③] 司法是自贸试验区战略顺利推进中不可或缺的重要内容，是实现自贸试验区法治化发展目标的重要力量，是自贸试验区战略成功的必要保障。

人民法院作为司法机关，首先是现行有效法律的适用者和现有法律秩序的维护者。通过司法过程，保障法律的稳定性和可预测性是司法的首要职能。自贸试验区建设需要对现有法律秩序作出一些重要调整，无论是在

---

[*] 本文系与最高人民法院国际商事法庭丁广宇法官合作完成，原载于《法律适用》2017年第17期。

[①] 2018年4月13日，习近平在庆祝海南省办经济特区30周年大会上宣布党中央决定支持海南全岛建设中国（海南）自由贸易试验区。至此，全国共计12个自贸试验区。

[②] 参见中国政府网，http://www.gov.cn/ldhd/2014-02/28/content_2625924.htm，最后访问日期：2017年5月7日。

[③] 参见最高人民法院课题组《中国（上海）自由贸易试验区司法保障问题研究》，《法律适用》2014年第9期。

金融、投资、贸易、商事海事领域，还是行政监管领域，均须对现行法律规定作出较大的突破。因此，在自贸试验区战略实施过程中，将不可回避地遇到区内与区外法律环境的巨大反差。① 这就给自贸试验区的司法保障工作带来了深刻挑战，只有顺势而为、不断创新，才能适应形势的发展、服务好国家战略大局。

自 2013 年自贸试验区战略实施伊始，最高人民法院组织相关部门会同已设立自贸试验区的地方法院开展调研活动，及时研究自贸试验区建设中出现的司法问题，截至 2017 年已连续召开四届中国自由贸易区司法论坛。② 2016 年 12 月 30 日，最高人民法院发布《关于为自由贸易试验区建设提供司法保障的意见》，根据相关法律法规的新变化，围绕涉自贸试验区案件审判工作中的突出问题制定了相应的司法政策，为各级人民法院审理涉自贸试验区案件提供了强有力的司法指导。

本文对自贸试验区运行以来的司法理论与实践进行及时总结，希望有助于推动自贸试验区司法保障工作以及自贸试验区的整体法治建设。

一 自贸试验区运行对司法工作提出的新要求

根据中央确定的总体方案，自贸试验区承担着加快政府职能转变、扩大投资领域的开放、推进贸易发展方式转变、深化金融领域的开放创新、完善法制领域的制度保障五项重大任务，人民法院必须以五大任务为着力点明确司法保障的任务和目标。应研究分析自贸试验区民商事案件的特点，以此为突破口，探索有针对性的司法政策和司法规定，并上升为自贸试验区战略保障的完整司法理论，指导制定全面的司法政策，推动相关司法制度建构。从先期运行的自贸试验区司法实践来看，自贸试验区法院受理的案件呈现以下值得关注的特点。

一是自贸试验区民商事案件类型呈现多样化特点，新型案件不断增多。尤其是商事领域的纠纷，案件多样性特征较为明显。据统计，上海等

---

① 参见陈立斌《上海自贸区的司法三环节》，《人民司法》2016 年第 16 期。
② 参见中国新闻网，http://www.sh.chinanews.com.cn/kjjy/2017－05－17/23027.shtml，最后访问日期：2017 年 5 月 22 日。

四地自贸试验区法院审理的案件涉及案由达二十多个，分布于投资、贸易、金融、知识产权、公司股权、海事海商等多个领域。在融资租赁、商业保理、金融衍生品种交易、电子商务、知识产权等领域，新类型商事案件易发、多发。该现象从侧面反映了各自贸试验区大力推动投资贸易便利化，自贸试验区经济发展势头迅猛，各项贸易、投融资活动活跃，对外开放领域具有广泛性的特点。[①] 二是自贸试验区民商事案件结构也呈现新特点，金融类案件、跨境电商案件占比突出。自贸试验区产业结构的变革导致自贸试验区创新金融集聚发展，跨境电商形成产业集群，民商事案件结构发生变化。从四个自贸试验区的司法实践看，案由相对比较集中的是金融借款合同纠纷、信用卡纠纷、信用证开证纠纷、买卖合同纠纷、居间合同纠纷等，同时，船舶运输、沿海捎带业务等涉自贸试验区案件日益增长。其中，金融类案件不仅体量大，且诉讼标的金额总体较大。新类型案件不断涌现，且整体诉讼标的金额偏高。三是自贸试验区涉外民商事案件案情复杂，程序性法律问题凸显。总体上看，自贸试验区涉外民商事案件不但数量多，而且呈现案情复杂、适用法律多样、送达程序困难等特点，一些程序性法律问题凸显。许多案件除了应适用中国内地相关法律外，还要根据案件当事人的自愿选择适用相关国家或港澳台地区的法律。此外，由于自贸试验区企业登记管理方面的制度创新和变化，"一址多照"等现象较为普遍，涉外案件的送达、取证以及域外法查明面临许多亟待解决的新问题。

根据自贸试验区民商事案件呈现的特点，自贸试验区战略司法保障涉及的重要理论问题逐渐清晰，总体包括以下几个方面。

（一）政府职能转变对司法工作提出的新要求

自贸试验区政府职能转变的核心，就是将投融资领域的事先审批转为事中、事后监管。其中，最大的变化是投融资领域行政审批制度向备案制

---

① 参见包蕾《涉自贸试验区民商事纠纷趋势预判及应对思考》，《法律适用》2014年第5期；许先丛、陈国雄、赵勇《福建自贸区的司法认知与实践》，《人民司法》2016年第16期。

度的转化。① 备案制的建立对人民法院审理投融资领域民商事案件产生的重要影响,特别体现在对相关民商事合同效力的认定,对企业设立、分立、合并、经营期限、转让、终止等问题的认定等司法裁判问题,人民法院需要及时调整对相关司法问题的裁判尺度。

例如,《外资企业法》、《中外合资经营企业法》和《中外合作经营企业法》对这三类企业设立、分立、合并、经营期限、转让、终止等重大事项的变更规定了比较严格的审批制度。在以往的大量民事纠纷中,法院一般以未经审批为由认定相关合同无效。根据全国人大常委会相关决定以及国务院颁布的行政决定,自贸试验区内一些原本需要行政审批的"三资"企业设立、分立、合并、经营期限、转让、终止等重大事项的审批已经改为备案制管理。②

与此相应,人民法院审理涉自贸试验区上述民商事案件时就应当及时改变以往习惯性做法,就相关合同效力及"三资"企业设立、分立、合并、经营期限、转让、终止等争议的审理重新确定符合备案制特点的裁判标准。

(二) 投资领域扩大开放对司法工作提出的新要求

从现有自贸试验区总体方案及实施情况来看,自贸试验区对投资领域的开放采取了三个举措,即扩大服务业开放、负面清单管理以及促进对外投资。"准入前国民待遇 + 负面清单"的外商投资管理模式是其中的最大亮点。③

---

① 2013 年 12 月 28 日,第十二届全国人大常委会第六次会议通过了《中华人民共和国公司法修正案》,并于 2014 年 3 月 1 日起施行,其核心内容就是简化公司设立程序和登记事项,放宽资本注册登记条件,体现了备案制管理的思路。2014 年 2 月 7 日,国务院印发了《注册资本登记制度改革方案》,决定改革工商登记制度,推进工商注册制度便利化。

② 例如,全国人民代表大会常务委员会《关于授权国务院在中国(上海)自由贸易试验区暂时调整有关法律规定的行政审批的决定》和《国务院关于在中国(上海)自由贸易试验区内暂时调整有关行政法规和国务院文件规定的行政审批或者准入特别管理措施的决定》。

③ 自贸试验区行政监管制度创新包含丰富的内容。参见刘水林《中国(上海)自由贸易试验区的监管法律制度设计》,《法学》2013 年第 11 期。

由于投资领域率先实施的"准入前国民待遇＋负面清单"制度，在民商事领域，对于自贸试验区内因投资而形成的各类民商事合同效力认定必须结合"准入前国民待遇＋负面清单"制度的特点综合加以考量。"准入前国民待遇"的内容、标准乃至时间节点都可能成为行政审判中的焦点问题，对于"负面清单"中规定的行业定义，以及相关投资是否属于该清单范围的争议也将不时发生。[1] 人民法院对此应按照何种原则进行审判？是充分尊重行政机关的解释，还是要根据法院自己的理解和判断对行政机关的决定作出合理性认定？这些都是自贸试验区投资管理模式转变带来的全新司法理论问题，需要司法政策与实践及时回应。

（三）促进贸易发展方式转变对司法工作提出的新要求

促进贸易发展方式转变是自贸试验区的重要特色，目的是形成以技术、品牌、质量、服务为核心的外贸竞争优势，建立整合贸易、物流、结算功能的营运中心，提升国际航运服务能级，发展航运金融、国际船舶运输、国际船舶管理、国际航运经纪等产业。

上述贸易发展方式的转变对于现行涉外民商事案件审判的影响主要集中于知识产权保护、国际商事交易惯例的应用、海商法规则适用等多个领域。对于自贸试验区贴牌加工产业产生的相关商标权、专利权保护等问题，需要结合自贸试验区特点深入研究；对于自贸试验区内企业开展的国际商品交易、资金结算等行为，应充分尊重当事人自治和通行的国际商业惯例。在海商法领域，自贸试验区国际航运中的制度创新对于现行我国海事海商法律中航运金融、国际船舶运输、国际船舶管理、国际航运经纪规则提出了新的研究课题，司法对于中转集拼业务、沿海捎带业务等产生的相关纠纷都必须及时、公正解决。[2]

（四）金融领域开放创新对司法工作提出的新要求

金融领域的开放创新是自贸试验区的一大亮点，按照自贸试验区总体

---

[1] 参见陈立斌《上海自贸区的司法三环节》，《人民司法》2016 年第 16 期。
[2] 参见陈立斌《上海自贸区的司法三环节》，《人民司法》2016 年第 16 期。

方案的规划,自贸试验区要创造条件试行人民币资本项目可兑换、金融市场利率市场化和人民币的跨境适用,推动金融服务业对民营资本和外资金融机构全面开放,支持在试验区内设立外资银行和中外合资银行等。

长期以来,我国对金融、外汇领域实施的是国家管制原则,对金融机构的设立和经营、金融市场利率的标准、货币的跨境流动、货币汇兑等金融市场业务,均实行不同程度的行政管理,全国性法律以及国务院及所属各部门制定的相关法规、规章,对于人民法院审理金融领域案件发挥着重要的法律依据作用。自贸试验区金融领域的开放创新,无论是深度还是广度都是空前的,特别是对于金融交易的合法性认定、合同效力认定、金融企业的民事权利能力和民事行为能力认定、新型金融交易的法律关系认定等方面,必须认真加以研究,以尽快适应金融领域开放创新所带来的金融市场和金融法制的变化。[1]

(五) 完善法制领域制度保障对司法工作提出的新要求

完善法制领域的制度保障要求国家有关部门及相关地方根据自贸试验区的试点内容,按程序实施有关法律、行政法规和国务院规定的事项,及时解决试点过程中的制度保障问题,通过地方立法建立与试点要求相适应的自贸试验区管理制度。这一任务所带来的司法理论问题,主要集中在两方面:一是如何处理国家相关法律、行政法规在自贸试验区内停止实施而产生的法律问题;二是法院自身建设和机构设置如何适应自贸试验区建设发展问题。

根据全国人民代表大会常务委员会《关于授权国务院在中国(上海)自由贸易试验区暂时调整有关法律规定的行政审批的决定》,全国人大暂停实施的法律有 3 部外商投资法中的行政审批部分,国务院调整实施的 32 部行政法规和规范性文件涉及的内容,主要集中在行政审批和有关资质要求、股比限制和经营范围限制等准入特别管理措施方面。区内与区外法律环境的巨大反差一旦体现到诉讼之中,将对人民法院适用法律

---

[1] 参见王建文、张莉莉《论中国(上海)自由贸易试验区金融创新的法律规制》,《法商研究》2014 年第 4 期。

提出挑战。① 人民法院既要确保自贸试验区的经济安全、社会稳定，也要给予投资者公正公平的司法保护，营造良好规范的投资法制环境。② 为适应法律变化带来的司法环境变化以及自贸试验区案件呈现的新特点，自贸试验区审判运行机制也必须作出相应改革，多元化纠纷解决机制的作用也应当得以充分发挥。

综上所述，自贸试验区战略确定的五项重大任务给人民法院的司法保障工作带来了许多亟待解决的重大课题，对于人民法院的审判工作无论是审判观念还是审判实践、审判机制等方面都会产生深远影响。

二 自贸试验区的司法实践探索

从已运行三年的上海自贸试验区以及运行近两年的福建自贸试验区、广东自贸试验区、天津自贸试验区相关法院的司法实践来看，各相关法院紧紧围绕自贸试验区战略确定的各项任务，开展深入研究，不断探索创新，以成功的实践回答了涉自贸试验区战略的相关司法理论问题，为深化自贸试验区司法保障理论研究、提升自贸试验区司法保障水平奠定了坚实的基础。总体上讲，各地相关人民法院在司法保障工作方面取得的经验主要体现为以下几点。

（一）积极推进司法理念创新，制定符合试验区司法特点的指导性文件，确保涉自贸试验区民商事审判公正、高效

为做好司法保障工作，各相关人民法院推进司法理念创新，普遍制定和实施相关指导性文件，统领本辖区涉自贸试验区民商事审判工作大局。作为我国第一个自贸试验区所辖人民法院，上海市第一中级人民法院明确了自贸试验区司法保障的工作方针，根据法律法规以及相关规范性文

---

① 参见陈立斌《上海自贸区的司法三环节》，《人民司法》2016年第6期。
② 从现有经验做法看，自贸试验区审判机构和组织主要有三种模式：一是设置自贸试验区法庭，如上海、福建；二是由新成立的法院负责审理涉自贸试验区案件，如深圳市前海合作区人民法院、珠海市横琴新区人民法院；三是设置专门自贸区法院，如广州市南沙新区成立广东自由贸易区南沙片区人民法院。

件，结合审判实际，于 2014 年 4 月 29 日制定并公布了《涉中国（上海）自由贸易试验区案件审判指引（试行）》（以下简称《指引》），以法治思维确保法律与政策在自贸试验区内的统一适用，在法治原则指导下推进改革创新。①

福建自贸试验区正式获批后，福建省高级人民法院及时出台服务保障中国（福建）自由贸易试验区建设的意见、工作方案、工作规则、自贸法庭受案范围等规范性文件，明确了自贸法庭受案范围，实现涉自贸试验区一审商事、房地产、知识产权民事案件集中管辖和二审案件的归口审理。此外，指导厦门市中级人民法院出台了自贸试验区案件审判工作指导意见，正在考虑草拟关于自贸案件的审判指引及裁判规则，以便加强对福建三个自贸片区自贸法庭的协调指导和统一执法尺度的工作。②

广东省高级人民法院根据广东自贸试验区的特点，探索并实践自贸试验区建设司法保障的科学体系。广东法院特别注重自贸试验区内新兴业态的行业惯例和自治性规范在民商事审判中的作用，在自贸试验区纠纷解决过程中大胆探索，确立符合国际公认规则的裁判标准，通过审理民商事个案不断引导自贸试验区内新型国际商事交易规则和市场秩序的建立。

天津市高级人民法院及时制定《天津法院服务保障中国（天津）自由贸易试验区建设的意见》，从司法理念、司法审判、司法服务、司法改革、司法队伍建设等多个层面，提出了 22 项具体的司法举措，针对性、操作性强。③

从以上四地的实践来看，在自贸试验区运行伊始，相关地区人民法院就高度重视自贸试验区战略带来的法律环境变化，预判并不断总结自贸试验区民商事案件的特点，及时出台相关指导性文件，以司法创新理念引导自贸试验区民商事审判适应新形势，确保涉自贸试验区民商事审判顺利进行。

---

① 参见陈立斌《上海自贸区的司法三环节》，《人民司法》2016 年第 16 期。
② 参见许先丛、陈国雄、赵勇《福建自贸区的司法认知与实践》，《人民司法》2016 年第 16 期。
③ 参见天津法院网，http://tjfy.chinacourt.org/article/detail/2016/03/id/1937868.shtml，最后访问日期：2017 年 5 月 7 日。

（二）在审理涉自贸试验区案件方面大胆探索，根据所在地区特点，积极支持自贸试验区各项创新发展

创新是自贸试验区战略的重要特色，也是这一战略制定的初衷。无论是在政府行政管理制度还是企业发展模式、民商事交易方式上，自贸试验区创新步伐不断加大、力度空前。为支持和鼓励自贸试验区创新发展，各相关人民法院纷纷采取创新性司法举措。

在民事审判工作中，上海市相关法院在审理涉自贸试验区案件时总结了创新性司法原则，例如，尊重意思自治与公权适当介入、尊重商事营利性和商人职业特点、尊重商事交易规则和惯例、促进交易效益与保障交易安全等。在涉及自贸试验区服务业扩大开放的领域、法律法规调整实施的领域以及商事登记制度改革的案件中，注意自贸试验区的特殊性，正确确定行为效力和合同效力。对于因自贸试验区改革创新而出现的新类型案件，如商业保理、金融衍生品交易、电子商务等，充分注意新型业态的行业惯例和自治性规范，形成合理的审判规则。对于外国仲裁裁决的承认与执行，在坚持我国司法主权和维护主权利益的前提下，认真履行我国承诺的国际条约义务，依法审查合同中涉外仲裁条款的效力，依法承认和执行外国仲裁裁决。[1]

结合福建自贸试验区特点，福建省推行案件管辖制度创新，实现了涉自贸试验区一审商事、房地产、知识产权民事案件集中管辖和二审案件的归口审理。福州市中级人民法院联合市台办、自贸试验区管委会在自贸试验区设立了全国首家台胞权益保障法官工作室。在民商事审判工作中，建立自贸案件专家顾问机制，充分发挥专家优势，审理重大疑难复杂的二审自贸试验区案件。福建省高级人民法院积极筹备与厦门大学合作建立以台湾法为重点的域外法查明机制，进一步打造福建自贸试验区的对台特色。此外，将案件审理中发现的制度漏洞、市场风险、监管问题等通过个案或综合司法建议书的方式，积极向相关部门反映，为自

---

[1] 参见陈立斌《上海自贸区的司法三环节》，《人民司法》2016年第16期。

贸试验区制度创新、产业发展等建言献策。①

广东法院在完善自贸试验区法院审判格局方面，以科学、精简、高效为原则，建设商事审判庭、知识产权审判庭、自贸试验区商事纠纷调解中心，成立金融审判合议庭、破产审判合议庭等。在域外法查明方面，广东省相关法院与华东政法大学、深圳市蓝海现代法律服务发展中心深度合作，规范域外法查明途径。在相关案件审理过程中，正确适用国际条约，尊重国际惯例和一般法律原则。

在支持和鼓励创新发展方面，天津法院首先强化法治化理念，坚持公权力"法无授权不可为"，市场主体"法无禁止即可为"的法治思维。在民商事审判中，充分尊重市场主体意思自治、商事理念和交易习惯，维护市场在资源配置过程中的决定作用。对于涉及自贸服务业扩大开放的领域、法律法规调整实施的领域以及商事登记制度改革的案件，注意自贸试验区的特殊性，促进诚实守信，并以此引导确定的市场预期。对于新类型案件如商业保理、金融衍生品交易、电子商务等，充分注意新型业态的行业惯例和自治性规范。对涉外案件，坚持平等保护、法制统一、审判独立和公开透明的原则，正确行使司法管辖权，准确运用冲突规范，正确适用国内、国际两种法律渊源。

上述自贸试验区所在地法院根据各地自贸试验区特点，在民商事交易行为合法性判断、新型商事合同关系认定、外国法查明，以及适用国际条约、商业惯例方面采取了各项创新性司法举措，对于自贸试验区内政府职能转变、投资领域扩大开放、促进贸易发展方式转变以及金融领域开放创新所带来的司法理论研究作出了极具价值的实践探索。

（三）在审判机制改革和支持多元化纠纷解决机制方面，先行先试并取得积极成效

审判机制改革和发挥多元化纠纷解决机制作用是当前全面推进司法体制改革的重点内容，各自贸试验区所在地人民法院充分利用自贸试验区战

---

① 参见陈立斌《上海自贸区的司法三环节》，《人民司法》2016年第16期。

略释放的政策空间，在以上两项司法体制改革中锐意进取、先行先试，取得了积极成效，不仅为完善自贸试验区法制领域相关司法理论问题作出实践回应，而且为整体司法改革任务的推进积累了有益经验。

在审判机制改革方面，上海市第一中级人民法院在金融审判庭（民六庭）设立自贸试验区案件专项合议庭，依法集中受理自贸试验区相关二审案件及重大一审案件。在成立专项合议庭的基础上，针对不同类型案件的专业需要，打破审判庭界限，跨界约请有专业特长的法官加入专项合议庭，审理相关案件。此外，针对涉自贸试验区案件专业性强、政策性强、审理难度高的特点，以探索专家陪审员机制为切入点，从上海银监局、证监局、保监局等金融监管机构以及相关科研机构中聘任 9 位金融行业专家担任专家陪审员，参与涉自贸试验区金融案件的审理。在建立多元化纠纷解决机制方面，上海市第一中级人民法院协同上海经贸商事调解中心，合作建立了自贸试验区商事纠纷委托调解机制，根据当事人自愿原则，将符合条件的司法案件交委托调解机构进行调解。上海市第一中级人民法院还与中证中小投资者服务中心紧密合作，共同构建证券商事纠纷委托调解机制。①

福建省在自贸法庭或自贸片区管委会综合服务大厅内设置诉讼事务/司法服务窗口，打造面对面窗口服务、点对点网上服务、线连线热线服务"三位一体"的诉讼服务中心。初步建立全省涉自贸试验区案件专项数据采集库，明确统计口径，全面掌握各类涉自贸试验区审判信息数据，完善信息汇总、梳理、分析机制。为突出多元化纠纷解决机制的作用，福建省推动在自贸试验区成立厦门国际商事仲裁院、厦门国际商事调解中心、海峡两岸仲裁中心，厦门市中级人民法院和厦门海事法院分别出台了《关于支持商事调解与商事仲裁行业发展的若干意见》和《关于服务保障区域性国际商事纠纷解决中心的意见》等规范性文件。②

广东法院在全国率先聘任 5 名港澳籍人士作为人民陪审员，与港澳相关组织、商会等建立诉前信息共享、诉中联动调解和诉后执行协调等制

---

① 参见陈立斌《上海自贸区的司法三环节》，《人民司法》2016 年第 16 期。
② 参见陈立斌《上海自贸区的司法三环节》，《人民司法》2016 年第 16 期。

度，搭建多元化民商事纠纷解决立体平台。此外，聘请香港大学、港澳法学研究会法学专家作为法院咨询委员。在征得当事人同意的基础上，探索由港澳律师协助送达司法文书，有效提高涉港澳案件送达效率，取得了良好效果。

天津市以法院为主导建立了独特的多元化社会纠纷解决机制，为自贸试验区内的市场主体提供更加多样、便利的纠纷解决途径。与此同时，天津法院加强对行业协会的教育培训工作，为自贸试验区中小微企业规范运营和健康发展提供法律支持。建立行政司法互助服务平台，及时将审判中发现的在金融创新、商务平台建设方面的行政监管问题反馈给相关部门，形成行政管理与司法审判的良性互动。

以上四地在自贸试验区战略司法保障方面的实践探索，实质性推动了自贸试验区相关司法理论研究，为制定自贸试验区总体司法保障政策奠定了坚实的实践基础。不难看出，尽管四地形成的经验各有不同、各具特色，但核心都是秉持支持自贸试验区制度创新的司法理念，运用司法方式协调、平衡法律实施与制度创新之间的冲突。这些探索和创新不仅对于未来自贸试验区司法保障工作具有良好的示范作用，而且对于完善我国民商事审判体制机制、推动建立多元化纠纷解决机制的意义十分重大。

三 自贸试验区的司法规则体系建构

在自贸试验区战略实施三周年之际，最高人民法院及时总结各地已形成的可复制推广的司法经验，充分吸纳自贸试验区战略相关司法理论研究成果，以支持创新、鼓励创新、探索创新、勇于创新为指导思想，制定并于 2016 年 12 月 30 日发布《关于为自由贸易试验区建设提供司法保障的意见》（以下简称《意见》）。《意见》是自贸试验区战略司法保障工作所取得的重要阶段性成果的具体体现，标志着自贸试验区司法规则体系建构以及法治建设进入新的历史时期。①

---

① 参见廖凡《贯彻全面依法治国战略　保障自贸试验区建设有序进行》，《人民法院报》2017 年 1 月 18 日，第 8 版。

从总体设计及具体内容上看,最高人民法院制定该《意见》,贯彻了以问题为导向的指导思想,充分运用法治思维,不仅要解决涉自贸试验区司法实践中迫切需要解决的、带有普遍性的问题,而且要实现统一认识、更新审判理念,支持自贸试验区内实施的各项改革措施。

为此,《意见》遵循了以下指导方针:一是推动司法工作人员更新观念,树立正确的大局意识。《意见》要求,各级人民法院应当从全面推进依法治国的高度树立大局意识,严格依法办事,公正、高效审理各类涉自贸试验区的案件,平等保护中外当事人合法权利,为自贸试验区建设提供优质高效的司法保障。二是坚持法治先行,把握正确的执法尺度。《意见》明确,人民法院需要在准确适用法律的基础上,及时调整裁判尺度,积极支持政府职能转变,最大限度地尊重合同当事人的意思自治,维护交易安全。三是坚持改革理念,促进自贸试验区制度创新。《意见》不仅对自贸试验区制度创新以及企业经营方式创新予以法律上的支持,对于民商事合同效力认定、企业登记、民事送达、外国法查明、仲裁司法审查等司法理论和实践问题作出了创新性规定。[①]

对于涉自贸试验区民商事审判中面临的普遍性问题,在充分吸纳各地探索形成的经验并加以总结、提炼的基础上,《意见》提出了具有很强针对性的指导意见,初步形成了自贸试验区特有的司法制度创新体系。

(一) 民商事审判制度的创新

在民商事审判方面,由于自贸试验区内民宅商用及多个市场主体使用同一地址作为住所登记已不鲜见,尤其是"一址多照"问题比较突出。为解决这一问题,《意见》特别提出,人民法院在审理涉自贸试验区民商事案件时应特别注意可能出现的人格混同问题,目的是正确认定法人主体资格及注册地址,确保送达等审判程序的顺利进行,切实维护诚实守信一方的合法权益。

在知识产权保护方面,以贴牌加工为主的加工贸易在自贸试验区内十

---

① 具体条款评述,参见张勇健《建设自贸区法治化的营商环境》,《人民司法》2016 年第 16 期。

分普遍，主要争议在于贴牌行为是否属于《商标法》第 52 条规定的 "使用" 行为。对此，最高人民法院已通过颁布相关文件及案例予以规范，《意见》强调这些规范在解决此类问题中的效力和作用。① 对于专利产品的平行进口，考虑到平行进口涉及消费者权益、商标权人利益和国家贸易政策，《意见》要求相关人民法院要根据不同情形进行区别化处理，不可一概而论。

在海事审判方面，《意见》充分关注自贸试验区相关海事政策、法规的巨大变化。例如，一些自贸试验区规定，允许从事国际船舶代理业务的外方持股比例放宽至 51%，允许中资公司拥有或控股拥有的非五星旗船，试点开展外贸集装箱在国内沿海港口和自贸试验区内港口之间的沿海捎带业务。《意见》提出，应关注与船舶登记制度改革及其他与航运有关的新型案件，及时通过典型案件的审理确认有关规则，引导行业行为，促进行业发展。

在审查投资合同效力问题上，考虑到自贸试验区对于外商投资准入实行 "负面清单" 管理模式，还应依法进行国家安全审查和反垄断审查。《意见》提出，通过外商投资项目备案的企业，其签订的合同违反自贸试验区行业准入要求，导致事实上或法律上不能履行，当事人请求继续履行的，应不予支持。此外，《意见》提出，要以审判活动促进和规范政府信息公开，并充分发挥司法建议在促进法治建设中的重要作用，对在司法实践中发现的法律问题加以总结并及时反馈给行政管理部门。

根据自贸试验区的产业特点，《意见》着重对人民法院审理自贸试验区的融资租赁和跨境电子商务案件提出了指导性意见。考虑到自贸试验区的融资租赁标的物有许多来自境外，融资租赁合同关系往往具有涉外因素，应允许当事人依法协议选择争议解决方式和管辖法院，选择合同准据法。对于法律、行政法规规定某些融资租赁合同应当经过审批或者登记等手续生效的，如未办理相应手续，应依照《合同法》第 44 条的规定认定

---

① 2009 年 4 月最高人民法院印发《关于当前经济形势下知识产权审判服务大局若干问题的意见》的通知；最高人民法院 2012 年 6 月 29 日〔2012〕行提字第 2 号判决书，关于株式会社良品计画诉国家工商行政管理总局商标评审委员会商标异议复审行政纠纷一案。

为合同未生效，而非认定无效。

由于自贸试验区内施行的"一线放开、二线管住"的进出口管理措施，合理认定消费者与电商企业之间存在的买卖合同关系或委托合同关系，对处理类似合同纠纷、分配关税等费用的缴纳责任具有重要现实意义。电商企业以其提供的格式合同与消费者订立合同时，应注意保护处于弱势地位的消费者的利益。为此，《意见》规定，对于消费合同中仲裁条款的效力认定，应采取务实的做法，即有条件地承认其效力，条件为电商企业应进行专门提示。

（二）审判机制的创新

在审判机制改革方面，《意见》对人民陪审制度、简易程序、送达等提出了切实可行的指导方针。经最高人民法院批准，广东、福建等地法院均已试行任命港澳台人民陪审员参与案件审理。① 《意见》规定，对于事实简单、法律关系明确、争议不大的涉自贸试验区的涉外、涉港澳台一审民商事案件，可以适用简易程序进行审理。此外，"送达难"问题在涉自贸试验区案件的审理中比较突出，《意见》明确规定了邮寄送达、向特定业务代办人和诉讼代理人送达等方式，在一定程度上解决了"送达难"问题。建立合理的外国法查明机制是涉自贸试验区民商事审判实践的迫切要求，《意见》明确规定，应发挥外国法专家在外国法查明中的作用，强调在根据冲突法规范应当适用外国法的情形下，人民法院应当依职权查明外国法。

（三）多元化纠纷解决机制的创新

在支持多元化纠纷解决机制方面，《意见》提出，人民法院要进一步探索和完善诉讼与非诉讼的衔接，支持各种形式的调解工作，为多元化解决自贸试验区民商事纠纷提供司法便利。值得强调的是，《意见》加大了对仲裁的支持力度，首次允许自贸试验区内的企业之间订立仲裁协议，以

---

① 《全国人民代表大会常务委员会关于授权在部分地区开展人民陪审员制度改革试点工作的决定》（2015年4月24日）授权最高人民法院进行改革试点。

"三个特定"的仲裁方式解决纠纷。

特定仲裁是国际上普遍使用的一种商事纠纷解决手段,是机构仲裁以外的另一种重要仲裁方式。多年来,我国法院依照《承认及执行外国仲裁裁决公约》、双边协定以及有关司法解释承认和执行域外的特定仲裁裁决。根据自贸试验区先行先试的原则和精神,《意见》提出,充分尊重自贸试验区内注册企业的意思自治,如果它们之间根据真实意思表示约定了特定仲裁方式,人民法院可予以认可。与此同时,《意见》将这种特定仲裁严格限制在自贸试验区注册企业之间,并通过法院审级监督予以规范,待自贸试验区及时总结实践经验后上升为可复制推广的做法。

综观《意见》的具体内容和条款,在民商事审判、知识产权审判、涉外民事审判、海事海商审判、仲裁司法审查等诸多方面,《意见》重点回应了与自贸试验区战略相关的司法理论问题,在现有法律框架内取得了很多实质性的突破。特别是在制度建设方面,《意见》对于审判机制改革以及多元化纠纷解决机制运行等重大司法改革问题,采取了极为开放的态度和鲜明的支持立场。[1]

实施自贸试验区战略是国家在经济领域开展的一场制度革命,是"顶层设计"与"摸着石头过河"相结合的认识论与实践论的双重体现。[2] 对自贸试验区战略司法保障理论和实践的不断探索,就是人民法院贯彻、落实中央决策部署,服务与保障中央重大决策实施的具体体现,是人民法院应当承担的历史责任。人民法院应勇于担当、迎难而上,秉持创新司法理念,为自贸试验区战略目标的成功实现作出更大的贡献。

---

[1] 参见韩秀丽《充分发挥和完善司法在自贸区法治建设中的作用》,《人民法院报》2017年1月18日,第8版。
[2] 参见曹广伟、宋利朝《全面深化经济体制改革的"试验田"——中国(上海)自由贸易试验区的制度创新》,《中国特色社会主义研究》2013年第6期。

司法：中国仲裁事业发展的坚定支持者[*]

仲裁，作为国际公认的解决商事纠纷的重要方式，在国际经贸投资领域发挥着极为独特的作用，许多国际机构甚至将一国对仲裁的态度作为评价该国投资环境是否良好的核心指标。司法是仲裁的监督者和仲裁裁决的执行者，司法对仲裁奉行的立场很大程度上决定了仲裁业的生存环境和发展前途。综观中国仲裁司法审查制度的发展历史与创新性举措，我们可以得出结论：司法是中国仲裁事业发展的坚定支持者。

一　中国特色仲裁司法审查制度的基本架构

1994年，中国颁布了仲裁法，该法是规范中国仲裁活动的基本法；中国制定的民事诉讼法、涉外民事关系法律适用法等法律亦包含许多涉及仲裁的法律条款；最高人民法院于2006年颁布了仲裁法第一个司法解释，随后又先后出台了一系列与仲裁相关的司法文件和司法批复，这些法律及司法解释、司法文件、司法批复共同构成了具有中国特色的仲裁法律制度，对于保障和促进中国仲裁业的健康发展发挥着决定性作用。

除了加强国内仲裁法治建设外，中国一贯高度重视国际仲裁事业和国际仲裁法治建设，先后加入了1958年《承认及执行外国仲裁裁决公约》（以下简称《纽约公约》）和1965年《关于解决国家和他国国民之间投资争端公约》（以下简称《华盛顿公约》），并与世界130多个国家缔结了双边投资保护协定，这些双边投资保护协定大多包含投资仲裁条款。《纽约公约》为中国与其他缔约国仲裁裁决的相互承认和执行奠定了坚实的法律

---

[*] 本文原载于《人民法治》2018年第3期。

基础。《华盛顿公约》以及双边投资保护协定中的投资仲裁条款为解决中国与其他国家之间的投资争端提供了国际法依据。长期以来，中国广泛参与国际商事仲裁委员会、联合国国际贸易法委员会、亚太区域仲裁组织等国际组织活动，积极参与并推动联合国贸易法委员会仲裁规则的编纂与修订工作，现已成为国际仲裁立法中最为活跃的一员，为国际仲裁法治的进步贡献了中国智慧。

司法是仲裁坚强的支持者和守护者。仲裁程序的顺利进行、仲裁协议的落实和仲裁裁决的承认与执行均离不开司法的有力支持。司法对仲裁的支持，又体现为司法对仲裁的监督，当事人在合意选择仲裁解决争议的同时，对于仲裁裁决受到司法的监督，有着同样的合意与期待。司法机构依法对仲裁予以支持和监督，不仅是维护仲裁公正的坚实基础，而且是确立仲裁公信力的坚强后盾，更是促进仲裁业健康长久发展的有力保障。

二 中国仲裁司法审查制度的演进与发展

长期以来，最高人民法院一直高度重视商事仲裁在解决纠纷中的地位和作用，制定了一系列司法解释、司法文件，并针对仲裁司法审查案件及时作出批复，不断丰富和完善具有中国特色的仲裁司法审查制度，依法履行了仲裁司法审查的支持与监督职能，取得了非常显著的成效。

针对《仲裁法》实施后仲裁司法审查工作中出现的一些实际问题，最高人民法院于2006年颁布仲裁法司法解释，对仲裁协议的效力、涉外仲裁、仲裁司法审查的管辖、程序规则、仲裁"违反法定程序"的认定、通知重新仲裁以及仲裁裁决的执行等问题作出具体、明确的规定，该司法解释与仲裁法、民事诉讼法一道成为人民法院开展仲裁司法审查工作的重要法律依据。

最高人民法院于2012年公布涉外民事关系法律适用法司法解释，其中第14条规定："当事人没有选择涉外仲裁协议适用的法律，也没有约定仲裁机构或者仲裁地，或者约定不明的，人民法院可以适用中华人民共和国法律认定该仲裁协议的效力。"该条款解决了涉外仲裁协议效力认定中的法律适用难题，为涉外仲裁司法审查工作充实了法律基础。

最高人民法院于 2015 年 2 月 4 日颁布实施的民诉法司法解释中，有十多个条文涉及仲裁，这些条文切实尊重有效仲裁协议排除法院管辖权的原则，进一步规范细化仲裁司法审查程序，对于人民法院首次开庭前被告以仲裁协议提出异议的认定程序问题、裁定不予执行仲裁裁决的可救济性问题、被执行人通过仲裁程序将人民法院查扣冻财产确权或分割给案外人的问题、外国仲裁裁决的承认和执行程序问题等，作出了具体、明确的规定，进一步加强了仲裁与诉讼的有机衔接，推动了仲裁司法审查的法律标准和裁判尺度规范、统一。

在促进区际仲裁裁决的认可与执行方面，最高人民法院与香港、澳门以及台湾地区开展了卓有成效的合作。

最高人民法院分别于 1999 年和 2007 年公布了《关于内地与香港特别行政区相互执行仲裁裁决的安排》以及《关于内地与澳门特别行政区相互认可和执行仲裁裁决的安排》，为内地与香港、澳门两个特别行政区之间仲裁的相互认可与执行提供了法律依据，极大地促进了内地与香港、澳门之间仲裁业的交流与合作，为三地仲裁业的发展营造了良好的司法环境。

2015 年 6 月 2 日，最高人民法院公布《关于认可和执行台湾地区仲裁裁决的规定》，规定当事人可以向人民法院申请认可和执行台湾地区仲裁裁决。该规定在区分认可和执行程序、认可和执行程序中的保全措施、内部报告制度的期限、明确台湾地区法院撤销台湾地区仲裁裁决的法律效果等方面有诸多亮点，进一步完善了区际仲裁裁决的认可和执行机制，为保障海峡两岸当事人的合法权益、促进海峡两岸关系和平发展发挥了强有力的司法职能作用。

除了颁布司法解释、出台司法文件外，最高人民法院还针对各级人民法院请示的仲裁司法审查个案中的热点、难点问题及时作出批复，指导地方各级人民法院正确适用法律和司法解释，切实保障仲裁司法审查案件的质量和效率。

三　中国仲裁司法审查制度的创新性举措

随着"一带一路"建设的有力推进以及自由贸易试验区战略的深入实

施，中国仲裁事业发展迎来了历史性机遇。为了适应新形势的需要，人民法院不断推出支持仲裁业发展的创新性举措。

2017 年底，最高人民法院公布了《关于仲裁司法审查案件报核问题的有关规定》（以下简称报核问题司法解释）和《关于审理仲裁司法审查案件若干问题的规定》（以下简称仲裁司法审查司法解释）两项重要司法解释，连同 2017 年 5 月公布实施的《关于仲裁司法审查案件归口办理有关问题的通知》（以下简称归口办理通知），共同构成指导全国各级法院开展仲裁司法审查工作的最新司法文件。

在最高人民法院公布实施的上述司法文件中，归口办理通知解决了仲裁司法审查多头管理的问题，有利于各级人民法院统一司法审查标准、提升法官审理相关案件的专业水平；报核问题司法解释解决了长期以来仲裁司法审查内外有别的问题，有利于提高案件审理透明度，对否定性裁决采取的谨慎态度有利于提升案件审查质量；仲裁司法审查司法解释是最高人民法院在第一个仲裁法司法解释实施 11 年后出台的第二份仲裁法适用条文解释，解决了仲裁司法审查过程中若干亟待解决的法律适用问题，澄清了相关条款的模糊区域，为司法审查工作适应形势变化和时代要求奠定了坚实的法律基础。

上述三项司法解释形成司法审查的"三驾马车"，将促进中国仲裁司法审查工作水平全面提升，开创人民法院司法审查工作全新局面。最高人民法院审判委员会于 2018 年 1 月 5 日通过《关于人民法院办理仲裁裁决执行案件若干问题的规定》，该规定于 2018 年 3 月 1 日开始施行。这个司法解释将为仲裁裁决的执行提供更多便利条件，确保仲裁裁决得以顺利执行，有效提升仲裁裁决的效力。

上述司法文件和司法解释从程序到实体、从案件审理到裁决执行，内容丰富、涉及面广，构成人民法院仲裁司法审查工作的"四梁八柱"，是中国特色仲裁法律制度的重要组成部分。尽管由于仲裁法多年未作大修，一些重要的国际仲裁理念如判断仲裁属性的仲裁地原则、临时仲裁的法律地位等尚未得到全面解决，但上述司法文件和司法解释已为不远的将来根据形势需要和时代发展修订仲裁法、促进中国仲裁法律制度迈向国际先进行列创造了必要条件。

随着我国对外开放的不断深入，"一带一路"建设、自贸试验区建设蓬勃发展，仲裁作为国际公认的商事争议解决方式必然要在国家发展战略中发挥更为重要的作用。作为仲裁业的坚定支持者——中国司法更是奋发作为，通过公布实施一系列支持仲裁的司法文件、司法解释以及典型案例，为仲裁业长足发展创造了极为友好的司法氛围。最高人民法院出台如此密集的支持仲裁的司法举措在中国仲裁史上是一次创举，在国际仲裁和司法业界亦不多见。

当前，我国商事仲裁事业已进入了一个全新的发展阶段。仲裁司法审查制度必须与时俱进，科学谋划，为促进我国仲裁业在国际影响力、公信力方面的提升，为尽早将我国建设成为全球公认的国际仲裁中心，我国司法还应当适应时代潮流，密切跟踪、研判仲裁业发展态势，不断创新思路和理念，推动我国的仲裁司法审查制度迈向世界先进行列。

对有关仲裁裁决司法审查案件的请示批复的理解与适用[*]

《最高人民法院关于对上海市高级人民法院等就涉及中国国际经济贸易仲裁委员会及其原分会等仲裁机构所作仲裁裁决司法审查案件请示问题的批复》（法释〔2015〕15号，以下简称《批复》），经最高人民法院审判委员会第1655次会议讨论通过，已于2015年7月15日公布，自2015年7月17日起施行。《批复》公布后，国内外仲裁界高度关注并给予了积极评价。为了更全面地理解和准确适用《批复》，本文拟对该司法解释制定的背景、目的以及相关条文内容的理解作一简要介绍。

一　制定该司法解释的背景和过程

中国国际经济贸易仲裁委员会（以下简称中国贸仲）与原中国国际经济贸易仲裁委员会华南分会（现已更名为华南国际经济贸易仲裁委员会，同时使用深圳国际仲裁院的名称，以下简称华南贸仲）及原中国国际经济贸易仲裁委员会上海分会（现已更名为上海国际经济贸易仲裁委员会，同时使用上海国际仲裁中心名称，以下简称上海贸仲），自2012年5月以来因对仲裁规则的修改及仲裁案件的受理权限等问题产生争议，引发了大量的申请确认仲裁协议效力以及申请撤销或者不予执行仲裁裁决等仲裁司法审查案件，一些地方法院作出了不同结果的裁定。上海市高级人民法院、江苏省高级人民法院、广东省高级人民法院等法院分别就案件中涉及的法律问题向最高人民法院进行请示。最高人民法院专门下发通知，凡涉及中

---

[*] 本文系与最高人民法院民四庭审判长（二级高级法官）任雪峰合作完成，原载于《人民司法（应用）》2015年第19期。

国贸仲、华南贸仲、上海贸仲的裁决争议案件，在作出裁定前，须层报最高人民法院。本着依法保护仲裁当事人合法权益、充分尊重当事人意思自治的目的，同时考虑中国贸仲和华南贸仲、上海贸仲的历史关系，也为了支持和维护仲裁事业健康发展，促进建立多元纠纷解决机制，最高人民法院经过充分调研，并多次听取中国贸仲、华南贸仲、上海贸仲的建议后，提出了有关处理意见。经审判委员会讨论，制定了该《批复》。

(一) 仲裁机构的设立情况

《批复》涉及的案件系中国贸仲与华南贸仲、上海贸仲之间因仲裁规则的修改适用、案件管辖权的确定等争议引发的仲裁司法审查案件。根据资料显示，相关仲裁机构的设立情况如下。

1. 中国贸仲

中国贸仲是中国国际经济贸易促进委员会（以下简称贸促会）根据1954年5月6日政务院第215次政务会议的决定设立的仲裁机构。

2. 华南贸仲

华南贸仲是1982年11月由贸促会、对外经济贸易部、外交部向国务院提出设立申请经批准设立的。1983年4月，深圳市编制委员会明确同意设立中国国际贸易促进委员会对外经济贸易仲裁委员会深圳办事处。中共深圳市委于1984年2月发出通知，明确办事处对外属社会团体性质的机构，对内为深圳市属局级事业单位，业务主要由贸促会领导，干部、行政管理、政治思想工作等主要由深圳市委、市政府领导。后办事处经过历次更名。深圳市机构编制委员会于2012年10月22日作出《关于中国国际经济贸易仲裁委员会华南分会更名的批复》（深编办〔2012〕58号），同意中国国际经济贸易仲裁委员会华南分会更名为华南国际经济贸易仲裁委员会，保留加挂"深圳国际仲裁院"的牌子。深圳市人民政府于2012年11月24日发布第245号政府令，公布了《深圳国际仲裁院管理规定（试行）》。该规定第2条第1款明确规定："深圳国际仲裁院是深圳市人民政府在其组建的中国国际经济贸易仲裁委员会华南分会的基础上，经依法更名，并同时使用'华南国际经济贸易仲裁委员会'名称的仲裁机构。"广东省司法厅粤仲登字第 12 号仲裁委员会登记证显示该厅于 2012 年 1 月 16 日准予中国国际经济贸易仲裁委员会华南分会（深圳国际仲裁院）登记。华南贸仲的事业单位法人证书显示，华南贸仲系在深圳市事业单位登记管理局登记的事业单位法人，举办单位为深圳市人民政府，业务范围为国际国内经济贸易合同争议仲裁、相关法律咨询、相关仲裁咨询服务。

3. 上海贸仲

上海贸仲是 1988 年 3 月贸促会向国务院提出设立申请经同意，由上海市人民政府批准由贸促会上海分会于 1988 年 12 月 27 日组建的。上海市机构编制委员会于 2013 年 3 月 21 日作出《关于同意中国国际经济贸易仲裁委员会上海分会更名并增挂牌子的批复》（沪编〔2013〕101 号），同意中国国际经济贸易仲裁委员会上海分会更名为上海国际经济贸易仲裁委员会，并增挂"上海国际仲裁中心"牌子。上海市司法局 2011 年 12 月 8 日以沪司仲登字〔2011〕1 号仲裁委员会登记证准予中国国际经济贸易仲裁委员会上海分会登记。2013 年 4 月，以沪司仲登字〔2013〕1 号登记证准予更名后的上海国际经济贸易仲裁委员会（上海国际仲裁中心）登记。上海贸仲的事业单位法人证书显示，上海贸仲举办单位为贸促会上海市分会，宗旨和业务范围为以仲裁方式独立、公正地解决国内外（含港澳台地区）各类经济贸易争议，提供当事人约定由仲裁委员会处理的其他争议解决服务。

（二）争议的缘起

导致中国贸仲与华南贸仲、上海贸仲产生争议的直接原因是中国贸仲修改了原各方共同适用的仲裁规则，新的仲裁规则于 2012 年 5 月 1 日起施行。针对机构的性质、名称、仲裁规则的适用及受理案件的权限等问题，各方分别发表声明表明态度。

上海贸仲于 2012 年 4 月 30 日发布公告，称其是独立的仲裁机构，自 2012 年 5 月 1 日起施行自行制定的仲裁规则。华南贸仲也宣布于 2012 年 12 月 1 日起施行自行制定的仲裁规则。

中国贸仲于 2012 年 8 月 1 日发布公告，称华南贸仲和上海贸仲是其派出机构,同时表明:(1)自 2012 年 8 月 1 日起中止对华南贸仲、上海贸仲接受仲裁申请并管理仲裁案件的授权;(2)当事人约定将争议提交华南贸仲或上海贸仲仲裁的,应向中国贸仲申请仲裁。

针对上述公告,华南贸仲和上海贸仲于 2012 年 8 月 4 日发表联合声明称:(1)华南贸仲和上海贸仲均作为独立的仲裁机构,依法受理和管理仲裁案件,并以自己的名义作出裁决;(2)不认可和使用中国贸仲制定的新仲裁规则;(3)明确将继续受理当事人约定由华南贸仲和上海贸仲仲裁的案件。

中国贸仲于 2012 年 12 月 31 日再次发布公告称:(1)华南贸仲变更名称及制定的仲裁规则无效;(2)禁止上海贸仲、华南贸仲继续使用、变相使用"中国国际经济贸易仲裁委员会"名称和品牌及相关标识等;(3)终止对上海贸仲、华南贸仲接受仲裁申请并管理仲裁案件的授权;(4)当事人约定将争议提交华南贸仲、上海贸仲仲裁的,应向中国贸仲申请仲裁。

上述争议直接引发了大量当事人请求确认仲裁协议效力、申请撤销或者不予执行仲裁裁决等仲裁司法审查案件。从下级法院请示案件的情况看,因该争议引发的仲裁司法审查案件,争议的焦点问题主要集中在各仲裁机构对案件的管辖权问题上,特别是对于当事人约定由中国国际经济贸易仲裁委员会华南分会或中国国际经济贸易仲裁委员会上海分会仲裁的案件,华南贸仲、上海贸仲究竟是否还有权受理。具体案件类型体现在以下三类。

1. 申请确认仲裁协议效力案件

此类案件主要涉及当事人在仲裁协议中约定由中国国际经济贸易仲裁委员会华南分会或中国国际经济贸易仲裁委员会上海分会仲裁,一方当事人向人民法院提起诉讼,请求明确协议的效力,并进一步明确应当是由华南贸仲或上海贸仲受理案件,还是应当由中国贸仲受理案件。

2. 申请不予执行仲裁裁决案件

此类案件主要涉及两种情形。第一种情形是当事人在仲裁协议中约定由中国国际经济贸易仲裁委员会华南分会或中国国际经济贸易仲裁委员会上海分会仲裁,华南贸仲、上海贸仲受理申请并作出裁决后,一方当事人以华南贸仲或上海贸仲无权仲裁案件为由,申请不予执行;第二种情形是当事人在仲裁协议中约定由中国国际经济贸易仲裁委员会华南分会或中国国际经济贸易仲裁委员会上海分会仲裁,但由中国贸仲受理并作出裁决,一方当事人以中国贸仲无权仲裁案件为由申请不予执行。

3. 申请撤销仲裁裁决案件

申请撤销仲裁裁决案件涉及的情形、理由与不予执行仲裁裁决案件基本相同。

鉴于人民法院在争议产生后受理了大量相关的仲裁司法审查案件,且产生了不同法院对同一问题适用法律不统一的情况,为正确审理案件,统一裁判尺度,最高人民法院于 2013 年 9 月 4 日发出《关于正确审理仲裁司法审查案件有关问题的通知》(法〔2013〕194 号),要求下级法院审理此类案件作出裁定前必须逐级报请最高人民法院。2014 年 12 月 9 日,针对上海市高级人民法院、广东省高级人民法院、江苏省高级人民法院的请示,最高人民法院分别就三个具体个案涉及的问题作出原则答复,明确了处理此类案件的基本原则,即华南贸仲、上海贸仲系依法设立的仲裁机构,其有权根据当事人在仲裁协议中的约定受理仲裁案件并作出裁决。

由于下级人民法院积压了大量因该争议引发的仲裁司法审查案件,仅靠个案答复的方式难以有效解决问题,故最高人民法院根据下级人民法院的请示,将此类案件中面临的一些普遍存在的问题予以归纳总结,通过该批复予以明确处理原则。

二 对《批复》相关内容的说明

(一) 处理相关争议的思路

鉴于这类案件涉及的专业性和历史复杂性,在对相关仲裁司法审查案件的处理上,最高人民法院一直遵循三个原则。

一是不越权。人民法院只在职权范围内根据相关证据材料对案件如何处理发表意见,对不属于人民法院职权范围内直接管辖的事情不表态。

二是尊重历史和正视客观现实。审理相关案件时要结合以前的司法实践,针对目前客观存在的现实情况,特别是对分会多年来受理案件的实际情况及其在相关主管机构设立、登记的情况作出认定。

三是有利于依法维护当事人权益和我国仲裁事业的健康平稳发展，促进多元解决纠纷机制的建立。

（二）对《批复》条文的具体说明

1. 确认管辖权的基本原则

《批复》第1条为核心条款，明确了处理此类案件的基本原则，对华南贸仲、上海贸仲是否有权依据当事人的约定受理仲裁案件以及如何依据当事人在不同的时间段签订的仲裁协议确定仲裁机构的管辖权予以明确。实际上，在仲裁机构之间产生争议并引发大量相关仲裁司法审查案件后，为正确审理案件，充分维护当事人合法权益，也为了维护仲裁事业的健康发展，最高人民法院亦曾经在各仲裁机构之间努力协调，力图促成各仲裁机构之间就争议案件的管辖权问题达成一个各方接受的解决方案，但遗憾的是最终未能成功。而人民法院审理相关仲裁案件，对该问题无法回避，因此《批复》第1条对各仲裁机构受理案件的管辖权问题予以明确。

从人民法院受理案件的情况看，对于仲裁协议中约定的仲裁机构为中国贸仲，案件应由中国贸仲受理的问题，无论是当事人还是仲裁机构之间基本均无异议。争议的焦点在于仲裁协议约定的仲裁机构为华南分会、上海分会，华南贸仲、上海贸仲是否能够根据当事人的约定受理仲裁案件，因此《批复》主要是针对当事人签订仲裁协议约定将争议提交'中国国际经济贸易仲裁委员会华南分会'或者'中国国际经济贸易仲裁委员会上海分会'仲裁的如何处理作出规定。《批复》第1条区分三个时间段，第一时间段为华南贸仲更名为华南国际经济贸易仲裁委员会、上海贸仲更名为上海国际经济贸易仲裁委员会之前；第二时间段为华南贸仲更名为华南国际经济贸易仲裁委员会、上海贸仲更名为上海国际经济贸易仲裁委员会之后（含更名之日）本批复施行之前；第三时间段为本批复施行之后（含施行起始之日）。

《批复》第1条第1款明确："当事人在华南贸仲更名为华南国际经济贸易仲裁委员会、上海贸仲更名为上海国际经济贸易仲裁委员会之前签订仲裁协议约定将争议提交'中国国际经济贸易仲裁委员会华南分会'或者'中国国际经济贸易仲裁委员会上海分会'仲裁的，华南贸仲或者上海贸仲对案件享有管辖权。当事人以华南贸仲或者上海贸仲无权仲裁为由请求人民法院确认仲裁协议无效、申请撤销或者不予执行仲裁裁决的，人民法院不予支持。"

该款明确了华南贸仲和上海贸仲系依法设立的仲裁机构，可以根据当事人签订的仲裁协议受理案件，该问题实际也是此类案件涉及的焦点问题。

人民法院并非仲裁机构设立登记的主管机构，对于华南贸仲、上海贸仲是否为依法设立的仲裁机构的问题，人民法院应当根据相关主管机构对仲裁机构的设立登记文件等作出认定。

根据广东省司法厅粤仲登字第12号仲裁委员会登记证以及华南贸仲的事业单位法人证书，上海市司法局沪司仲登字〔2011〕1号仲裁委员会登记证以及上海贸仲的事业单位法人证书，应当认定华南贸仲和上海贸仲均系依法成立的仲裁机构。同时，根据深圳市机构编制委员会深编办〔2012〕58号《关于中国国际经济贸易仲裁委员会华南分会更名的批复》及深圳市人民政府第245号政府令公布的《深圳国际仲裁院管理规定（试行）》的相关规定，可以认定现使用华南国际经济贸易仲裁委员会并同时使用深圳国际仲裁院名称的仲裁机构，是从原中国国际经济贸易仲裁委员会华南分会更名而来，并不属于新设的仲裁机构。同样，根据上海市机构编制委员会沪编〔2013〕101号批复，现名称为上海国际经济贸易仲裁委员会并同时使用上海国际仲裁中心名称的仲裁机构，是从原中国国际经济贸易仲裁委员会上海分会更名而来，并非新设的仲裁机构。因此上海贸仲、华南贸仲为依法设立的仲裁机构，有权依照当事人的约定受理相关仲裁案件。

考虑到华南贸仲、上海贸仲在发生争议后一直主张其系独立的仲裁机构，且均进行了更名，现在名称中不再含有"中国国际经济贸易仲裁委员会"的文字表述，故不宜再享受"中国国际经济贸易仲裁委员会"这一名称带来的品牌效益，同时也为了进一步明确此类约定的案件管辖权，《批复》第1条第2款、第3款确定了华南贸仲、上海贸仲更名后案件的管辖原则，即当事人在华南贸仲更名为华南国际经济贸易仲裁委员会、上海贸仲更名为上海国际经济贸易仲裁委员会之后（含更名之日）签订仲裁协议约定将争议提交"中国国际经济贸易仲裁委员会华南分会"或者"中国国际经济贸易仲裁委员会上海分会"仲裁的，中国贸仲对案件享有管辖权。此外，考虑到由于《批复》发布施行前，对于当事人以及仲裁机构之间争议的关于华南贸仲、上海贸仲是否为依法设立的独立仲裁机构、是否有权根据当事人的约定仲裁案件的问题，一直缺乏明确的意见，故《批复》第1条第2款在规定"当事人在华南贸仲更名为华南国际经济贸易仲裁委员会、上海贸仲更名为上海国际经济贸易仲裁委员会之后（含更名之日）本批复施行之前签订仲裁协议约定将争议提交'中国国际经济贸易仲裁委员会华南分会'或者'中国国际经济贸易仲裁委员会上海分会'仲裁的，中国贸仲对案件享有管辖权"的同时，又进一步但书表明，如果申请人向华南贸仲或者上海贸仲申请仲裁，被申请人对华南贸仲或者上海贸仲的管辖权没有提出异议的，当事人在仲裁裁决作出后以华南贸仲或者上海贸仲无权仲裁为由申请撤销或者不予执行仲裁裁决的，人民法院不予支持。

2. 对于仲裁被申请人提出的确认仲裁效力案件的受理问题

2009年修订的《仲裁法》第20条第1款规定："当事人对仲裁协议的效力有异议的，可以请求仲裁委员会作出决定或者请求人民法院作出裁定。一方请求仲裁委员会作出决定，另一方请求人民法院作出裁定的，由人民法院裁定。"同时，从尊重当事人的意思自治及诉讼经济原则考虑，《最高人民法院关于确认仲裁协议效力几个问题的批复》第3条规定："当事人对仲裁协议的效力有异议，一方当事人申请仲裁机构确认仲裁协议效力，另一方当事人请求人民法院确认仲裁协议无效，如果仲裁机构先于人民法院接受申请并已作出决定，人民法院不予受理；如果仲裁机构接受申请后尚未作出决定，人民法院应予受理，同时通知仲裁机构终止仲裁。"《最高人民法院关于适用〈中华人民共和国仲裁法〉若干问题的解释》第13条第2款亦规定："仲裁机构对仲裁协议的效力作出决定后，当事人向人民法院申请确认仲裁协议效力或者申请撤销仲裁机构的决定的，人民法院不予受理。"

从人民法院目前受理的因中国贸仲与原分会争议引发的仲裁司法审查案件看，出现了一种新情况，即一方当事人在争议发生后向仲裁机构申请仲裁，仲裁机构受理案件后，申请人又提交一份确认管辖申请书，请求仲裁机构对仲裁协议的效力及案件的管辖权问题作出决定，仲裁机构收到该申请后往往在较短的时间内作出其对案件有管辖权的决定。而作为仲裁案件的被申请人，其在知晓申请人申请仲裁的情况后，在对仲裁机构的管辖权存有异议的情况下，有时会选择向人民法院提起确认仲裁协议效力之诉，请求人民法院作出裁定。但如前所述，仲裁机构根据申请人提出的申请经常在极短的时间内就作出了其有管辖权的决定，因此当被申请人知悉申请人向中国贸仲提起仲裁，其再向人民法院请求确认仲裁协议效力及仲裁庭的管辖权问题时，仲裁机构可能已经作出了关于管辖权的决定。那么，根据上述司法解释的规定，人民法院则不应再受理被申请人提出的确认仲裁协议效力之诉。但笔者认为，当事人申请确认仲裁协议效力的前提应当是对仲裁协议的效力有异议，而目前一些仲裁案件的实际情况是申请人在向仲裁机构申请仲裁被受理之后，又请求仲裁机构作出对案件有管辖权的决定。既然申请人已经向仲裁机构申请仲裁，这足以表明其对仲裁协议的效力及仲裁机构的管辖权是没有异议的，此时申请人再请求仲裁机构作出对案件具有管辖权的决定，该申请实质不属于对仲裁协议效力有异议而提出的申请，且此种做法有利用司法解释的相关规定规避人民法院对仲裁机构是否享有案件管辖权进行审查的权力之嫌。故在《批复》第2条规定中强调，在这种情况下，对于被申请人提出的申请确认仲裁协议效力之诉，人民法院应予受理，不受《最高人民法院关于确认仲裁协议效力几个问题的批复》第3条以及《最高人民法院关于适用〈中华人民共和国仲裁法〉若干问题的解释》第13条第2款规定的约束。

3. 《批复》施行前受理案件的处理问题

仲裁机构之间的争议发生后如何妥善解决，一直缺乏权威的官方表态，人民法院亦迟迟未能及时审结相关案件。特别是当事人签订仲裁协议约定由原分会仲裁的案件，应当由谁对案件享有管辖权，各仲裁机构各执一词，客观上使得案件当事人处于一个无所适从的状态，造成有的当事人选择向分会申请仲裁，而有的当事人则选择向中国贸仲申请仲裁的混乱局面。为避免给当事人造成诉累，也为了我国仲裁事业的健康有序发展，《批复》对此类案件采取了变通的处理原则，即在本《批复》施行之前，中国贸仲或者华南贸仲、上海贸仲已经受理的根据本《批复》第1条规定不应由其受理的案件，当事人在仲裁裁决作出后以仲裁机构无权仲裁为由申请撤销或者不予执行仲裁裁决的，人民法院不予支持。当然，适用该条须具备如下两个前提条件：一是只有一家仲裁机构受理了案件，不存在两家仲裁机构均受理了同一案件的情况；二是在仲裁庭首次开庭前，并没有当事人就仲裁协议效力以及仲裁庭的管辖权问题向人民法院提起确认仲裁协议效力之诉。如果有当事人在仲裁庭首次开庭前向人民法院提起确认仲裁协议效力之诉，人民法院受理后，应当依据《批复》第1条的规定作出相关裁定。

4. 两家仲裁机构均受理同一案件的情况

从人民法院受理案件的情况看，亦存在两家仲裁机构受理了同一案件的情况，即争议发生后一方当事人向中国贸仲申请仲裁被受理，而另一方当事人就同一纠纷向华南贸仲或上海贸仲申请仲裁亦被受理。那么，针对此类案件如何处理？《批复》根据当事人是否在仲裁庭首次开庭前向人民法院申请确认仲裁协议效力，又区分为两种情况。

第一种情况是不同仲裁机构受理了同一案件，一方当事人在仲裁庭首次开庭前向人民法院申请确认仲裁协议效力，此时当事人提起确认仲裁协议效力之诉，实质是请求人民法院确认究竟哪个仲裁机构对案件享有管辖权。对此种情况，人民法院应当根据《批复》第1条的规定进行审理并作出裁定。在此种情形下，由于当事人的起诉，使得人民法院在仲裁机构受理案件阶段即得以介入，因此对于案件管辖权的确定应当以人民法院最终裁定为准。

第二种情况是不同仲裁机构受理了同一案件，但当事人并未在仲裁庭首次开庭前向人民法院申请确认仲裁协议效力。在此种情形下，人民法院在仲裁机构受理案件阶段并未介入。对于此种情况，《批复》参照第3条的规定，同样采取了变通的处理原则，即确定受理在先的仲裁机构对案件享有管辖权。

另外，对于此类仲裁司法审查案件，最高人民法院曾于2013年9月4日发布了《关于正确审理仲裁司法审查案件有关问题的通知》（法〔2013〕194号），要求各级人民法院对因该争议产生的仲裁司法审查案件，在作出裁定之前，须经审判委员会讨论提出意见后，逐级上报至最高人民法院，待最高人民法院答复后，方可作出裁定。而随着《批复》的颁布施行，对于如何审理此类案件，司法解释有了明确规定，因此最高人民法院又于2015年7月20日发布了法〔2015〕208号通知，强调各级人民法院受理的相关仲裁司法审查案件中涉及的法律问题，根据《批复》可以明确处理意见的，无须再依照法〔2013〕194号通知的要求逐级上报。但最高人民法院此前针对涉外涉港澳台仲裁司法审查案件曾下发过多个通知，对于涉外涉港澳台仲裁司法审查案件，如果认定仲裁协议无效、应不予执行或者撤销的，必须逐级上报至最高人民法院批准。这些通知的要求仍然需要执行。故为避免上述无须再报请最高人民法院的表述引起歧义，通知进一步明确涉外涉港澳台仲裁司法审查案件，依照最高人民法院此前相关规定需要逐级上报的，仍应按原规定执行。

《批复》的制定和出台，解决了贸仲及其原分会在仲裁管辖权和裁决效力上的诸多问题，有利于维护仲裁当事人的合法权益，有利于推动中国仲裁事业的发展，也有利于多元化纠纷解决机制的完善。

第四编

中国对外法律实践:对策建言

对当前中美经贸关系法律问题的几点思考[*]

2018年3月以来，美国特朗普政府以所谓中美贸易"不公平"为由依据其国内法连续发动针对中国的单边贸易制裁措施，中国政府依据世界贸易组织（WTO）法和相关国际法基本原则采取一系列反制措施，世界两大经济体之间的贸易关系在短时间内陷入剑拔弩张的严峻局面，引发了两国民众及国际社会高度关注。

经5月初及5月中旬中美双方代表团分别在北京和华盛顿的两次谈判，中美两国政府于5月20日就双边经贸磋商发表联合声明。声明指出："双方同意，将采取有效措施实质性减少美对华货物贸易逆差。为满足中国人民不断增长的消费需求和促进高质量经济发展，中方将大量增加自美购买商品和服务。这也有助于美国经济增长和就业。双方同意有意义地增加美国农产品和能源出口，美方将派团赴华讨论具体事项。双方就扩大制造业产品和服务贸易进行了讨论，就创造有利条件增加上述领域的贸易达成共识。双方高度重视知识产权保护，同意加强合作。中方将推进包括《专利法》在内的相关法律法规修订工作。双方同意鼓励双向投资，将努力创造公平竞争营商环境。双方同意继续就此保持高层沟通，积极寻求解决各自关注的经贸问题。"联合声明发布后，中美双方政府官员公开表示，双方达成共识，不打贸易战，并停止互相加征关税。

与历史上历次贸易摩擦相比，此次中美之间爆发的贸易摩擦无论从规模方面还是影响方面来看都是空前的。经双方共同努力达成的上述联合声明表明，中美此次贸易摩擦正在走向协商解决的正确轨道，暂时不会爆发

---

[*] 本文原载于《人民法治》2018年第5期。

贸易大战。尽管如此，我们应当清醒地认识到，中美之间的贸易摩擦问题尚未完全解决，《联合声明》并不能彻底排除未来贸易摩擦进一步升级的可能。更为重要的是，此次中美贸易摩擦引发的一些重要法律问题仍需要深入思考和研究，特别是对涉及中美关系及国际贸易法体制的基本问题，必须予以高度重视并作出明确而清晰的回答。

一　中美贸易摩擦是单纯的贸易问题吗？

回答这个问题，必须全面考察特朗普总统上台以来美国对华政策及其走向。自2017年1月特朗普总统上台以来，美国采取的一系列对华政策和措施表明，美国已在政治、经济、军事、文化等各个方面将中国视为战略对手，并在这一判断基础上制定针对中国的各项政策措施，不断挑战中美关系底线，遏制中国发展、防止中国超越美国成为世界第一大国的战略意图暴露无遗。

2017年12月，美国政府发布最新一期《国家安全战略报告》，报告开宗明义指出："中国及俄罗斯正挑战美国的实力、影响和利益，并试图损害美国的安全与繁荣。"报告声称："历史的核心观念就是实力的对抗，现在也毫不例外"，公开指责"中国正努力在印度洋—太平洋地区取代美国，不断扩大其国有企业驱动型经济发展模式的影响力，并重塑该地区秩序以利于中国"。报告认定，中国目前实施的基础设施及贸易战略是在强化中国的"地缘政治野心"。报告针对来自中国所谓的"全面挑战"，从政治、外交、经济、军事等各方面提出美国的应对策略，捍卫"美国第一"及遏华、防华的意图充斥该报告的字里行间。

该报告发布后，美国在涉及中国核心利益和全体人民民族感情的台湾问题上不断挑战中国的战略底线。2017年12月通过的"2018财年国防授权法案"中包括邀请台湾参与"红旗军演"，"美国对台军售正常化"，以及考虑重启"美台海军军舰停靠"的可行性与可能性等内容。2018年3月通过的所谓"台湾旅行法"规定，美国的政策应当允许美方所有层级的官员访问台湾，允许台湾高阶官员在"受尊敬的条件"下来到美国，与包括美国国防部、国务院的高官会见，并鼓励台湾驻美经济文化代表在美开展业务。上述法案严重破坏了中美三个联合公报确立的"一个中国"政策，如若实施，势必导致中国政府的坚决抵制，甚至引发台海危机。

此外，2018年以来，美国在中国南海问题上持续挑衅中国，不断强化其在南海的军事存在，多次举行大规模军演，并屡次闯入我南海诸岛的领海或毗连区，侵犯中国的领土主权。2018年3月伊始，美国又挑起此次中美关系中最严重的一次贸易摩擦，甚至声称不惜同中国开展"贸易战"，可见，近期美国对华开展的一系列举动"充分贯彻"了美国最新《国家安全战略报告》确立的战略意图和指导方针，从政治到军事，再到经济等各个领域，毫不掩饰地将中国作为战略对手进行全面挑衅，企图将中国置于十分不利的国际环境，以此实现其遏制中国发展的战略目标。

综上所述，题之所问的答案已非常清晰：此次爆发的中美贸易摩擦绝非单纯的贸易问题，而是美国对华最新战略的重要组成部分，是中美关系进入新的大变局的重要标志之一。

明确回答这一问题，有利于我们科学判断中美贸易摩擦的成因和形势，有利于我们正确预判中美贸易关系的未来走向，有利于我们制定正确的应对方针和策略。由于美国对华战略的改变，中美贸易关系将进入一个充满不确定因素的动荡时期，中国的暂时让步可能换来一时的"休战"，但摩擦将是长期的、持久的，甚至在未来可能爆发全面的贸易战。面对新的形势，我们要有顶层设计：坚持习近平总书记提出的"我们有一千个理由把中美关系搞好，没有一条理由把中美关系搞坏"的对美关系战略思想，尽最大努力将中美贸易关系维持在稳定状态并促进发展，力争通过协商解决双方之间的贸易摩擦问题。与此同时，我们还要有底线思维：未雨绸缪地做好中美贸易摩擦长久化，甚至爆发贸易战的各项准备，特别是法律上的准备，以包括法律斗争在内的各种斗争形式求得中美之间的团结和妥协，以此赢得中国发展复兴的良好国际氛围。

二 以比较优势论为理论根基的国际贸易法律体制是否已经过时？

美国政府此次挑起对华贸易摩擦的一个重要理由就是，中美贸易十分不公平，美国对华贸易长期处于逆差状态，严重损害了美国的经济利益，美国"吃了大亏"。因此，美国必须予以反击从而将中美贸易关系调整到"互惠"的发展轨道。这一说法貌似合理，但绝对不值一驳。姑且不论美方的观点是否有事实作为基础（美方对中美贸易量的统计与中方严重不一，且未将美国占绝对优势的服务贸易向中国的出口统计在内），稍有国际贸易理论常识的人都会指出其中的谬误。

英国古典经济学家亚当·斯密和大卫·李嘉图最为伟大的科学发现之一就是"比较优势论"：在国际贸易中，一国可找出自己优势最大或者比较劣势最小的产品，来做生产与出口，而进口自己不具优势或者劣势最大的产品，这是对国家最为有利的贸易政策。该理论批驳了人类历史上长期占据国家贸易政策统治地位的"重商主义"理论的谬误和愚蠢，为贸易自由化奠定了坚实的经济学理论基础。

第二次世界大战前夕，美国率先实施了带有浓厚重商主义色彩的高关税政策，各国纷纷效仿，高筑关税壁垒，国际贸易领域"以邻为壑"现象泛滥，导致资本主义经济危机加深，成为第二次世界大战爆发的重要经济根源。第二次世界大战后，以英美为首的各国吸取这一惨痛历史教训，确立以贸易自由化为宗旨的国际贸易新体制，源自比较优势论的最惠国待遇、国民待遇等基本法律原则成为国际贸易体制的基石。尽管中间经历了不少波折，但从GATT体制到WTO体制，建立在比较优势论基础上、以最惠国待遇和国民待遇为基本法律原则的国际贸易法律体系促进了全球贸易的大发展、大繁荣，确保了国际贸易的稳定性、可预见性，为人类进步作出了巨大贡献。

美国此次提出的所谓中美贸易不公平、应以"互惠"原则重塑中美贸易关系，这一观点实际上是对"比较优势论"的否定，是对以贸易自由化为宗旨的、以最惠国待遇和国民待遇为基本原则的WTO多边体制基础的动摇。

在中美此次贸易摩擦期间，美国等西方一些学者提出了"WTO规则供给不足"、WTO现有体制及其规则已不能涵盖中美之间的贸易问题等观点。我国国内也有学者提出，中国已完全履行了加入世贸组织承诺，但美国提出的一些主张并不在 WTO 规则规制的范围内，对于这些不在 WTO 规则规制范围内的中国政策或措施，美国无权指责。这一观点，表面上是在为我国的利益辩护，但实际上可能正好落入西方学者提出的 "WTO 规则供给不足" 从而否定 WTO 现有体制和规则的陷阱。

比较优势论以及以此为理论基础的 WTO 体制和规则过时了吗？WTO 现有规则真的出现供给不足了吗？这些规则真的不能涵盖中美之间的贸易关系了吗？对于这些问题必须作出明确而清晰的回答。

国际贸易发展的历史经验以及教训无数次证明，比较优势论是科学的理论，尽管这一理论需要发展，需要考虑各种复杂因素，而且应对 "比较优势" 作广义理解，经济学上还有 "因素比例说" "产品循环说" 等不断完善比较优势论学说，特别是政府产业政策对比较优势的影响，等等，但作为一项科学的经济学原理，比较优势论并不过时，依然发挥着人类科学智慧的光芒，该理论催生的贸易自由化促进了经济全球化，给世界各国带来了贸易大发展及经济的繁荣。所谓 "公平贸易" "互惠" 等学说实际上就是历史上 "重商主义" "保护主义" 理论的变种，因为在贸易领域，"公平" 是动态的、相对的，绝非进出口量的完全相等，也绝非各国之间关税税率的完全一致；"互惠" 是广义的、持久的，绝非在一时一事一个领域上显现。根据比较优势理论，考察贸易关系是否 "公平" "互惠" 的唯一标准，是看在一段历史时期内国际贸易体制和规则是否促进了贸易的长期稳定发展、是否提升了各国贸易自由化的程度，贸易各方的本国经济是否从中受益。自 2001 年中国加入 WTO 以来，中美双方贸易量的巨大增长、中国与 WTO 其他成员间的贸易繁荣充分证明了 WTO 体制及其规则就是公平的、互惠的。

WTO 现有规则尽管存在不足，需要进一步发展和完善，但就中美贸易问题而言，根本不存在所谓 "规则供给不足" 的问题，也并非不能涵盖中美贸易中产生的问题。此次美国政府以其国内法所谓 "232" 条款、"301" 条款、"国家安全" 条款等针对中国采取单边贸易措施，这些措施的内容和本质，都是 WTO 规则涵盖的贸易问题。退一步讲，即便一些措施未能被现有 WTO 规则规制，但 WTO 的前身 GATT 的设计者极具智慧和远见，在 GATT 文本中了设计了 "非违法之诉" 条款，赋予成员方在一成员方采取导致其他成员方合理的预期贸易利益未能实现的措施,且该措施未被现有规则规制的情形下起诉该成员方的法定救济权利,目的就是防止WTO成员方规避现有规则、防止WTO规则供给不足导致相关成员方利益受损,从根本上保障WTO成员方之间的贸易公平。"非违法之诉"制度被称为WTO的"兜底条款",有这样的"兜底条款",何谈WTO规则供给不足?持这一观点的人实际上是为美国的单边措施寻找借口。

随着科学技术的发展以及国际贸易领域交易范围和对象的不断扩大,出现一些未被现有WTO规则涵盖的新生事物是可能的,但这需要WTO成员通过平等磋商、谈判达成新的规则加以解决,这是国际法诚信原则对国家的义务要求,绝不允许一国采取单边行动迫使他国接受其单方提出的贸易条件和法律规则,更不允许一国抛弃国际多边体制、拒绝履行本国的国际条约义务,凭借自身经济实力强迫他国满足其单方判断的所谓"公平""互惠"。

综上所述,以最惠国待遇、国民待遇原则为基石的WTO多边规则并没有过时,真正过时的是美国一家独大、"美国第一"的霸权思维。WTO规则绝非供给不足,真正供给不足的是国际社会和国际法对美国强权的有力制约。

三 中国对美国贸易措施的反制是否具有国际法依据?

针对美国采取的一系列单边贸易措施,中国政府迅速行动,依据WTO规则和国际法基本原则采取了合理、适当的反制措施,一方面,依照WTO相关规则和争端解决程序向WTO提出对美国的申诉;另一方面,针对美国提出的加征关税清单提出了中国的反制清单,这是一个主权国家捍卫国家主权和自身合法利益的正当举动。

但对于因美国挑起的贸易争端引发的中国政府反制措施,西方舆论和一些政客非但不指责美国政府的恶劣行为,反而批评中国,说中国提出对美报复清单是绕开WTO多边体制的单边报复措施,意指中国也在违反WTO规则,其理由是WTO《关于争端解决的规则和程序的谅解》(以下简称《谅解》)禁止成员方针对其他成员方的违法措施采取单边措施,而应当寻求WTO争端解决机制加以纠正。

《谅解》第 23 条"多边体制的加强"规定：（1）当成员寻求纠正违反义务情形或寻求纠正其他造成适用协定项下利益丧失或减损的情形，或寻求纠正妨碍适用协定任何目标的实现的情形时，它们应援用并遵守本谅解的规则和程序。（2）在此种情况下，各成员应：（a）不对违反义务已发生、利益已丧失或减损或适用协定任何目标的实现已受到妨碍作出确定，除非通过依照本谅解的规则和程序援用争端解决，且应使任何此种确定与 DSB 通过的专家组或上诉机构报告所包含的调查结果或根据本谅解作出的仲裁裁决相一致……

上述规定表明，WTO 要求全体成员方在他方违反 WTO 义务时应当诉诸 WTO 争端解决机制，不得自行确定他方是否违反 WTO 义务并采取单方行动。这一规定是否意味着中国政府针对美国提出的 500 亿美元、1000 亿美元加征关税清单不能提出自己的报复清单，而只能求助于 WTO 争端解决机制？换句话说，中国政府对美国的加征关税清单提出自己的报复清单是否具有国际法依据？尽管由于中美近期已就贸易问题发表联合声明，决定暂不采取各自清单上的加征关税措施，但这并不排除未来双方进一步实施的可能，因此，对于以上问题必须作出深入研究并予以明确回答。

中国政府在公布反制清单时强调，中国依据国际法基本原则针对美国的加征关税清单提出自己的反制清单，因此，中国的做法是正当、合法的。WTO 规则是一套完整的国际贸易法规则，但这绝不意味着国际法一般法律原则及其规则不适用于 WTO 成员方之间的贸易争端。WTO 上诉机构多次强调，WTO 规则是国际法的一部分，"不能把 GATT 与国际公法割裂开来"（"美国汽油案"上诉机构报告），上诉机构在解决 WTO 贸易争端中经常适用诚信等国际法一般法律原则以及其他领域国际法规则进行推理、开展条约解释并得出结论，可以说，除 WTO 自身的规则外，国际法一般法律原则及其规则对 WTO 争端解决发挥着巨大的作用。

避免损失扩大是各国法律普遍适用的一条民事法律原则，意为在合同一方违反合同义务的情形下，另一方应采取措施避免自身的损失扩大，如其放任损失扩大，则无权就扩大的损失向对方求偿。我国的《合同法》第 119 条就规定："当事人一方违约后，对方应当采取适当措施防止损失的扩大；没有采取适当措施致使损失扩大的，不得就扩大的损失要求赔偿。"其他大陆法系国家，如法国、德国、日本等也有类似规定，普通法系的大量民商事判例表明，其同样适用这一原则。国际法一般法律原则源于各法系普遍适用的法律原则，因此，作为各国普遍适用的民事法律原则——避免损失扩大已成为国际法一般法律原则，同样适用于 WTO 成员方之间的贸易争端。

美国此次提出的针对 500 亿美元、1000 亿美元中国产品的加征关税清单如若实施，将必然给中国造成巨大经济损失，在这种严峻情势之下，中国政府为避免自身遭受进一步巨大损失提出适当的反制措施，以期警示美国、促其改正措施，这完全符合避免损失扩大的国际法一般法律原则。很难想象，在美国已明显违反 WTO 规则采取单边行动的情形下，中国不采取任何反制措施避免自身遭受的巨大损失，只能等待 WTO 作出最终裁决。不仅 WTO 审理和执行的时间漫长，而且由于 WTO 裁决执行"既往不咎"，即不能对美国违反义务的措施给中国造成的巨大损失进行索赔，中国只能自行承担美国违法带来的苦果，这绝不应是主权国家尊重国际法的合理结论。

在采取针对性反制措施的同时，中国政府及时向 WTO 通报，并将相关案件诉诸 WTO 争端解决机构，表明中国维护 WTO 多边体制权威、维护国际法尊严的态度和决心，这与美国政府动辄以其国内法对他国采取单边贸易制裁措施、多次阻止 WTO 上诉机构法官遴选程序等做法形成鲜明对比。谁在违反国际法、谁在践踏 WTO 多边体制？答案应当十分清晰。西方舆论及某些政客不但不指责美国的错误行径，反而批评中国正当、合法的应对措施，充分暴露了他们的无知和偏见。

总之，此次由美国单方挑起的中美之间最大一次贸易摩擦，绝非单纯的贸易问题，而是美国遏华、防华战略的重要步骤，是美国对以比较优势论为基础的 WTO 多边体制及战后贸易自由化政策的公然挑战，中国采取的反制措施具有充分的国际法依据，是正当、合法的。尽管当前中美双方已达成联合声明，贸易战暂告段落，但这绝不意味着一劳永逸、天下太平，对此，我们应当保持清醒，特别是对其中引发的重要法律问题还应当深入研究，为中美贸易关系的法律之战做好长期、充分准备。

善用 WTO 法律机制反制贸易保护主义[*]

2008 年金融危机爆发后,贸易保护主义成为制约我国对外贸易发展的巨大障碍。

一 隐形的贸易保护主义成为主流

贸易保护主义违反了 WTO 奉行的贸易自由化宗旨和原则,应为 GATT/WTO 体制所不容。但如果从法律角度研究,便会发现一些带有保护性质的贸易限制措施并不违反 WTO 规则。有人曾说 WTO 反对的是"贸易保护主义",并非反对"贸易保护",无疑是有道理的。WTO 规定了成员方合法实施贸易保护的途径,这些原本作为贸易自由化过程中的权宜之计的 WTO 规则在规定上失之宽泛,造成成员方政府和司法机构自由裁量权过大,为某些成员以遵循 WTO 规则之名、行保护主义之实的隐形保护主义大开方便之门。

一般认为,WTO 规则允许成员方在特定条件下采取保护性贸易措施的途径主要有以下几种。

第一,关税措施。不同于数量限制和海关手续,关税措施是 GATT/WTO 体制推崇的合法贸易管理手段,成员方不但可自行决定加入约束关税清单的产品范围,也可依据相关程序对已作承诺作出变更,这就为保护某些国内产品提供了方便。

第二,反倾销、反补贴、保障措施等贸易救济措施。尽管各国实施贸易救济措施时声称都是为了维护其国内公平贸易秩序,但大量实践表明,

---

[*] 本文原载于《经济参考报》2010 年 8 月 17 日。

其真正动机就是保护相关国内产业利益、"合法"地排挤外来产品的冲击。原本应当发挥监督作用、防止成员方滥用反倾销措施的《反倾销协定》因确立"合理尊重"成员方政府的原则以及条款本身具有的法律上较大伸缩性而失去应有的监督功效，这是造成当前反倾销泛滥的重要原因。WTO 反补贴规则异常复杂，涉及一国国内众多因素，为成员方随意认定补贴并征收反补贴税提供了方便。而 WTO 体制内的保障措施则纯粹是保护性质的，更易于被人利用。

第三，《1994 年关税与贸易总协定》（GATT 1994）第 20 条"一般例外"条款。该条款核心是允许 WTO 成员在法定的特殊条件下免除或游离于其协定义务以及相关减让承诺。这一制度本身设计的目的是，在充分开放市场的同时为成员方提供一个保证经济、社会安全的"安全阀"。尽管该条款列举的"例外"条件并不具有贸易保护性质，但这并未影响一些成员以人权、环境等为借口将该条款用于保护性目的。

除以上途径外，WTO 涵盖协定中还有一些具体条款可被用于贸易保护并为实施贸易保护主义提供便利。例如，《实施卫生与植物卫生措施协定》第 2 条"基本权利和义务"、第 5 条"风险评估"和《技术性贸易壁垒协议》第 2 条"技术法规和标准"等条款均赋予成员方相当大的标准选择权或风险判断权。

第四，利用 WTO 法律程序提供的"时间"便利为国内产业寻求发展空间。

WTO 争端解决机制在审理成员方之间贸易争端时往往要花费一年多甚至更长的时间，一些成员便利用这一时间上的"便利"，明知故犯，变相违反相关协定条款，实施国内贸易限制措施，即使败诉后被迫撤销，也是几年后的事情，这就为其国内产业排挤外来产品、占据市场空间赢得了"宝贵的"时间，这已成为 WTO 体制内一种高超的法律技巧。

此外，实践表明，一旦成员方政府发起反倾销、反补贴和保障措施调查，就会对进口产品造成实质性的消极影响。纵然被申请调查的进口商积极应诉，但由于相关法律程序复杂而漫长，即便最终赢得诉讼也是一年甚至更长时间以后的事，出口方在该成员方境内的市场份额早已丧失殆尽。

第五，发达成员方通过抬高 WTO "入门费"、与他国签订带有诸多超 WTO 义务的地区性或双边贸易协定攫取不当贸易利益。《马拉喀什建立世界贸易组织协定》第 12 条中的"与 WTO 议定的条件"经常被人们称作新成员加入 WTO 的"入门费"。中国等新成员为了能顺利加入 WTO，在迫不得已的情况下承诺接受各种超 WTO 义务（Plus-WTO Duties）和歧视性条件。中国的发展中国家身份未被完全认可、市场经济地位未被承认以及对中国施以特殊保障措施等就是明显的歧视性做法，本质上就是保护主义。

在 WTO 多哈回合谈判举步维艰、至今尚无成功迹象的同时，国际上却涌现大量地区性贸易协定或双边自由贸易协定，这与美国对待多边贸易体制的态度变化直接相关。美国政府开始将注意力从多边协议转向双边安排，而这些协定通常带有 WTO 规则未规定的超 WTO 义务（如规定劳动条件、环境标准、更为严格的知识产权保护标准等）。一些发展中国家或地区为了能得到眼前的贸易优惠政策不得不违心地接受这类协定。从法律上讲，大量带有超 WTO 义务的双边或地区性贸易协定不但对发展中缔约方不公平，而且，由于这些缔约方在接受不公平条件的同时获得了相应的、来自发达国家或地区的贸易优惠政策，就在 WTO 成员间形成了新的不平等，这对最惠国待遇原则形成冲击，上述做法实质上就是贸易保护主义的一种表现。

二 我国应运用 WTO 法律机制反制贸易保护主义

根据当前贸易保护主义的特点，结合我国对外贸易工作的实践，笔者认为，在反对和抑制贸易保护主义的斗争中，GATT/WTO 法律机制尽管尚存不足，但仍是一件十分难得的法律武器，应充分加以利用。当前，我们应当加强以下几方面工作。

第一，注重从法律上分析和揭露贸易保护主义。当前国内舆论主要是从经济意义上宏观地批判贸易保护主义，其实，通过严谨的法律分析方法揭露贸易保护主义更显必要。一般认为，国民待遇原则是抗击保护主义的一项重要法律原则，运用国民待遇原则，通过查明"相似产品"、具体实施效果是否具有歧视性等来考察成员方采取的相关贸易措施，以鉴别该项措施是否具有保护主义性质，以此揭露保护主义本质。

此外，国际法善意原则有助于抗击保护主义。为防止 GATT 1994 第 20 条 "一般例外" 条款被滥用，WTO 上诉机构通过美国海龟案等案件揭示了该条款 "序言" 含有的善意原则，并以此为标准考察成员方具体措施是否构成 "任意的、变相的、伪装的" 贸易限制措施，这对于抑制保护主义来讲无疑具有法律上的意义。

第二，有效行使 WTO 赋予成员方的权利反制贸易保护主义行为。尽管上述谈到的、具有贸易保护功能的 WTO 规则可被他国用作贸易保护主义的工具，但这些规则也能为我所用，反制其他成员对我国产品采取的贸易保护主义措施。在此，特别要强调的是，应当严格遵循 WTO 相关规则，及时采取针对性强的反制措施，只有这样才能达到反制效果，同时又不至于陷入法律上的被动。

第三，充分运用 WTO 争端解决机制抑制保护主义。尽管存在诸多缺陷，但 WTO 争端解决机制在抑制贸易保护主义方面还是有相当成效的。最为突出的就是 WTO 对美国三项重要的反倾销立法作出的不利裁决——要求美国废止《1916 年反倾销法》，要求美国废除 "伯德修正案"，不支持美国反倾销中的 "归零法"。虽然美国执行上述裁决扭扭捏捏，但慑于法律的权威，还是作出了相应的改变，这是一件很不容易的事。因此，当其他成员特别是发达成员对我国采取明显带有保护主义性质的措施时，我们应当尽快启动 WTO 争端解决机制抑制这种行为。

总之，在当前可供选择的手段不多的形势下，WTO 体制依然是抑制发达成员实施保护主义的难得而又有效的法律手段。中国在积极开展与有关国家的协商和对话，阐明维护贸易自由化、反对贸易保护主义的坚定立场和决心的同时，应当集中精力分析每一项具体措施的法律性质，坚决行使 WTO 赋予成员方的权利反制他国采取的保护主义措施，并充分运用 WTO 争端解决机制防止贸易保护主义进一步泛滥。

中国两次 WTO 败诉的重要启示[*]

2009年1月26日,世界贸易组织(WTO)就"美国诉中国知识产权保护和执行相关措施"一案公布了专家组报告,该报告裁决中国部分败诉。我国商务部发言人随即谈话对裁决中未支持中国主张的部分表示遗憾,同时表示中国正对该专家组报告作进一步评估。这是自2008年7月"中国汽车零部件案"败诉以来中国第二次在WTO争端解决机制中败诉。对于该案结果,我们应当以平常心看待,WTO各成员方基于各种国内原因或对WTO协定的理解不同导致在WTO败诉是常有的事,美国、欧盟等WTO主要成员方更是屡尝败绩。根据WTO的规定,败诉方只要更改相关立法和政策即可,并没有类似国内法的判决赔偿等经济惩罚性措施。

以上两个案件专家组报告一个最为突出的共同特点是,WTO对于案件中涉及争端的我国国内相关法律、行政法规、司法解释、执法措施等均予以全面审查并作出相应法律评判,这意味着原本属于国家主权范围内的立法、司法和行政措施已在具体案件中接受WTO的全面检验。这是我国在加入WTO获得广泛多边贸易利益的同时所必须付出的代价,当初国内掀起的WTO热中,很多人预言中国面临的巨大挑战已极为现实地摆在我们面前。

目前,我们应认真研究"美国诉中国知识产权保护和执行相关措施"案专家组报告的内容,特别是其中对我国不利的裁决部分,我们还可及时提出上诉。但就以上两个案件败诉对我国法治建设的启示而言,我们应当在以下三个方面改进工作,努力做到防患于未然。

---

[*] 此文原载于《法制日报》2009年2月3日第3版。

第一，立法部门应当加强对国际法的研究，特别是对 WTO 协定和案例的研究，并将研究成果及时、科学地运用到国内各项立法工作中。这里的"立法部门"是广义上的，不仅限于各级人大，凡是制定法律、法规、规章，以及司法解释、行政措施的部门都应包括在内。

本次专家组报告对于中国的《著作权法》相关条款进行了审查，发现其中的一些规定或是含义不清，或是不符合知识产权国际公约和 WTO 相关协定条款，这就为此次败诉带来了法律上的隐患。2008 年败诉的"中国汽车零部件案"也出现类似法规、规章用语不当的问题，即我国制定的相关行政法规、规章条款含义与 WTO 协定条款含义相异，或法律上定义不清。

特别应当指出的是，中文不是 WTO 官方正式语言，而 WTO 司法机构是以 WTO 的正式法律文本条款含义来审查我国的相关立法内容，这就要求我国的相关立法条款用语必须与 WTO 一致，因此在涉及 WTO 协定的国内立法过程中必须首先搞清楚 WTO 协定的正式用语并准确地用中文对应、表达。

鉴于此，立法部门在起草相关法律、法规时应当专门组织人员认真研究立法可能涉及的国际条约、WTO 协定的规定，广泛征求国际法方面专家、学者的意见，避免从国际法角度看国内法律、法规条款语意不清或与国际条约、协定相冲突的问题，消除有可能导致在 WTO 败诉的国内法律条款本身隐患。应时刻牢记，保证我国各项立法符合我国签署的国际公约、协定之规定不仅是我国应当承担的国际法义务，也是我国法治建设更加文明进步的重要标志。

第二，立法、司法以及行政部门之间在法律的解释、执行方面应当加强沟通、协调。以上两个败诉的案件都不同程度地反映出一个问题，即不同部门之间就某一个法律条款作出的解释以及制定的实施条例、细则或办法之间存在差异，甚至前后相互矛盾。

此次审理"美国诉中国知识产权保护和执行相关措施案"的 WTO 专家组对于我国的著作权法律、最高人民法院和最高人民检察院的司法解释及对有关具体案件的批复、国家知识产权局制定的规章和解释性文件等均予以全面、详尽的审查，从中找到诸多不统一、不协调之处，这就使得我们对立法上的相关问题难以自圆其说，结果授人以柄。部门之间立法、执法不协调是我国法治建设长期存在的一个问题，其中涉及的原因非常复杂，但目前看来，这个问题已不仅限于国内各部门之间的利益关系，更涉及我国对外法律工作的基础和导致我国在 WTO 的案件功败垂成，因此，不论法律之间、部门之间协调问题多么复杂和艰难，有关部门必须下大力气尽快加以解决。

第三，应当吸纳国际先进立法技术，尽快提高我国的立法水平。在以上两个败诉案件中，WTO 专家组对我国的相关法律、法规、规章、司法解释、行政措施等用语，条款前后之间的关系，不同部门作出的解释等都作了详细的审查，结果发现诸多极易引起歧义的立法上的技术问题，表现为法律限定不清晰、解释过于宽泛、可适用范围过大等。这些技术问题最终成为专家组进行法律推理、作出裁决的关键性证据，这充分暴露出国内有关部门立法水平不高、技术不先进的问题。国际上一些发达国家在立法技术方面已经拥有了许多可资借鉴的成功经验，我们应当专门进行研究并适当吸收到我国的各种立法工作中，从而尽快全面提高我国的立法总体技术水平。

总之，WTO 中的两次败诉给予我们很多重要的启示，有些甚至是深刻教训，我们应当认真加以总结，将坏事变成好事。不断总结处理国际贸易争端案件的经验和教训，并及时运用到我国法治建设的各个方面，全面促进、提高我国的社会主义法治建设。

采取法律行动保护我国在利比亚等国财产[*]

自 2011 年 2 月中旬利比亚安全形势发生重大变化至 3 月底，在党中央、国务院的直接领导下，我国已成功撤离在利比亚中国公民近 4 万人，此举赢得了国内外一致好评，体现了我国政府尊重人权、保护人权的一贯立场，向全世界充分展示了中国的实力。据有关部门统计，我国共有 13 家央企在利比亚从事投资、经营活动，此外，还有一些地方企业、私营企业乃至个人在利比亚从事各种投资、经营活动，资产规模达数十亿美元。中国公民成功撤离后，所有中资企业和中国公民在利比亚财产保护问题随即凸显。采取何种适当行动保护中方在利比亚的巨额财产已成为当前面临的一项重大课题。

根据国际法，保护本国公民、企业在海外财产与保护本国公民生命权一样是主权国家的责任，是外交保护权的重要内容，我国政府采取行动保护我方在利比亚财产具有充分的国际法依据。但如何对本国公民和企业财产行使外交保护权则是一个非常复杂的国际法问题。现阶段，我国可考虑采取以下法律行动。

第一，通过外交照会和对外发表声明的方式主张保护我国公民和企业的财产权利。当前，利比亚国内的混乱局面仍在持续，且有不断恶化的趋势，利比亚现政府已无力保护我国公民和企业在利比亚境内的财产。尽管如此，由于我国政府与利比亚现政府的外交关系依然存续，根据外交惯例，我国政府可向利比亚外交机构发出照会，声明中国政府保护我公民和企业在利比亚财产的立场和主张，并及时收集这些财产的地点、范围、数

---

[*] 本文原载于《中国青年报》2011 年 3 月 30 日。

额等具体情况，及时向利方发出通报，要求现政府采取措施予以保护。

与此同时，有关部门可对外发表声明，主张我国政府对我国在利比亚财产的外交保护权。采取这些行动不仅是一种权利的主张，更是未来可能开展法律索赔工作的国际法依据。

第二，推动联合国安理会发表决议或声明要求利比亚冲突各方保护各国在利比亚境内的财产安全。除我国以外，欧洲一些国家在利比亚也拥有相当一批投资或经营企业，这就为我国推动联合国安理会通过有拘束力的决议、保护各国在利比亚财产提供了有利条件。但由于美国与利比亚多年交恶，其本国在利比亚几无投资经营，出于其自身利益考虑，美国可能阻挠安理会通过此类决议。在这种情况下，可利用我国自3月起成为安理会轮值主席国的机会，推动安理会发表相关声明，要求利比亚冲突各方尽责保护外国公民、企业的财产安全。尽管此类声明并无法律拘束力，但仍可成为今后可能向利比亚政府索赔的法律依据。

第三，尽快研究建立保护我国在海外人员生命、财产安全的长效机制。

利比亚安全局势发生重大变化后，我国政府虽及时采取有效措施撤侨，避免了我国人员伤亡，赢得国际社会的尊重，但为此付出的经济代价十分巨大，还可能进一步遭受更大的财产损失。除利比亚外，突尼斯、巴林等中东地区国家近期安全形势也不容乐观，这就迫使我国政府必须尽快研究并出台长期、有效的应急机制，保护我国在海外公民的生命与财产安全。

在尊重东道国主权的前提下，借鉴国际上的成功经验和做法，该机制应包括以下三方面内容。

首先，加大与多边投资担保机构（MIGA）的合作。多边投资担保机构是世界银行集团内的一个专门针对外国投资者非商业性风险的担保机构，向外国投资者提供包括东道国征收风险、货币转移限制、违约、战争和内乱风险等担保。我国是该机构的第六大股东，作为发展中国家，在过去一段时期我国政府多次与该机构开展合作，为外资进入我国相关行业提供担保和其他服务，对于我国吸引外资起到了良好的作用。但随着我国对外投资的大量增长，该机构提供的非商业性风险担保对我国企业对外投资的重要性就日显重要。

鉴于多边投资担保机构具有承保非商业风险的特殊职能，以及自1988年成立以来取得的良好业绩，我国政府应加大与该机构合作的力度，充分运用大股东的优势地位，扩大该机构对我国企业向发展中国家投资的承保范围和承保规模，为我国企业对外投资提供政治风险方面的特殊保障。

其次，尽快建立我国的海外投资担保机构。海外投资保险制度是世界各资本输出国的通行制度。自美国1948年在实施"马歇尔计划"过程中创设这一制度以来，日本、法国、德国、挪威、丹麦、澳大利亚、荷兰、加拿大、瑞士、比利时、英国等也先后实行了海外投资保险制度。不仅发达国家如此，发展中国家与地区也于20世纪七八十年代开始为本国本地区的海外投资者提供政治保险。随着我国经济实力的提高，海外直接投资在数量和规模上都取得了长足发展，尤其在发展中国家的投资日益增多，面临政治风险的可能性越来越大，我国为了进一步鼓励海外投资，就需要借鉴发达国家的成功经验，依据现实国情建立我国自己的专门海外投资保险机构。

该机构应由我国政府机构或公营公司组建，不是以盈利为目的，而是以保护投资为目的。承保范围只限于政治风险，如征用险、外汇险、战争内乱险等，不包括一般商业风险。该机构可收取适当保费作为保险基金，并应当制定严格的投保人资格审查标准和海外投资项目审查标准，从国家层面评估海外投资的安全性和风险，做到防患于未然。

与此同时，与双边投资保护协定相结合，在向遭受非商业性风险的企业支付保险金后，由政府取得代位求偿权，向相关国家政府追偿。此外，为我国海外企业人员撤离危险地区所支付的费用也可从该机构收取的保险基金中支付，并作为事后向相关国家追偿的一部分。

最后，海外投资企业建立自身保安体系。不论是多边投资担保机构还是国家建立的海外投资担保机构，对因当地暴力或恐怖主义针对个别企业的袭击所造成的损失均不予赔偿。而且，根据国际法，一国政府如果已不能实际控制该国某地区的安全局势，那么，对投资该地区的外国企业因此所遭受的损失，该国政府无义务赔偿。第二次世界大战后，联合国建立了集体安全机制，传统国际法中主权国家基于外交保护而单独使用武力进入他国保护本国公民生命和财产的做法已不具备现代国际法依据，也不符合我国长期奉行的不干涉别国内政的外交政策。这就可能使得我国政府在某个国家局势动荡后面临十分艰难的外交保护情形。

因此，在运用国际投资担保机构和建立国家层面海外投资保险机制之外，根据国际上的成功经验和做法，在遵守所在国国内法的前提下，由我国海外投资企业自身通过雇佣当地武装力量保护我国在海外公民生命和财产安全是完全可行的。此外，应当参照美国黑水公司的保安模式，利用国内退伍军人组建专门的海外保安公司，以各企业雇佣方式派往安全形势恶化的国家执行保护任务，这不失为一项权宜之计。

总之，在我国企业大规模"走出去"的形势之下，我国政府应当尽快组织各部门、专家学者研究并出台保护我国海外公民生命和财产安全的国家层面的长效机制。在鼓励我国企业开展海外投资、开发能源的同时，有关部门应当提醒我国企业和公民认真评估海外投资的政治风险，并采取企业自身风险防范、与国际投资担保机构合作以及建立国家海外投资风险机制等国际通行做法，尽最大可能规避海外投资可能遭遇的政治风险。

当前贸易保护主义的国际法辨析[*]

自国际金融危机爆发以来,贸易保护主义充斥于各主要国家和地区贸易关系之中,在国际上大有泛滥之势。中国作为贸易大国已成为此次贸易保护主义的最大受害者,正承受着贸易保护主义的空前压力。[①] 面对这一形势,从经济学角度阐明贸易保护主义危害性的同时,揭示贸易保护主义的成因,针对它在现代国际法,特别是关税及贸易总协定(GATT)和世界贸易组织(WTO)法律体制中的性质及其表现出的法律特征等问题进行深入剖析,在这一基础上探寻有效抑制保护主义的科学对策,这是中国国际经济法学者面临的一项重要任务。

一 贸易保护主义成因的法理分析

此次贸易保护主义泛滥虽有国际金融危机爆发的诱因,但这并非根本因素。许多学者注意到,在 2006 年 WTO 多哈回合谈判被迫宣布中止之后,

---

[*] 本文原载于《中国国际法年刊(2009)》,世界知识出版社,2010。
[①] 据世界银行统计,自国际金融危机爆发以来,20 国集团中有 17 国推出或拟推出的保护主义措施大约有 78 项,其中已有 47 项付诸实施。这些贸易保护措施主要包括提高关税、实施贸易禁令、出口补贴、滥用贸易救济措施,以及多种形式的非关税贸易壁垒。WTO 的统计数据显示,自 2008 年 9 月中旬金融危机爆发以来,2008 年第四季度至 2009 年第三季度,全球新发起反倾销调查 234 起,反补贴调查 23 起。据商务部统计,目前全球 35% 的反倾销调查和 71% 的反补贴调查针对中国出口产品。2009 年前三季度,全世界有 19 个国家对中国产品发起 88 起贸易救济调查(其中,反倾销 57 起,反补贴 9 起,保障措施 15 起,特别保障措施 7 起),涉案总额达 102 亿美元,同比分别增长 29% 和 125%。以上资料来源:Elisa Gamberoni and Richard Newfarmer, *Trade Protection*: *Incipient but Worrisome Trends*, http://www-wds.worldbank.org/extemal/default/main7pagePK,最后访问日期:2009 年 7 月 30 日;商务部公平贸易局"周晓燕局长谈中国应对贸易摩擦和运用贸易救济措施的相关情况"(2009 年 12 月 21 日),商务部网站,http://video.mofcom.gov.cn/class_onile010672355.ltml,最后访问日期:2009 年 12 月 30 日。

各主要贸易伙伴间贸易关系就摩擦不断,一些国家或地区的歧视性贸易措施层出不穷,贸易自由化政策受到威胁,国际法学者麦金尼斯和莫维塞西斯曾警告说:"自由贸易政策,以及实施这些政策的机构正处于一个转折关口。"① 对于这种现象,国内外学术界从经济学、国际关系学角度作了大量分析,但就制定具体对策而言,对造成贸易保护主义泛滥的原因进行法律分析似乎尤显重要。笔者认为,当前贸易保护主义的成因突出地体现为以下几个方面。

(一) 西方"新保护主义"挑战和冲击 WTO 贸易自由化宗旨,成为贸易保护主义的理论根源

与处理国家之间政治关系的传统国际法不同,包括 WTO 法在内的处理各国间经济关系的国际经济法,是以科学的经济理论为根据的。② 各种经济理论、学说以及各国采取的贸易政策对于国际经济法的产生和发展有着特殊重要意义。规制现代国际贸易关系的 WTO 多边贸易法律体制,其制度性基础是经济学上的自由贸易理论。回顾历史,人们不难发现,国际贸易法史就是一部贸易自由化与保护主义的斗争史。③ 在经历了第二次世界大战前"以邻为壑"保护主义政策造成的巨大灾难后,各国最终接受了贸易自由化理论,建立了以贸易自由化为宗旨的 GATT/WTO 现代国际贸易法体制,然而贸易保护主义并未彻底退出历史舞台。④ 20 世纪 90 年代"冷战"结束后,各国间经济竞争已取代意识形态之争且日趋激烈。在新的国际形势下,传统贸易保护主义理论在被赋予了时代内涵后又崭露头角,以"新保护主义"面目对以贸易自由化为宗旨的 GATT/WTO 体制提出了

---

① 〔美〕约翰·麦金尼斯等:《世界贸易宪法》,张保生等译,中国人民大学出版社,2004,第 1 页。
② 参见赵维田《世贸组织(WTO)的法律制度》,吉林人民出版社,2000,第 1~2 页。
③ 历史上保护主义理论有代表性的当属英国的密尔与托伦斯提出的"互惠条件贸易理论"和"幼稚工业保护理论"。此外,还有一些保护主义的理论,如贸易保护振兴国内工业,为国家安全、财政收入进行贸易保护,以及自由贸易影响工资和就业、影响国家传统文化、造成文化的单一性,还有自由贸易侵犯主权等。参见黄东黎《国际贸易法——经济理论、法律及案例》,法律出版社,2003,第 48 页。
④ 参见赵维田《世贸组织(WTO)的法律制度》,吉林人民出版社,2000,第 5~7 页。

挑战。

西方"新保护主义"主要特点是：将国内就业、劳工标准、环境保护以及人权等与贸易自由化政策联系起来，试图将这些问题以及其他严重的国内社会、经济问题归咎于 GATT/WTO 体制所奉行的自由化政策并对其进行质疑和挑战。对此，著名 WTO 法专家麦金尼斯指出："关税的降低迫使保护主义利益集团寻求其他的进口壁垒。一种典型的做法是游说制定以隐蔽手段保护国内产业的措施——这些措施的设计从表面上看服务于劳工、环保、卫生和安全目标，但真正的意图是阻止来自于国外的竞争。"①

在"新保护主义"思潮中，经济学家吉姆·斯坦福教授的观点颇具代表性，他指出："自由贸易的拥护者声称'全球化'不可避免，没有理由去反对它……然而新自由主义下全球化的特性不是一成不变的。没错，国家会进行贸易，资本会流动，人们会旅游。但这并不必然在新自由主义规则下出现——新自由主义规则赋予了企业和投资者前所未有的权力和保护，却没给就业、社会条件以及环境提供任何保护……管理和政策的全球化是当代世界经济另一个重要方面。不幸的是这一方面也完全被新自由主义的亲企业思想统治了。"② 他甚至对贸易自由化理论的经济学基础——李嘉图创立的"比较优势论"提出挑战，认为："李嘉图的理论是错的。不仅在理论上，尤其在实践上，确保自由贸易使双方获益的条件和假设根本不适用……最坏的是，我们都知道，为了增加参与全球经济的利润、减少成本，新自由主义的全球化规则排斥政府管制贸易和投资流动。"③ 他的这一主张代表了当前一些西方主流经济学家的观点，对西方贸易政策和立法影响甚大。

难免有人会问：贸易自由化已被国际贸易实践证明了是一项有利于各

---

① 〔美〕约翰·麦金尼斯等：《世界贸易宪法》，张保生等译，中国人民大学出版社，2004，第 8 页。
② 〔加〕吉姆·斯坦福：《每个人的经济学》，刘慧峰等译，东方出版社，2009，第 204~207 页。
③ 〔加〕吉姆·斯坦福：《每个人的经济学》，刘慧峰等译，东方出版社，2009，第 209~210 页。

国经济繁荣的光明之路，可为什么保护主义理论在一些国家和地区颇有市场呢？经济学家认为，尽管贸易自由化有益于各国经济长远发展，但其好处往往是宏观的，且需要很长一段时间才能凸显。对于某个行业来说，它一时间带来的不但不是什么机遇和好处，相反可能意味着巨大冲击，该行业的国内市场份额可能因此而丧失。对此，一国政府及立法机构不能不有所顾忌。为了赢得选举或避免现政府倒台，该国政府不得不屈从于利益集团的强大压力而采取保护性的贸易政策，此即所谓"所有的经济都是国际的"，但"所有政治都是地方的"。GATT/WTO 法专家杰克逊教授将各国政府面临的这一困境喻为"囚徒的困境"："当两者并列时，这些简洁的评论就折射出政策上的困境，而政治领袖们必须尽力解决这些问题。"① 其结果大多是贸易自由化政策让位于维护国内既得利益的保护性政策而最终成为国内政治斗争的牺牲品。还有学者分析指出："从长远来看，通过开放贸易而创造更高收入的工作机会，使资本得到更高的回报，自由贸易可以使这些工人和企业主的状况有所改善。但这些工人和企业主们对于其前景不会全值期待……所以，即使在未来收益打过折扣仍大于某个眼前利益的情况下，许多人还会拒绝为了未来收益而放弃眼前利益。"② "由于实实在在的金钱损失和人类心理特定模式的作用，受到自由贸易负面冲击的产业中的工人和企业主，会试图说服政府设立贸易保护屏障。利益集团政治的现实，暗示了他们会取得可观的成功。"③ 对眼前利益的追求远远大于对预期利益的期待，这种普遍性心理使得国内既得利益集团一时占据绝对优势，成为推动保护主义的强大动力。

应当指出，贸易保护主义不但能"坚定地"维护某些利益集团的既得利益，而且还拥有一种额外优势——煽动国内的民族主义情感，这些情感可能成为保护主义政策的坚定支柱。"不幸的是，这些情感也可以被用作

---

① 〔美〕约翰·H. 杰克逊：《GATT/WTO 法理与实践》，张玉卿等译，新华出版社，2002，第 4 页。
② 〔美〕约翰·麦金尼斯等：《世界贸易宪法》，张保生等译，中国人民大学出版社，2004，第 20～21 页。
③ 〔美〕约翰·麦金尼斯等：《世界贸易宪法》，张保生等译，中国人民大学出版社，2004，第 20～21 页。

设计各色各样有利于利益集团却有损于公众利益的贸易保护措施的掩护。"① 理智的决策者在国家经济遇到困难时也不得不为类似的民族情感所困,从而转向保护主义。

中国、印度等新兴市场崛起令一些西方国家颇感不适,利用保护主义遏制中国发展的声音在这些国家和地区赢得了市场,为"新保护主义"培育了土壤。目前美国和欧盟频繁对中国产品发起反倾销调查,并征收惩罚性关税。对此,欧美主流经济学界已经出现了更多赞同贸易保护的观点。例如,诺贝尔经济学奖得主保罗·克鲁格曼在《纽约时报》发表文章称,中国的重商主义导致的出口盈余损害了全世界的利益,而且这种政策是掠夺性的。某些主流经济学家的观点为欧美现行的贸易保护主义政策提供了理论依据。而中国会像20世纪80年代的日本一样,面临更多的贸易壁垒。

贸易自由化源于西方,欧洲和美国曾是贸易自由化的积极倡导者,可当它们面临新的形势时却提出大量新保护主义理论,导致其贸易政策日趋保守,甚至充当起贸易自由化的掘墓人,这不能不说是一个极大的讽刺。

(二)"主权至上"的传统国际法观念质疑 GATT/WTO 法律制度,为贸易保护主义思潮推波助澜

国际法学界认为,GATT/WTO 法律制度创新并发展了国际法理论,其独特的贸易政策审议机制,以强制管辖权和有效执行措施为特点的争端解决机制更是改变了人们对国际法的"软法"印象,成为现代国际法领域一大亮点。与此同时,GATT/WTO 体制对成员方国内贸易政策和立法产生的巨大影响力突破了传统的国际法主权观念——"如果一个彻底的分析可以得出这样一个结论,即 WTO 是一个集中某些合作活动的好地方,我们就会看到 WTO 本质上将会变成政府控制国际经济的一个层面。

---

① 〔美〕约翰·麦金尼斯等:《世界贸易宪法》,张保生等译,中国人民大学出版社,2004,第23页。

当然，这是对较为传统的关于国家主权思维的一个挑战。"① GATT/WTO 法律制度的这一特点让一些西方国家信奉"主权至上"的立法者颇感不适，有学者至今仍认为 GATT/WTO 体制严重损害了成员方的主权，他们声称"在盲目追逐自由贸易的过程中，一个不负责任的 WTO 将阻碍民选的民族政府为促进公共福利事业而采取重要措施"。他们责怪 WTO 推动的自由贸易引起了或造成了全球变暖、雨林毁灭以及伤害濒危物种、剥削童工和践踏人权等问题，甚至有人宣称 WTO 不仅会干涉成员按其认为最好的方式管理自己事务的能力，而且还将置全世界人民于严重危险的境地。②

从近年西方的贸易实践来看，"主权至上"观念远不止停留于学者的言论中，已多次在西方贸易政策制定或贸易立法中发酵。早在 1994 年 WTO 即将诞生之际，美国国会就曾在是否接受乌拉圭回合谈判最终结果的问题上展开过一场大辩论，众多议员反对多边贸易体制的立场极为鲜明。拉尔夫·纳德（Ralph Nader）议员认为，乌拉圭回合之后的世界贸易体制将会"破坏公民管理、降低国内民主机构对从食品安全到电信以及外国投资等一系列国内政策作出决定的能力"。③ 纳德的言论在美国国会受到相当多的追捧。危急之时，杰克逊教授不得不赴国会作证，对 WTO 规则、决策程序、争端解决机制与主权之间关系等重大问题作出回答。④ 以杰克逊为代表的一批有识之士最终促使美国国会批准 WTO 条约，排除了 WTO 成立前的最大障碍。尽管如此，美国国内那些反对 WTO 多边贸易体制的声音并没有从此"销声匿迹"，每当美国的对外贸易逆差加大、国内产业受到外来产品冲击的时候，反对 WTO 多边体制之声就会卷土重来，当前 WTO 多哈回合谈判举步维艰、金融危机爆发后美国随即采取贸

---

① 〔英〕彼得·萨瑟兰等：《WTO 的未来》，刘敬东等译，中国财政经济出版社，2005，第 46 页。
② 参见〔美〕约翰·麦金尼斯等《世界贸易宪法》，张保生等译，中国人民大学出版社，2004，第 2~3 页。
③ 参见 Results of the Uruguay Round Trade Negotiation: Hearings Before the Senate Commission。
④ 为此，杰克逊教授曾经撰文，题为"1994 年主权大辩论：美国接受并实施乌拉圭回合谈判结果"，参见约翰·H. 杰克逊《GATT/WTO 法理与实践》，张玉卿等译，新华出版社，2002，第 419~448 页。

易保护主义政策等事实就是明显例证。可见，尽管 GATT/WTO 法律制度创新了国际法主权概念，推动了现代国际法发展，但"主权至上"的传统国际法观念至今尚未根除，并不时影响着西方发达国家或地区的立法和决策。

（三）GATT/WTO 法律制度是贸易自由化与国家贸易管制之间协调的产物，并未改变成员方追求利益最大化的本质

GATT/WTO 体制通过大量法律规则直接影响其成员方国内贸易政策和立法，使得传统上属于主权国家内政的贸易政策和立法乃至行政执法均"听命"于 WTO 涵盖协定，但并不意味着国家的贸易主权完全丧失，而这种结果本身就是全体成员方谈判协调的产物，并不妨碍主权国家继续实施贸易管制，WTO 成员通过贸易主权追求本国贸易利益最大化的本质并未因 GATT/WTO 体制的建立而改变。[①]

国家对贸易的管制与贸易自由化是一对矛盾统一体——对自由化的追求限制了国家贸易主权的行使，但以自由化为宗旨的 GATT/WTO 法律制度则是国家主权的让渡、协调的产物，这一性质决定了贸易自由化仍只是 WTO 全体成员方追求的目标。WTO 涵盖的具体协定不但不排斥成员方的贸易管制，反而为保证自由化进程中各方利益平衡赋予成员方诸多维护国内贸易利益的权利，反倾销、反补贴、保障措施等贸易救济措施均属这一制度中的正当法律权利。在这个意义上，与其说 GATT/WTO 法律制度是贸易自由化的衍生品，不如说 GATT/WTO 法律制度是贸易自由化进程中用以调整国家利益冲突的调节器。对于这个重要特点，《WTO 的未来》一书曾指出："不论 WTO 还是 GATT 都不是一套自由贸易无序化的文件。实际上，二者都曾经并正努力寻求一个有序的、积极有效的途径以使得自由贸易的价值依附于法律原则和公平之上。通过这些，它们为那些商人和投资者所

[①] WTO 秘书处指出：（WTO）这些协议是世界上大多数贸易国通过谈判签署的，为国际商业活动提供了基本法律原则，其本质是契约，约束各国政府将其贸易政策限制在议定的范围内。参见世界贸易组织秘书处编《贸易走向未来：世界贸易组织（WTO）概要》，张江波等译，法律出版社，1999，第 1 页。

追求的市场准入利益提供了安全性和可预见性。但是，规则也反映了体制内政治现实与自由贸易规则之间的现实与平衡。WTO 并非不允许市场保护，而是设置了一些严格的纪律，政府只有在这些纪律之下才可以选择对特殊利益的反应。"

可见，GATT/WTO 法律制度虽然对贸易主权进行了规则约束，但实施贸易管制依然是各成员方的重要权利。现实中，对 GATT/WTO 规则的遵守并不影响成员方通过贸易管制追求本国利益最大化。有学者指出："随着贸易自由化程度和范围的进一步加深和扩大，国家为了追求本国的贸易利益，在积极运用国际贸易规则的同时，也实施严格的对外贸易管制措施。国家严格的对外贸易管制措施，常常是各国政府用以贯彻限制对外贸易、体现国别政策和实行贸易歧视政策的重要手段。"[1] 在行使贸易管制权时，国内利益集团的诉求成为一国对外贸易政策和立法的原始动力，其后果往往是对自由贸易的干预——"任何一项对外贸易法律或者政策的制定和实施，都是国内利益集团的需求与政府的供给之间的均衡；所有对外贸易法律和政策的基本性质，都是政府为特定的经济、政治和社会目的而对贸易自由化的干预。"[2]

同时，WTO 强调尊重其成员方管理国家事务的宪法和法律体制，这为实施贸易保护主义提供了法律"依据"——"某些 WTO 成员具有宪法上的或者制度上的结构可以阻止 WTO 的争端解决裁决自动成为其国内法。这些成员可能还要求有进一步的国内立法或行政行为，因此在一定程度上保留了主权——即通过有效的'政府机关之间的彼此相互制衡'阻止针对国内违法的不负责任的国家干涉……'保留的主权'可以被国内特殊的保护主义者或者其他利益拥护集团所利用。"[3] 不难看出，有了国内宪法和法律体制的庇护，受国内利益集团推动并以追求本国利益最大化为目的的贸

---

[1] 李雪平：《贸易自由化与国家对外贸易管制——从中国和平发展遭遇的贸易保护主义谈起》，《武汉大学学报》（哲学社会科学版）2006 年第 6 期。
[2] 李雪平：《贸易自由化与国家对外贸易管制——从中国和平发展遭遇的贸易保护主义谈起》，《武汉大学学报》（哲学社会科学版）2006 年第 6 期。
[3] 〔英〕彼得·萨瑟兰等：《WTO 的未来》，刘敬东等译，中国财政经济出版社，2005，第 40 页。

易管制权就为贸易保护主义提供了动力。

综上所述,西方"新保护主义"的喧嚣及其对 GATT/WTO 贸易自由化宗旨的挑战和冲击、"主权至上"传统国际法观念对 GATT/WTO 法律制度的质疑和批判、国家运用贸易管制权追求实际利益最大化的固有本质是贸易保护主义泛滥的重要成因。

二 GATT/WTO 框架内保护主义性质的法律分析

由于 GATT/WTO 体制奉行贸易自由化宗旨,该体制中多边贸易谈判、贸易规则制定、贸易政策审议以及贸易争端解决等均应服从和服务于这一宗旨,在这个意义上,贸易保护主义实为 GATT/WTO 体制所不容或者说违反了 WTO 的基本原则。但若从法律角度具体研究保护主义的性质,结论则并非如此简单。值得注意的是,在 GATT/WTO 体制中,带有保护性质的贸易限制措施并非全都违反 WTO 规则,正如 WTO 法专家舍费尔教授指出的那样:"尽管基于(自由化)贸易理论的性质,但 WTO 体制并未使得每一项保护国内市场份额的措施非法化。"① 因此,我们还有必要从法律上对"贸易保护"和"贸易保护主义"加以区分。

纵观 WTO 涵盖协定,WTO 赋予成员方多项保护国内产业的权利,却未给出贸易保护主义的准确定义,有人称 WTO 反对的是"贸易保护主义",并非反对"贸易保护",这无疑是有道理的。实际上在 GATT/WTO 框架内,区分合法的"贸易保护"和"贸易保护主义"是一项极为复杂的法律工作,需要对具体的贸易措施进行法律分析,最终还需要由 WTO 专家组、上诉机构通过相关法律程序作出裁决,不可一概而论。鉴于此,一些学者反对采取先入为主的方式批判抽象的贸易保护主义,主张集中精力分析每一项带有贸易保护性质的具体措施的法律性质,认为只有这样才能真正从法律上找到遏制贸易保护主义的良策。舍费尔教授建议彻底放弃对概念化"贸易保护主义"的担忧,代之以研判带有保护性的具体贸易措施

---

① Krista Nadakavukaren Schefer,"Dancing with the Devil: A Heretic's View of Protectionism in the WTO Legal System", *Asian Journal of WTO & International Health Law and Policy*, September 2009, p. 428.

的细致法律工作。①

WTO 规则允许成员方在特定条件下采取保护性贸易措施，并提供给成员方豁免协定义务或者取消减让的合法途径。学者们分析认为，在 GATT/WTO 法律制度框架内，以下途径可被成员方用于保护国内的贸易利益，通过这些途径实施的贸易保护不能被轻易认定为非法。

1. WTO 所允许采取的关税措施

相对于数量限制、海关措施等管理贸易的手段来说，GATT/WTO 体制推崇易被量化又较透明的关税措施，再通过多边谈判降低关税推动贸易自由化进程，这是该体制设计者的重要指导思想。在 GATT/WTO 体制下，成员方可自行决定加入约束关税清单的产品范围以及可执行的具体税率，这就为保护某些国内产品提供了途径。

按照 GATT 1994 第 2 条规定，WTO 成员方有权根据自身的利益取舍列入 GATT 约束关税清单的产品种类、范围，即便已将某些产品列入约束关税清单，成员方依然有权决定该类产品的具体关税税率，只要不超越约束关税的最高税率即可。② 这就为成员方利用关税手段保护某些国内产业或产品提供了途径——对于那些需要保护的产品，成员方完全可以选择不列入约束关税清单或即便列入但以约束关税税率的最高限对这些产品征收高额关税。不仅如此，根据 GATT 1994 第 28 条的规定，只要遵循相关法律程序并与相关利益方磋商，WTO 成员方有权修改、调整已列入减让表的减让范围，从而保护某类国内产品。可见，在 GATT/WTO 体制下，关税仍可被成员方合法地用于实施贸易保护目的。很明显，无论关税是被主观上用于增加税收的目的还是作为保护国内产业的手段，都不影响使用（关税手段）的合法性。事实上，当前大部分关税——至少工业化国家（的关税）——具有后一种性质（即保护国内相关产业，

---

① 参见 Krista Nadakavukaren Schefer, "Dancing with the Devil: A Heretic's View of Protectionism in the WTO Legal System", *Asian Journal of WTO & International Health Law and Policy*, September, 2009, p. 423。

② 参见 Krista Nadakavukaren Schefer, "Dancing with the Devil: A Heretic's View of Protectionism in the WTO Legal System", *Asian Journal of WTO & International Health Law and Policy*, September, 2009, p. 429。

笔者注)。① 与之相类似,《服务贸易总协定》(GATS) 规制的服务贸易种类和范围需要成员方自愿作出承诺,对于需要保护的服务行业,WTO 成员方有权不作承诺,其结果则是外国服务提供者在这些服务领域享受不到国民待遇。

2. WTO 体制中的贸易救济措施——反倾销、反补贴、保障措施

大量贸易实践表明,尽管成员方实施贸易救济措施所声称的目的都是维护公平贸易秩序,但背后的目的其实主要是"合法"地排挤进口产品、保护国内相关产业利益,实际效果也是如此。

截至 2009 年,反倾销措施已成为使用频率最高的 WTO 贸易救济措施,被视为保护主义重灾区。关于反倾销的合理性问题,经济学界向来就有争论。反倾销的理论依据是进口产品通过"低价倾销"占领市场、形成垄断价格,从而破坏市场公平,因此应对这种行为予以禁止。但许多经济学家认为,"低价倾销"是一种正常的市场营销手段,必然导致产品价格降低,有利于广大消费者,他们普遍认为反倾销理论缺乏严格的实证依据。② 尽管存在经济学上的质疑和争论,反倾销仍旧作为 GATT/WTO 体制内的合法措施被规定下来,为 WTO 成员方保护国内产业提供了有效途径。"《反倾销协定》仍成为 WTO 争端解决舞台上被引用频率最高的协定之一。"③

造成反倾销泛滥的一个原因是原本应当发挥监督作用、防止成员方滥用的 WTO《反倾销协定》因确立了"合理尊重"原则而失去应有功效。

《反倾销协定》第 17 条第 6 款规定:"在审查第 5 款所指的事项时,(i) 在评估该事项的事实上,专家组应确定:该主管机构对事实的认定是否恰当,对这些事实的评估是否公正与客观。如果对事实的认定是恰当的,评估是公正和客观的,即使专家组可得出不同结论,也不应该推翻该评估。

---

① 参见 Krista Nadakavukaren Schefer, "Dancing with the Devil: A Heretic's View of Protectionism in the WTO Legal System", *Asian Journal of WTO & International Health Law and Policy*, September, 2009, p. 429。
② 参见赵维田《世贸组织(WTO)的法律制度》,吉林人民出版社,2000,第 270~271 页。
③ Krista Nadakavukaren Schefer, "Dancing with the Devil: A Heretic's View of Protectionism in the WTO Legal System", *Asian Journal of WTO & International Health Law and Policy*, September 2009, p. 430.

(ii) 专家组应按国际公法对解释的习惯规则来解释本协定的有关规定。凡专家组认为本协定规定可作一种以上可允许的解释时，该主管机构的措施若依其中一种可允许解释符合本协定时，专家组应裁定为符合。"

国际法学界认为，该条款确立了反倾销领域"合理尊重"成员方政府决定原则，成为 WTO 监督成员方反倾销行为的巨大法律障碍。特别是该条款第 2 项因预设了条约可有一种以上合理解释的前提，更是超出国际法学家们的想象，备受诟病。乌拉圭回合部长会议不得不在《关于审议执行 GATT 1994 第 6 条的决定》中为修改此规定预留了一个空间："第 17 条第 6 款的复查标准应在 3 年后加以复议，以考虑是否可普遍适用。"但时至今日，由于修改的难度极大，第 17 条第 6 款的规定仍在执行。① 此外，《反倾销协定》一些条款含混不清，本身具有较大伸缩性，这又为成员方滥用提供了条件。实践表明，反倾销措施不但不能达到维护公平贸易的目的，反而成为贸易保护主义的"合法"工具，滥用的后果实际上已使得国际贸易变得更加不公平。舍费尔教授曾总结说："尽管声称基于'公平贸易'之目的（旨在重新调整竞争条件以求得制造商之间实现公平），但运用反倾销贸易措施的结果就是保护国内制造商。尽管协定条款将反倾销措施限制于外国制造商为了'损害'国内产业人为地低价销售产品的情形，但这些措施的意图和效果是具有典型保护性质的。"②

与反倾销一样，反补贴和保障措施也是 GATT/WTO 体制内保护国内产业的合法手段，只是针对的对象或适用的情形不同——反补贴措施针对的是出口成员方政府给予该产品禁止性补贴以赢得价格优势的行为，保障措施则是针对进口产品增加对国内产业造成损伤或威胁的情形。WTO 法学者认为，与反倾销相比，补贴涉及的问题更是"混沌一片"，既有经济因素，又有政治的、社会的乃至文化的因素，而且许多是一国国内问题，有些与贸易没有瓜葛。这就造成认定补贴行为的工作极其复杂，反而为一些成员

---

① 参见赵维田《WTO 的司法机制》，上海人民出版社，2004，第 116~117 页。
② Krista Nadakavukaren Schefer, "Dancing with the Devil: A Heretic's View of Protectionism in the WTO Legal System", *Asian Journal of WTO & International Health Law and Policy*, September 2009, p. 430.

方政府的随意性制造了空间，反补贴税成了限制贸易的变相关税。① 按照 GATT 1994 第 19 条规定，保障措施仅适用于"出现未预料到的情况"（指进口产品增加对国内产业造成严重损伤或威胁的情况），WTO《保障措施协定》虽然对"未预料到""进口增加""严重损伤或威胁"等法律要素作出规定，但还远未达到严谨的程度，成员方利用保障措施保护国内产业的裁量权很大。况且按照舍费尔教授的观点，WTO 体制内的保障措施本身纯粹是保护性质的："由于保障措施是纯粹保护性质的——旨在为国内产业提供保护并且它们的合法性就是依赖于它们所具有的保护性效果——在适用它们之前 WTO 成员必须遵循某些法律程序，而且对它们的运用应当是临时性和以产品分类的。然而，它们（对保护国内产业）的有效性的确是建立于 WTO 法律之中的。"②

在 GATT/WTO 体制内，WTO 规则赋予成员方反倾销、反补贴和实施保障措施的权利实际上为贸易保护主义提供了法律上的便利。上述三种合法的贸易救济措施"对于成员方来说意味着保护国内生产商、服务业以及服务提供者的大量可能性存在。因此可以得出结论：WTO 立法者和司法者谴责的只是概念性的保护主义——而并非贸易保护本身"。③ 恰恰是这种合法的"贸易保护"为贸易保护主义创造了机会，此次金融危机爆发后，一些国家频繁采取上述贸易救济措施的现实为这一结论提供了新的佐证。

3. GATT 1994 第 20 条"一般例外"条款

WTO 学者认为，设计 GATT 1994 第 20 条"一般例外"条款的目的是在充分开放市场的同时为 WTO 成员处理特殊情况提供一个灵活机制。该条规定："在遵守关于此类措施的实施不在情形相同的国家之间构成任意或不合理歧视的手段或构成对国际贸易的变相限制的要求前提下，本协定

---

① 参见赵维田《世贸组织（WTO）的法律制度》，吉林人民出版社，2000，第 308、322 页。
② Krista Nadakavukaren Schefer, "Dancing with the Devil: A Heretic's View of Protectionism in the WTO Legal System", *Asian Journal of WTO & International Health Law and Policy*, September 2009, p. 429.
③ Krista Nadakavukaren Schefer, "Dancing with the Devil: A Heretic's View of Protectionism in the WTO Legal System", *Asian Journal of WTO & International Health Law and Policy*, September 2009, p. 430.

的任何规定不得解释为阻止任何缔约方采取或实施以下措施：(a) 为保护公共道德所必需的措施；(b) 为保护人类、动物或植物的生命或健康所必需的措施……(e) 与监狱囚犯产品有关的措施；(f) 为保护具有艺术、历史或考古价值的国宝所采取的措施；(g) 与保护可用尽的自然资源有关的措施，如此类措施与限制国内生产或消费一同实施……"①

WTO共有四项协定明确规定了"一般例外"条款：GATT 1994 第 20 条、GATS 第 14 条、《政府采购协定》（GPA）第 23 条，另一个重要协定《与贸易有关的知识产权协定》（TRIPS）中的第 27 条第 2 款也被认为是一项与专利权有关的"一般例外"条款。但WTO涵盖协定均包含于《马拉喀什建立世界贸易组织协定》附件 A 中，因此，GATT 1994 第 20 条"一般例外"条款应适用于全部的 WTO 涵盖协定。② 从可以豁免 WTO 协定义务的角度讲，GATT 1994 第 20 条"一般例外"条款为成员方寻求保护国内贸易利益提供了另一条合法途径。近年来，一些发达成员以人权、劳动权以及环境保护等非贸易事务为由，依据该条款实施贸易限制措施，已引起发展中成员对贸易保护主义的担忧。"聚焦于保护主义的问题也广泛出现于成员方引用第 20 条'一般例外'条款的争端解决程序之中了。"③

除以上可以利用的途径外，WTO 涵盖协定中还有一些具体条款可被用于贸易保护并为实施贸易保护主义提供便利，例如《实施卫生与植物卫生措施协定》第 2 条"基本权利和义务"、第 5 条"风险评估"，《技术性贸易壁垒协定》第 2 条"技术法规和标准"等条款均赋予成员方相当大的标准选择权或风险判断权。

综上所述，在 GATT/WTO 框架内，尽管贸易保护主义与贸易自由化宗旨背道而驰，但该体制并非拒绝贸易保护，仍赋予成员方诸多合法实施贸

---

① 参见李仲周、易小准、何宁主编《世界贸易组织乌拉圭回合多边贸易谈判结果法律文本》，法律出版社，2000，第 455 页。
② 参见 James Harrison, *The Human Rights Impact of the World Trade Organization*, Oxford and Portland, Oregon, Hart Publishing, 2007, p. 198。
③ Krista Nadakavukaren Schefer, "Dancing with the Devil: A Heretic's View of Protectionism in the WTO Legal System", *Asian Journal of WTO & International Health Law and Policy*, September 2009, p. 434.

易保护的权利，实践中，这些权利往往成为贸易保护主义的滋生土壤，难怪美国学者加里·赫夫鲍尔教授惊呼："令人惊讶的是，在没有公然违背协定的情况下，WTO框架内提升保护主义的余地竟如此之大。"① 正是由于WTO体制内存在贸易保护的合法途径才导致这种结果。鉴于此，在认可WTO法律制度允许合法贸易保护的前提下，应当着重从法律上逐一分析具体贸易措施是符合WTO协定的保护性措施还是采取了单纯的、带有歧视性的保护主义手段，只有这样才更具法律上的现实意义。

三 贸易保护主义特征的法律分析

以贸易自由化为宗旨的GATT/WTO体制构建了一整套规范国际贸易的法律制度，为推动贸易自由化进程提供了制度保障。正因为如此，当前的贸易保护主义发生了很大变化，总体上变得更加隐蔽。笔者认为，当前的贸易保护主义具有如下几个特征。

（一）利用WTO规则"合法"实施歧视性政策的隐形贸易保护主义成为主流

WTO协定规定了成员方贸易保护的合法途径，这些"保护性"条款原本是为保证贸易公平或成员方经济、社会安全而设置的，但由于条款规定不清或失之宽泛导致成员方政府和司法机构自由裁量权过大，这就为某些成员以WTO规则之名行保护主义之实大开方便之门。

学术界将各国利用WTO"合法"途径采取的贸易限制措施称为隐形的保护主义或"低度""灰色"的保护主义。欧盟与美国往往以这种方式实施歧视性贸易政策并竭力为其辩护，欧盟驻WTO大使古斯（Eckart Guth）就曾针对中国的批评辩护说："也许你可以抱怨，但是并不能认定这些是'非法'的贸易保护主义……采取反倾销手段、出口补贴手段并没有违背WTO规则，所以我并不会把这些行为归类到'保护主义'。"② 面对各国的

---

① 《无力阻止贸易保护"崩溃论"缠上WTO》，《环球时报》2009年3月4日。
② 周馨怡、袁雪：《专访欧盟驻WTO大使Eckart Guth：保护措施不一定违反WTO规则》，《21世纪经济报道》2009年10月28日，第3版。

指责，美国政要也多次发表声明，声称美国采取的限制性贸易措施符合 WTO 规则。奥巴马总统就为美国政府实施的、带有明显歧视性的中国输美轮胎特别保障措施案辩护说："美国政府一直以来致力于发展对外贸易并恪守各项贸易条款。若对贸易条款执行不严，国际贸易的运转也就无从谈起。"① 截至 2009 年，类似的隐形贸易保护主义已成为主流。

（二）利用 WTO 法律程序提供的"时间"便利为国内产业寻求保护性的发展空间

WTO 争端解决机制在审理成员方之间贸易争端时往往要花费一年多甚至更长的时间，一些成员便利用这一时间上的"便利"，明知故犯，变相违反相关协定条款、实施国内贸易限制措施，即使败诉后该措施被 WTO 裁决撤销，也往往是一年或几年后的事情，这就为其国内产业排挤外来产品、占据市场空间赢得了"宝贵"时间。有学者指出：在 WTO 的《关于争端解决规则与程序的谅解》（DSU）中的绝大多数期限要么是没有封顶的最低期限，要么是只不过具有指示性的最大期限。② 利用 WTO 争端解决程序上这种时间"便利"达到保护国内产业的最终实际效果已成为一种高超的法律技巧。

此外，实践表明，在成员方国内的反倾销、反补贴和保障措施等贸易救济措施的实施过程中，一旦相关申请被成员方国内产业提起就会对进口产品造成实质性的消极影响。由于担心被采取反倾销、反补贴或保障措施，进口商往往对涉及的进口产品持观望态度。在这种情形下，纵然被申请的进口商积极应诉，但由于相关法律程序复杂而漫长，即便最终赢得诉讼也是一年甚至更长时间以后的事，此时的市场份额无疑已丧失殆尽。

---

① 欧叶：《奥巴马回应轮胎特保案 称并非挑衅中国》，中国日报网环球在线消息，2009 年 9 月 15 日。
② 参见〔美〕戴维·帕尔米特等《WTO 中的争端解决：实践与程序》（第二版），罗培新等译，北京大学出版社，2005，第 142 页。

（三）利用自身贸易优势对 WTO 新成员故意抬高"入门费"攫取保护性贸易利益

美、欧等 WTO 发达成员经常利用自身贸易优势对新加入或申请加入 WTO 的成员施加众多歧视性措施，为自己攫取额外的保护性贸易利益。一方面，发达成员的经济优势决定了其拥有谈判优势；另一方面，《马拉喀什建立世界贸易组织协定》第 12 条也为其提供了方便。该条第 1 款规定："任何国家或在处理其对外贸易关系及本协定和多边贸易协定规定的其他事项方面拥有完全自主权的单独关税区，可按它与 WTO 议定的条件加入本协定。"其中，"与 WTO 议定的条件"经常被人们称作新成员加入 WTO 的"入门费"。新成员为了能顺利加入 WTO 往往被迫接受各种超 WTO 义务（WTO-Plus Duties）。

例如，以美国、欧盟为首的 WTO 成员方在中国加入世贸组织谈判中对中国施加了非常苛刻的条件。众所周知，在经历了 20 多年改革开放之后，中国的绝大多数产业早已按照市场经济规则运作，理应取得市场经济地位，但美、欧一些发达国家视而不见，坚持不承认中国的市场经济地位，使得中国企业在反倾销等国际贸易案件中受到大量的不公平待遇。针对中国的特殊保障措施条款更是有悖于 WTO《保障措施协定》的立法原意和精神，带有十分明显的歧视性。此外，中国应当享有 WTO 规定的发展中国家优惠待遇，可美、欧等成员对此问题却采取了所谓"具体问题、具体分析"的态度，在中国加入 WTO 法律文件中给予中国的发展中国家待遇并不完整，有些甚至完全被剥夺。实践证明，发达国家这一做法实质上是为自身攫取保护性贸易利益。

（四）发达成员方与他国签订地区性或双边优惠贸易协定，以此向发展中国家施加诸多超 WTO 义务

与 WTO 多哈回合谈判受阻形成鲜明对照的是，近年来国际上涌现出大量地区性贸易协定或双边贸易协定，这一情况的出现与美国对待多边贸易体制的态度变化直接相关。由于 WTO 多边体制对歧视性贸易政策有所

限制,美国政府为了攫取更多贸易利益,将注意力从多边协议开始转向双边安排,10年来签署了一系列的双边协定和地区性贸易协定,而这些协定通常带有WTO规则未规定的超WTO义务,如规定劳动条件、环境标准、更为严格的知识产权保护标准等,一些发展中国家或地区为了能得到协定中的优惠政策不得不违心地接受这类协定。对于美国的这种做法,英国学者马丁·雅克教授指出:"进行双边谈判时,美国可以利用其经济实力将非常苛刻的条件强加给谈判伙伴。它已经这样做了。"① 作为贸易大区的欧盟也出现了类似情况。据统计,截至2008年,欧盟与WTO其他成员共签订优惠性贸易协定18项,其对象大部分为发展中成员,而且还有8个非WTO成员的发展中国家与其签订优惠性贸易协定。② 学者们发现,这些协定含有大量超WTO义务条款,包含人权、劳动权、环境、知识产权等诸多苛刻条款,歧视性极为明显。

大量带有歧视性条款和超WTO义务的双边或地区性贸易协定对发展中缔约方并不公平,虽然这些缔约方在接受不公平条件的同时获得了来自发达国家或地区相应的贸易优惠,但由于这些协定大多含有诸如劳动标准、知识产权标准等十分苛刻的贸易条件,实际上限制了这些国家的更多产品向发达国家或地区出口,而且这些优惠性贸易协定仅适用于缔约方,这在WTO成员间形成了新的不平等和歧视,对WTO最惠国待遇原则形成严重挑战,势必阻碍作为第三方的WTO成员向这些国家出口产品和服务。因此,从本质上说,美、欧与发展中国家签订的上述地区性或双边贸易协定本身就是贸易保护主义的体现。

四 WTO抑制贸易保护主义的法律功能分析

尽管GATT/WTO体制为贸易保护留下了生存土壤和空间,但WTO反对贸易保护主义的立场极为鲜明,不仅如此,其独特的法律制度为抑制贸易保护主义提供了当前可供选择、十分难得的法律手段。

---

① 《富国声明 是否又是一个口惠实不至的空口许诺》,《参考消息》2006年7月17日,第4版。
② 资料来源:World Trade Organization (WTO), European Commission (DG External Relations)。

在这些法律手段中,最为重要的是根据 WTO 国民待遇原则考察具体贸易措施的法律性质,以此来分辨合法的贸易保护和贸易保护主义。WTO 法学者认为,国民待遇原则可以作为 GATT/WTO 法律制度中抑制贸易保护主义的有效依据,对 GATT 1994 第 3 条(国民待遇义务)司法实践的一个简单回顾就表明 WTO 决策者具有反对保护主义的坚定承诺。上诉机构毫不含糊地声明:"第 3 条广泛而又具有根据的目的就是防止适用国内税以及管制措施时出现的保护主义。"[1] WTO 国民待遇原则的核心是要求成员方给予其他成员的产品(或服务)不低于其本国产品(或服务)所享有的待遇,依此要求,WTO 成员方给予本国产品(或服务)的优惠性措施将无条件给予其他成员,这就从法律上限制了 WTO 成员保护本国产品(或服务)的企图,因此具有抑制保护主义的功能。尽管如此,一些 WTO 成员仍想出各种方式规避国民待遇原则、保护本国产品(或服务),其中,利用"相似产品"的认定方式排除外来产品(或服务)的做法屡见不鲜。按照 WTO 规则,适用国民待遇的前提是进口产品必须与国内产品属于"相似产品",但 WTO 协定并未给出"相似产品"的准确定义,为防止成员方滥用,从 GATT 到 WTO 在适用国民待遇原则很关键的前提之一——"相似产品"——的认定上付出了巨大努力。专家组和上诉机构通过审理具体案件制定出"相似产品"标准,不单以产品的名称为判断依据,而是从实际出发、全面考虑各方面因素综合加以判断,从法律上起到了抑制保护主义的作用。[2] 由于具备了综合性法律标准,WTO 专家组和上诉机构在这个问题上拥有公平的自由裁量空间,这对于甄别并制止成员方以非"相似产品"为由拒绝对进口产品适用国民待遇、实施保护主义具有重要法律意义。

---

[1] Krista Nadakavukaren Schefer, "Dancing with the Devil: A Heretic's View of Protectionism in the WTO Legal System", *Asian Journal of WTO & International Health Law and Policy*, September 2009, p. 431.

[2] GATT 时期曾对"相似产品"制定标准并为 WTO 沿用至今,即应当综合考虑以下四方面因素:产品的特征(属性、性质和质量等);产品的最终用途;消费者的口味和习惯;产品的关税分类。参见 Report of the Working Party on Border Tax Adjustments, Working Party Report, Border Tax Adjustments, adopted 2. Dec. 1970, BISD, 18S/97。2001 年 WTO 上诉机构在欧共体石棉案中重申了这一标准。

此外，WTO上诉机构在"美国海龟案"中对国际法善意原则的成功运用也为抑制贸易保护主义提供了重要的法律资源。为防止利用 GATT 1994 第 20 条"一般例外"条款实施伪装了的保护主义，WTO 上诉机构揭示了该条款"序言"蕴含的国际法善意原则，并以此考察员方实施的符合"一般例外"条件的具体措施是否构成"任意的、变相的、伪装的"贸易限制措施，这对于抑制保护主义来讲具有法律意义。在"美国海龟案"中，上诉机构指出："（GATT 1994）第 20 条引言实际上是善意原则的一种表述方式，这个原则既是法律的一般原则，也是国际法的普遍原则，它制约着国家对权力的行使。这个原则的另一种实施方法，即禁止滥用权利（abus de droit），这是人所共知的。禁止滥用一国的权利，凡所主张的权利侵犯了条约所包含的义务范围时，责成它必须'善意'（bona fide）地行使，这就是合理地行使……"WTO 学者认为，以上诉机构揭示的"序言"中的善意原则作为法律标准审查具体贸易措施的目的和效果，这种做法有助于从法律上遏制贸易保护主义。

WTO 独具特色的争端解决机制将甄别并制止贸易措施中的保护主义作为重要使命，并通过对反倾销等案件的审理和裁决丰富了 WTO 反击贸易保护主义的实践。舍费尔教授曾就此指出："（尽管规定了）关税、保障措施、反倾销（等可用以保护国内产业的措施）且缺乏竞争法规则，但 WTO 反对保护性理论的观念依然是它的司法机制以及谈判中的主旋律。对其多年来争端解决机制（裁决）报告的一项重要解读表明（该机制）对被诉方贸易管制措施中的保护主义鉴别工作给予了极大的关注。专家组和上诉机构从检验贸易管制措施的意图和效果、它们的发展以及（或者）它们的执行等各方面判断国内产业是否正得到一项'利益、优惠、特权或豁免'，而外来产业却没有。"[①] 尽管反倾销已成为贸易保护主义的最常见手段，但 WTO 争端解决机制在抑制成员方滥用反倾销措施方面作出了贡献。最为突出的就是 WTO 对于美国三项重要的反倾销立法作出不利裁决——要求美

---

① Krista Nadakavukaren Schefer, "Dancing with the Devil: A Heretic's View of Protectionism in the WTO Legal System", *Asian Journal of WTO & International Health Law and Policy*, September 2009, p.431.

国废止 1916 年《反倾销法》；要求美国废除"伯德修正案"；不支持美国反倾销中的"归零法"。尽管美国执行上述裁决时"扭扭捏捏"，但慑于 WTO 的强大压力也不得不采取一些措施改变自身做法，可见这种裁决结果对于抑制美国运用反倾销实施保护主义具有重大意义。争端解决机制的司法实践表明，尽管 WTO《反倾销协定》确立"合理尊重"原则给专家组、上诉机构推翻成员方作出的反倾销决定带来法律上的障碍，但在遏制反倾销滥用方面取得的效果仍然明显。以经常使用反倾销措施的美国为例，截至 2006 年 7 月，美国被诉诸 WTO 争端解决机制的反倾销案件共有 24 起，在这 24 起案件中，15 起案件经历了争端解决全部程序，其余案件要么由美国自行撤销了相关措施，要么是争端双方达成妥协；在 15 起已审结案件中，只有 4 个案件被裁定未违反 WTO 协定，而大部分则被裁决与 WTO 协定条款不符。

当然，面对日益严峻的贸易保护主义形势，GATT/WTO 体制的作用仍显不足，WTO 应当根据贸易保护主义呈现的新特点，及时采取有效措施完善相关法律规则和程序，进一步发挥争端解决机制作用，为遏制贸易保护主义作出贡献。作为贸易保护主义的最大受害国，中国应做好贸易保护主义日益严重和长期存在的思想准备，并根据形势的不断发展、变化，及时研究各种法律对策，从容面对更加严峻的形势。在这方面，中国应积极开展与有关国家的协商和对话，阐明维护贸易自由化、反对贸易保护主义的坚定立场和决心。与此同时，针对贸易伙伴采取的各种贸易限制措施，中国政府应当运用 WTO 规则赋予成员方的各项权利反制他国的保护主义政策，维护自身贸易利益。美国对中国输美轮胎实施特殊保障措施后，中国政府针对美国采取的这一带有典型贸易保护主义色彩的措施采取了有力、有节的反制措施。2009 年 9 月 12 日，中国商务部宣布根据国内产业申请依照中国法律和 WTO 规则决定对原产于美国的部分汽车产品和肉鸡产品启动反倾销和反补贴立案审查程序。此外，中国应认真研究并充分运用 WTO 争端解决机制制止他国的贸易保护主义行为，维护中国的合法经济利益。例如，在对美国采取反制措施后不久，中方就美方对中国输美轮胎产品采取的特殊保障措施提起 WTO 争端解决程序。2010 年 4 月 8 日，中国政府通过常驻 WTO 代表团致函 WTO 争端解决机构主席，就欧盟采取的、带有明显保护主义性质的对华皮鞋反倾销措施案提起设立专家组请求，正式启动了专家组程序。以上做法完全符合 WTO 规则，是中国政府在尊重 WTO 规则基础上行使 WTO 成员权利、维护自身合法利益的正当行动。总之，充分利用 WTO 法律制度提供的法律途径和手段反击贸易保护主义应成为中国对外贸易工作中的一项长期任务。

2010：贸易保护还要走多远？*

在距离 2010 年还有一天的时候，美国国际贸易委员会作出终裁，决定对从中国进口的油井管征收 10.36%～15.78% 的反补贴税。根据美国国际贸易委员会的最新数据，2008 年美国从中国进口的油井管产品金额约达 28 亿美元。因此，这是迄今美国对中国发起的最大案值的贸易制裁案。此案的裁决公布之日正值全世界辞旧迎新之际，给原本喜庆的新年钟声平添了几分不和谐的杂音，又好似一首终曲，呼唤着贸易保护主义幽灵紧随着世界迈进新的一年。人们不禁要问，曾经给人类带来巨大痛苦和灾难的贸易保护主义究竟还要走多远？

实际上，这个幽灵在全球金融危机爆发后就已经"不请自来"。据 WTO 最新统计数据，自 2008 年 9 月中旬金融危机爆发以来，2008 年第四季度至 2009 年第三季度，全球新发起反倾销调查 234 起，反补贴调查 23 起。预计 2009 年全球新发起反倾销调查将达 230～250 起，同比增长将达 11%～20%；新发起反补贴调查将达 41 起，同比将增长 193%。贸易保护主义之风日盛，使得原本就深陷危机的世界经济雪上加霜。

历史上，贸易保护主义给人类带来的灾难至今令人记忆犹新。1929 年世界经济危机爆发后，美国国会通过了臭名昭著的"斯姆特—霍利关税法"，对 2 万余种进口商品征收高额关税。一石激起千层浪，该法案一经出台就引发世界各国纷纷采取报复性措施，这种"以邻为壑"的贸易政策导致国际贸易几近终止，不幸成为第二次世界大战爆发的重要经济原因，教训十分深刻。人类为了防止不堪回首的历史重演，建立起 GATT 以及后

---

* 本文原载于《人民日报》2010 年 1 月 7 日第 3 版，发表时题目为《从容应对贸易保护主义》，收入本书时有删减。

来的 WTO 多边贸易体制，促进和维护贸易自由化，这一强大的多边体制迫使贸易保护主义幽灵不得不暂时躲进魔窟，不敢轻易走上世界舞台。但令人遗憾的是，由于此次国际金融危机爆发重创了各国经济，为了暂时的经济利益，一些国家似乎忘记了人类那段痛苦的教训，置贸易自由化的声声承诺于不顾，重新唤起了保护主义这个幽灵，使之肆虐于世。

与历史上保护主义泛滥的情形不同，此次贸易保护主义的矛头直指正在崛起的中国。美国奥巴马政府不顾中国政府和美国一些业者反对，于 2009 年 9 月 11 日，最终批准对从中国进口的所有小轿车和轻型卡车轮胎采取特别保障措施。此案的发生正值各国联手抗击金融危机之际，这种严重阻碍国际贸易的做法好像一颗重磅炸弹，强烈震撼了世界各国的神经，也使奥巴马政府"赢得"了保护主义政府的"美誉"。

继"中国输美轮胎特保案"后，美方仍频繁采取针对中国的贸易救济措施。2009 年 10 月 7 日，美方又宣布对从中国进口的无缝钢管发起反倾销和反补贴（"双反"）调查。此外，美国国际贸易委员会决定对中国输美的氯化钡、熨衣板等产品启动反倾销日落复审，对四氢糠醇产品所适用的反倾销税进行快速日落复审。美国政府还嫌不够，在 2009 年底，又公布了对从中国进口的油井管征收反补贴税的裁决，该案件系反倾销、反补贴合并案，在反倾销方面，美国商务部和美国国际贸易委员会将分别于 2010 年 4 月和 5 月就对中国输美油井管征收反倾销税作出终裁，从现在的发展趋势来看，此案在反倾销方面的结果也并不乐观。

金融危机爆发后，以美国为首的国家和地区采取这种饮鸩止渴的保护主义政策已使全球贸易形势变得十分严峻，有识之士不断疾呼贸易保护主义将严重影响国际贸易环境，大大削弱各国为应对国际金融危机所采取的一系列救助措施的效果，阻碍世界经济复苏，各国应当坚决制止贸易保护主义肆虐。但目前看来，这种疾呼并未真正奏效，贸易保护主义大有继续泛滥之势，保护主义幽灵还将萦绕于世界舞台。

面对这种严峻形势，中国应当积极开展与有关国家的协商和对话，充分阐明维护贸易自由化、反对贸易保护主义的坚定立场和决心。与此同时，应当做好贸易保护主义可能日益严重和长期存在的思想准备，根据形势的不断发展、变化，及时研究、出台各种应对措施，从容面对更加复杂的国际贸易形势。

不论贸易保护主义幽灵还将走多远，我们都应当坚定信心，因为贸易自由化已被人类历史证明是一条通往繁荣昌盛的金光大道。在这辞旧迎新之际，世界高兴地看到，崛起的中国已今非昔比，中国将与坚持正义的世界上其他国家一道最终驯服并赶走贸易保护主义这个幽灵。

WTO 案例的经典力作

——评赵维田主编《美国——对某些虾及虾制品的进口限制案》[*]

著名国际法学家赵维田教授主编的《美国——对某些虾及虾制品的进口限制案》一书终于付梓了，这是赵老继 2000 年出版著名的《世贸组织（WTO）的法律制度》一书后，以近八旬高龄完成的又一部力作。该书的出版对于我国作为 WTO 新成员，运用 WTO 法律维护对外贸易利益的实践以及法学界对 WTO 法律的理论研究无疑具有十分重要的现实意义。该书立足于 WTO 上诉机构对美国——对某些虾及虾制品的进口限制案（由于本案主要涉及美国《濒危物种法》中为保护海龟而限制海虾进口的相关条款是否合法的问题，因此学界一般称本案为"海龟案"，本文也沿用此称）的最终裁决，在保留该裁决英文文本的基础上不但将该案的正式英文文本全部翻译成中文，而且在本书的开头介绍了本案发生的历史背景，并在本书结尾对 WTO 上诉机构对本案的最终裁决进行了十分精辟的分析和评述，可谓画龙点睛之笔。

众所周知，由于历史原因我国法学界对 WTO 法律制度的研究才刚刚起步，某些领域还远未深入，实践部门对该法的运用也未达到得心应手的程度，那么，在熟悉 WTO 法律文件的同时通过对 WTO 争端解决机构已经裁决的案例进行研究和分析无疑对于我们科学地理解 WTO 法、运用 WTO 法维护我国的正当贸易利益具有很强的现实意义。很可惜，在本书出版之前，我们很少见到对 WTO 经典案例的中文翻译，书店里仅见的几本案例选编停留在只言片语的介绍，科学价值还有待商榷。当然，翻译本身是一

---

[*] 本文原载于《法制日报》2004 年 4 月 23 日。

项十分困难的工作，由于中文在 WTO 文件中不是正式语言①，而对法律、英语二者兼通的人又很少，因此出现这种现象就不足为奇了。

通观本书，至少在以下三个方面令人注目：第一，将 WTO 专家组对"海龟案"的裁决以及上诉机构的最终裁决予以全面、科学、准确的翻译，可谓"原汁原味"。我们知道，法律作为一门专业，对于事实描述准确性、对法律本身理解以及逻辑性要求都是很高的，任何一点差错都可能导致结果的不利，这一点对于我们掌握和运用非中文文本的 WTO 法律文件就显得更为重要。正如赵老此前多次指出的那样，国内许多著作乃至一些政府部门的出版物存在许多翻译上的错误，而"一字之差就可能引起该条款规则面目全非的后果"，②如最惠国待遇条款英文原文中的"Originating in"的本意系"原产于"而并非一些出版物所称的"来自于"，殊不知"原产地规则"是 WTO 法律中的一项重要规则，具有很现实的法律意义。又如，GATT 1994 第 17 条中的"State Trading Enterprises"大多被译成"国营贸易企业"，而其真正含义是"国家专控产品经营单位"，不仅包括企业或私人企业，也包括政府有关机构或单位。这一点在 1948 年向哈瓦那会议提交的报告里有过说明，③如果仅仅理解为国家经营企业显然与条文本意大相径庭。凡此种种，不胜枚举，可谓贻害无穷。

第二，WTO 专家组及上诉机构对"海龟案"的裁决不仅包括当事各方提交的大量的所谓科学证据，而且还包括专家组根据本案的实际情况聘请的五位专家就本案所涉专业问题发表的长篇评述，内容大多为生物学、海洋学、地质学以及生物科技等方面的自然科学，翻译这些专用词汇对于一名社科学者来讲困难是难以想象的，但本书作者不但对这些专业领域的内容全文照翻，而且科学、准确，令人毫无生疏之感，俨然出自内行之手，而这种做法对读者全面了解本案全貌以及深入研究裁决中的法律问题无疑具有很大帮助。

第三，作者在翻译中对本案裁决所涉及法律问题的准确把握可谓游刃

---

① 参见《马拉喀什建立世界贸易组织协定》第 16 条"杂项规定"。
② 参见赵维田《世贸组织（WTO）的法律制度》，吉林人民出版社，2000，第 77 页。
③ 参见赵维田《世贸组织（WTO）的法律制度》，吉林人民出版社，2000，第 197 页。

有余，毫无晦涩之感，法言法语简洁流畅，即使是不熟悉国际法的人读起来也会颇感亲切，充分显示了作者纯熟、扎实的法律功底以及语言方面的高超技能。

　　稳定性和可预见性是 WTO 争端解决机制的目标和归宿，杰克逊教授曾指出："规则取向的方法，尤其是在处理国际经济事件时，拥有很多政策优势。这种方法使争议方的注意力集中在规则上，集中在预测一个中立的仲裁庭可能会就有关规则是否被遵守得出什么样的结论上。这反过来使争议方更加仔细地关注这个条约制度的规则，这样将导致更大的稳定性和可预见性。稳定性和可预见性对国际事务至关重要，尤其是对有几百万企业家参与的、受分散决策的市场导向原则驱动的经济事务更是如此。这些企业家需要一定的可预见性和指导，以便作出合适而高效的投资和市场开发决定。"① WTO 争端解决机制对具体案例作出的裁决从实践的角度提高了 WTO 规则的稳定性和可预见性。就"海龟案"来讲，WTO 上诉机构的裁决对于我们准确理解和把握 GATT 1994 第 20 条"一般例外"的法律含义，以及条约解释规则在 WTO 争端解决过程中的正确适用都具有非常有益的帮助。本书作者在对本案裁决的评论中一针见血地指出："上诉机构对该案的裁决，在 WTO 法律制度上有两个方面具有划时代的意义。一者是用司法解释解决立法难题，即协调贸易规则与环保需要之间的矛盾与冲突，开辟了一条独特的道路；再者，用司法解释把 WTO 规则与国际法沟通联结起来，还 WTO 法是国际公法的一个学科的本来面目，从而为 WTO 法学开辟了丰富与无限的前景。除此之外，对 DSU 解决争端程序中要不要接受'法庭之友'一节，上诉机构也提出了有价值的主张。"② 一句话，上诉机构对该案的裁决对于贯彻 WTO 规则的稳定性和可预见性的"规则取向"具有重要的典型意义，这种"规则取向"是本书作者在翻译及评论本案裁决中一以贯之的特色之一。

---

① 〔美〕约翰·H. 杰克逊：《GATT/WTO 法理与实践》，张玉卿等译，新华出版社，2002，第 137 页。
② 赵维田主编《美国——对某些虾及虾制品的进口限制案》，上海人民出版社，2003，第 1046 页。

环境保护与 WTO 贸易自由化之间的矛盾一直是一个争论不休的话题，如何协调二者之间的矛盾始终是 WTO 成员方共同面临的难题，处理不好，环境保护和贸易自由就会两败俱伤，这当然不是 WTO 所追求的目标。由于 GATT 1994 第 20 条 "一般例外" 条款规定得过于笼统和宽泛，而且其制定时所处的背景已经时过境迁，在当今环保主义盛行的情况下如何把握第 20 条就成为困扰 WTO 学者以及各成员方决策者的一件头痛之事。由于 WTO 规则修改涉及复杂的条约法程序以及各国的国内宪法程序，牵一发而动全身，根据新的发展情况修改或完善某项已显不济的规则是件极为困难的事情，因此，WTO 专家组和上诉机构在审理具体案例时所体现出的 "司法造法" 功能就显得异常重要了。虽然 WTO《关于争端解决规则与程序的谅解》第 3 条第 2 款规定了 DSB 的各项建议与裁决不得增加或减少各涵盖协议规定的权利与义务，似乎否定了 WTO 判例法的功能，但正如本书作者指出的那样："WTO 司法实践中证明原属普遍法系的先例原则，实际正在 WTO 法律制度中逐渐生根发芽。凡 GATT/WTO 好的判例，具有充分说服力者，仍会被以后判案所遵循。"① WTO 上诉机构对 "海龟案" 的最终裁决确立了在运用 GATT 1994 第 20 条（g）项环保规则时从宽解释的原则，认定美国《濒危物种法》第 609 条符合第 20 条（g）项的规定，作出了有利于环境保护政策的倾向性解释无疑具有司法造法的效果。

条约解释规则在 "海龟案" 中充分、合理的运用显示了本案上诉机构对国际法、国际条约法的深刻理解和近乎完美的诠释，分析、点评上诉机构在本案裁决中的条约解释是本书的又一大特色。DSU 第 3 条 "总则" 的第 2 款有段著名的规定："用国际公法对解释的习惯规则，来阐明这些〔涵盖〕协议中的权利与义务"，这一规定不但赋予了 WTO 法的国际法归宿，而且 "使一般国际法这个内容富有的'水库'的水源，能汨汨不断地流入 WTO 法之中，使之成为解释、理解与发展 WTO 法用之不竭的'法律

---

① 赵维田主编《美国——对某些虾及虾制品的进口限制案》，上海人民出版社，2003，第 1048 页。

渊源'"。① 法律规则虽然简单、明了，但实际运用困难重重，这不仅源于GATT 初期专家组系由不熟悉国际条约法的外交官、经济学家组成，而且即便是 WTO 成立后法律专家掌控 DSU 的过程中也因对条约解释规则的理解不同而争论不休，更何况 WTO 法是一部恢宏浩大的法典（或条约集），对每一个规则的运用大多涉及对规则的解释问题，因此，在 WTO 审判案例中，条约解释就成为一项必备的，而且需要专家组、上诉机构熟练运用的重要法律推理手段。本案上诉机构对 GATT 1994 第 20 条的解释可谓炉火纯青、字字珠玑，不但贯彻了条约法中"按其词语在上下文中所具有的正常含义，参照条约目的与宗旨，诚信地予以解释"② 这一重要原则，充分结合《马拉喀什建立世界贸易组织协定》的"宗旨和目标"、GATT 1994 第 20 条的引言以及该条（g）项的规定，通盘考虑、善意解释，而且在运用《维也纳条约法公约》第 31 条 3（c）规定的"一般国际法规则"上使出浑身解数，《联合国海洋法公约》《濒危野生动植物物种国际贸易公约》等一大批非 WTO 国际条约在本案的条约解释中均派上了用场，运用得恰如其分。上诉机构在运用国际法条约解释的习惯规则对 GATT 1994 第 20 条进行了全面解释后，得出了美国《濒危物种法》第 609 条本身虽符合第 20 条（g）项规定，但其具体实施方法违反了第 20 条引言的结论，裁决美国败诉，本案裁决书的法律部分被公认为是一部经典的国际法著作。

总之，本书不论是在 WTO 裁决书的翻译方面还是对本案的精彩点评方面都充分展示出作者深厚的理论功底和专业水平，作者在其先期著作《世贸组织法律制度》中所体现的独特的语言驾驭能力、文字锤炼能力均在本书中发挥得淋漓尽致，本书确实是一部难得的法律著作，值得一读。

---

① 赵维田主编《美国——对某些虾及虾制品的进口限制案》，上海人民出版社，2003，第 1049 页。
② 见《维也纳条约法公约》第 31 条。

图书在版编目(CIP)数据

全面开放与国际经济法治 / 刘敬东著. -- 北京：社会科学文献出版社, 2020.10
（中国与国际经济法治）
ISBN 978 - 7 - 5201 - 5721 - 6

Ⅰ.①全… Ⅱ.①刘… Ⅲ.①涉外经济法 - 研究 - 中国 Ⅳ.①D922.295.4

中国版本图书馆 CIP 数据核字（2019）第 221725 号

·中国与国际经济法治·
全面开放与国际经济法治

著　　者 / 刘敬东

出 版 人 / 谢寿光
责任编辑 / 芮素平

出　　版 / 社会科学文献出版社·联合出版中心（010）59367281
　　　　　　地址：北京市北三环中路甲 29 号院华龙大厦　邮编：100029
　　　　　　网址：www.ssap.com.cn
发　　行 / 市场营销中心（010）59367081　59367083
印　　装 / 三河市尚艺印装有限公司

规　　格 / 开　本：787mm × 1092mm　1/16
　　　　　　印　张：19.75　字　数：295 千字
版　　次 / 2020 年 10 月第 1 版　2020 年 10 月第 1 次印刷
书　　号 / ISBN 978 - 7 - 5201 - 5721 - 6
定　　价 / 98.00 元

本书如有印装质量问题，请与读者服务中心（010 - 59367028）联系

▲ 版权所有 翻印必究